馬場俊明 編著
BANBA TOSHIAKI

# 図書館情報資源概論

三訂版

JLA図書館情報学
テキストシリーズIII

8

日本図書館協会

TEXTBOOK SERIES III

*Library Materials*

（*JLA Textbook Series of Library and Information Studies Ⅲ ; 8*）

図書館情報資源概論　／　馬場俊明編著
三訂版
東京：日本図書館協会，2024
270p；26cm
（JLA 図書館情報学テキストシリーズⅢ：8）
ISBN978-4-8204-2309-6

機器種別：機器不要
キャリア種別：冊子
表現種別：テキスト
表現系の言語：日本語
著作の優先タイトル：図書館情報資源概論 || トショカン　ジョウホウ　シゲン　ガイロン
創作者：馬場 , 俊明 || バンバ , トシアキ
BSH4: 図書館資料
NDC10: 014.1

# テキストシリーズⅢ刊行にあたって

　情報と資料の専門機関として，地域社会の経済，教育，文化にかかわる多様な課題に応える図書館活動を創造するためには，それに携わる人材の育成が欠かせない。しかも，先人の叡智を尊重し，現代のニーズに対応し，将来の発展を見据える能力が求められる。また，世界規模での連携や協同をも視野に収めて行動する力量が期待される。こうした人材の要となる司書を養成する教育の基礎課程が，図書館法に謳われ，図書館法施行規則に明示された「図書館に関する科目」である。

　日本図書館協会は，1997年の図書館法施行規則改正に基づき，司書養成教育の充実に向け，本格的なテキストブックの刊行を開始した。当時の課程は，大学で開設される「図書館に関する科目」ではなく，司書講習のためのものであった。しかし，シリーズ編集者は，この改正を「図書館に関する科目」へと展開していく段階の一つであると認識して企画を進めた。テキストブックは順次刊行され11巻を揃えるに至り，扱う題材に応じた改訂や補訂を加えてきた。2007年からは図書館を巡る情勢の変化を反映させ，内容を刷新した「シリーズⅡ」に移行した。これにより，両シリーズを通じて予定した13巻を刊行し，多くの読者の好評を得てきた。

　「シリーズⅢ」は，2008年の図書館法改正に沿って「図書館に関する科目」が2012年度より適用されることを機に，これまでの構想と基調を踏まえながら，全面的な見直しを図ったものである。すなわち，現代および未来の司書養成教育として，日本図書館協会が少なくともこれだけはと考えている内容を取り上げ，教育実践の効果が高まるよう UNIT 方式を導入している。2単位科目を 50 UNIT，1単位科目を 25 UNIT とし，スタンダードな内容を解説している。また，発展的に扱うことが望まれる内容を option に収めている。これにより，教育の取り組みとの協調が促されることを期待している。その上で，「シリーズⅢ」の新たな試みとして，各巻に UNIT0 を設け，教育課程全体における当該科目の意義を記し，他の科目との関係を示すようにした。教育課程の体系を読者が意識できることが，学習成果を高めることにつながると確信するからである。さらに，養成教育と研修を一貫した過程ととらえ，構成と記述に配慮した。本シリーズが大学の授業教材となるとともに，図書館員のキャリア形成の素材として多面的に活用されることを願っている。

　お気づきの点，ご提言やご批判，ご叱正をいただければ，専門職の技能形成という日本図書館協会の基幹事業にも貢献する。各位のお力添えを賜れば幸甚である。


シリーズ編集者

塩見昇　　柴田正美　　小田光宏　　大谷康晴

# は　じ　め　に

　本書は，2012（平成24）年度より改定・施行の省令科目に対応したJLA図書館情報学テキストシリーズⅢ期第8巻『図書館情報資源概論』として，旧テキストシリーズⅠ期，Ⅱ期第7巻の『図書館資料論』に代わるものである。執筆者は，旧シリーズとおなじ馬場俊明（元甲南大学），井上靖代（獨協大学），山本昭和（椙山女学園大学）が担当する。

　さきの省令科目改定（1997年）からおよそ数十年の月日が流れている。この間公立図書館をとりまく法的・社会的環境は一段と整備され，情報技術が日進月歩で変貌を遂げている。したがって，そうした時代状況の変化のなかで，省令科目が改定されたことは，これからの公立図書館のありかたを考えていくうえで，時宜にかなったものといえるだろう。

　ただ，本書は，シリーズ総合編集委員の編集方針を踏まえながら，科目の具体的な内容については，省令科目に要請されている内容を意識しつつも，基本的には前期シリーズの内容に新たな知見をくわえるかたちで構成している。

　理由は二つある。ひとつは，シリーズⅡ期の『図書館資料論』の刊行後，2010年の「電子書籍元年」「国民読書年」を機に変革がみられる図書館状況を反映したい。もうひとつは，省令科目が「大学において履修すべき図書館に関する科目」に改定されたとはいえ，その法的根拠が図書館法および同法施行規則であるかぎり，教育課程の目的は，専門職としての公立図書館司書の養成にあるということ。後者は根本的な問題でもあるので肝に銘じたい。

　つまり，省令科目は，公立図書館司書の資格取得科目にもかかわらず，科目の内容については，これまでの伝統的な図書館資料よりネットワーク情報資源を重視する学術図書館的機能を対象にしたものになっているので，本書では，もう少し公立図書館の現実に視点をむけて，伝統的な図書館資料を中枢にすえて，内容の充実をはかるものとする。

　21世紀初頭，英国政府は，『将来に向けての基本的な考え方　～今後10年の図書館・学習・情報』(2005) という公共図書館サービスの長期的戦略ビジョンを発表した。そのなかで，これからの図書館の役割は，「読書と学習を推進し，ディジタル・スキルやディジタル・サービスの向上を図り，地域社会の結束や市民的価値を高める」ことにあるとする。

　そのうえで，図書館には重要な「四つの強み」の「S」があるとして，Space（場），Stock（蓄積），Service（サービス），Staff（図書館職員）をあげている。

　いうまでもなく，それぞれの「S」は，公共図書館にとって不可欠な要素であり，

とりわけ，Stock（蓄積）の「蔵書は公共図書館が提供するものの中心である。図書館が利用者のニーズを満たしかつ新しい人々をひきつけるには，豊かで幅広い蔵書がなくてはならない」ことにおいて，未来への可能性を期待することができる。

本書にとって，これは重要な論点である。

たしかに，近年のデジタル化時代の市民社会において，だれもがネットワーク情報資源へのアクセスを必要としているといえるが，だからといって，公立図書館が過度にネットワーク情報資源に依存してしまうと，ほんとうに市民が頼りにしている資料の宝庫としての「蔵書」機能を低下させるおそれがある。

いいかえれば，公立図書館が最先端のデジタル情報技術を導入することに異を立てるものではないが，それはあくまでも「蔵書」を補完する機能・手段であって，「蔵書」に代わるものでないことを前提条件とする。

本書は，こうした公立図書館のありかたを今日的視点で再検討，再評価しながら，印刷メディア，非印刷メディアにネットワーク情報資源の種類や特質，利用，取り扱いにかかわる図書館業務の基礎的知識を解説し，動向と課題を考察していくことにしている。したがって，本書の意図するところは，必然的に公立図書館における資料・情報メディア論が中心になるが，体系的，内容的には省令科目に準拠する。いずれにしても，本書は，テキストシリーズⅠ期，Ⅱ期のそれとおなじく序章「図書館資料の意義」において，編者の基本的な考え方を提示し，資料各論を展開していく構成をとっている。

編著者としても，公立図書館の情報資源は，すべての市民がひとしく自由に利用できるべきであると考えているので，本書全体を，次のようなメッセージに託して，読者の理解をもとめたい。

〈Welcome to your library, please use it freely〉


〈三訂版にあたって〉

本書は刊行されてから，数十年の歳月が流れている。教育環境の変化は著しく，公立図書館の機能と役割が問われつづけている。テキストもおなじだが，状況の変化に対応するには，宿命的ともいえるタイムラグとの闘いがある。今回，刊行したのは，そうしたギャップを少しでも埋めるためである。ただ，UNITによっては，一部手直し修正にとどめている。ご賢察ください。

なお，本書の編集・刊行に際して，日本図書館協会の内池有里氏，安発義彦氏に多大のご支援ご協力を賜りましたこと，ここに記して感謝の意を表する次第である。

2023年9月30日　　執筆者代表　馬場俊明

# 目次

# CONTENTS

# CONTENTS

# 図書館情報
# 資源概論

三訂版

# UNIT
# 0

# 図書館情報資源概論について

　この科目は，2009（平成21）年の図書館法施行規則の一部改正にともない，2012（平成24）年4月より施行された省令科目「（司書資格取得のための）大学において履修すべき図書館に関する科目」[13科目24単位]（以下「司書養成科目」という）のうちの1科目（2単位）である。

　本書のタイトルは，法定科目名「図書館情報資源概論」をそのまま用いているが，科目のねらい・網羅する内容については，旧科目「図書館資料論」に代わるものとして，ほぼおなじ構成をとっている。

　本書は，あくまで大学や文部科学省委嘱司書講習の「司書資格取得」のための教科書として編纂しているので，講義の進捗状況にあっては，開講時間数や担当教員の裁量により，新たな解説がくわえられることや，他の科目内容と重複する部分については変更・割愛されることがある。

　なお，司書養成科目のポイントのひとつは，全体として，デジタル情報化時代に対応した科目名とその考え方や，内容に比重がおかれていることから，この科目もネットワーク情報資源の扱いについては章を立てて考慮したつもりである。

　以下，この科目のねらい・到達目標，科目概要，講義計画などについて述べることにする。本書は，「大学における図書館に関する科目」を学ぶ学生を重視する一方で，司書資格取得をめざす司書講習の受講生にも事前・事後学習のうえで役に立つ講義内容の構成に意を注いだ。


1　科目のねらい・到達目標

　公立図書館が収集する伝統的な図書館資料と情報資源に関する基礎的，専門的知識と技術を修得し，司書としての見識と習熟した図書館運営の実践的能力を身につけること。


2　科目概要

　はじめに，図書館情報資源とは何かを問い，伝統的な物理的形態をもった図書館資料とデジタル情報化時代の質料性をもたない情報資源に類別して，それぞれの資料（情報）形態ごとに，定義，歴史，意義，特質，収集，提供，課題などについて

論述する。

　そのうえで，それら資料（情報）群と関連する出版流通，著作権，図書館の自由などの現状と動向などの諸問題に言及し，さいごに蔵書論，収集選択，蔵書管理，受入業務，保存などの具体的な図書館実務について説明する。

3　講義計画

① UNIT 0 – 4　図書館情報資源とは何か（意義，定義と類別），図書館員の役割：公立図書館の実態と情報資源の位置づけを考える。

② UNIT 5　印刷資料（図書）：公立図書館のもっとも重要な資料であることの意味を問う。

③ UNIT 6 – 8　印刷資料（雑誌，新聞，小冊子その他）

④ UNIT 9 – 12　非印刷資料（点字・録音，マイクロ，視聴覚資料など）

⑤ UNIT13 – 17　電子資料（ネットワーク情報資源，電子コンテンツ，電子出版など）の類別や現状と動向を説明し，電子書籍，ネットワーク情報資源の特性と図書館資料としての位置づけについて考える。

⑥ UNIT18 – 20　資料特論Ⅰ（灰色文献，政府刊行物，地域資料・郷土資料）

⑦ UNIT21 – 22　資料特論Ⅱ（人文・社会科学，科学・技術分野の情報資源）：生活・学問分野別の情報資源の特性と利用などについて解説。

⑧ UNIT23 – 26　出版流通システム（出版・書店業界の現状と動向，再販制度）

⑨ UNIT27 – 30　図書館の知的自由（自由宣言，知る自由と検閲，著作権など）
　　　　　　　　実践的学習：事例発表（事例集，著作権など）

⑩ UNIT31 – 34　蔵書論（意義，蔵書形成方針，複本と予約，蔵書更新など）

⑪ UNIT35 – 38　収集選択（選書の意義，選書論，選書の方法，選書ツール）
　　　　　　　　実践的学習：討議発表（収集方針，選書会議など）

⑫ UNIT39 – 43　蔵書管理（蔵書評価，除籍・廃棄，分担収集・保存など）

⑬ UNIT44 – 47　資料の組織化（受入・登録，資料装備，予算管理など）

⑭ UNIT48 – 50　書庫管理（意義，蔵書点検，保存とメディア変換など）

⑮ 復習とまとめ

　この講義計画は，あくまでひとつのモデルにすぎない。ここでは，公立図書館における資料（情報）提供サービスの中枢を担う媒体としての印刷資料の存在意義について，多くの時間を割いている。ただ，この科目は2単位科目であるから，原則15週の講義が必要とされるが，実質的には実施大学の事情にもよるが13〜14週と想定される。このため，本書で扱う内容と関連する科目「図書館サービス概論」「情報サービス論」の基礎をしっかり学んでおくことが肝心といえる。

UNIT
1

● 図書館情報資源

# 図書館情報資源の意義

●‥‥‥‥**図書館の構成五要素**

　図書館の起源は，人類がことばを発し，文字を発明，記録しはじめた紀元前3千年ものむかしにまで遡るとされる。いわゆるメソポタミア文明には，すでに書物の原型とみなされている文字を刻んだ粘土板が保管されている場所があったという。

　ヨーロッパ諸国には，bibliothèque という図書館を意味することばがある。語源的には，ギリシャ語の biblion（書物）と theka（小箱）に由来する。英語の library もラテン語の liber（書物）＋ ary（置き場所）からきている。

　このように起源を遡ると，図書館は「書物」を保存する「場所」として誕生したことが推察できる。現在，図書館の基本的機能は，記録された「資料」を収集し，整理し，保存し，利用に供することにあるとされるので，社会的存在としての図書館が出現した古代から現在まで，その本質的意味はいささかも変わっていない。

　そして，その図書館機能を支えてきたのが，「資料」,「施設」に書物を司る「司書」という基本的構成三要素である。いずれの要素が欠けても，機能上大きな支障をきたすことになる。とりわけ，「資料」は，利用者の「知的自由」を保障するうえにおいて，絶対不可欠な構成要素である。「資料」の存在なくして，図書館の存在意義はない。

　本書では，これまでの構成三要素に利用する主体としての「利用者」の要素と図書館の理念である「知的自由」を加えて，

図書館の構成五要素
素

図書館の構成五要素を提唱する。

　ここにそれら構成要素にもとづく図書館情報資源概論のための概念図を示す。

　この図は，図書館が「何をするところか，何のために存在しているか」を表すもので，その核心は，利用者の「知的自由」を保障するところにある。この「知的自由」とは，「読む，見る，聞く」という「知る自由」を含む精神的自由権を指すものとする。

**図書館情報資源概論の概念図**

●┄┄┄┄**図書館資料とは**

　現行の図書館法は，「図書館は，図書館奉仕のため，土地の事情及び一般公衆の希望に沿い，更に学校教育を援助し，及び家庭教育の向上に資すること」となるよう，収集する「図書館資料」について，第3条第1号で次のように規定している。

　　郷土資料，地方行政資料，美術品，レコード及びフィルムの収集にも十分留意して，図書，記録，視聴覚教育の資料その他必要な資料（電磁的記録（電子的方式，磁気的方式その他人の知覚によつては認識することができない方式で作られた記録をいう。）を含む。以下「図書館資料」という。）を収集し，一般公衆の利用に供すること。（傍点筆者）

　2008年6月，一部法改正により，これまでの「図書館資料」の概念に，あらたに電磁的記録が加わった。

　すでに公立図書館では，すべての市民の資料・情報要求に応えていくために，伝統的な印刷資料からさまざまな新しい電子形態の記録媒体を収集し，組織化し，利用者に提供してきているので，改正は現実を追認しただけのようにみえる。

　だが，それだけではないことは明白である。「図書館資料」の概念に「電磁的記録」（「電子的方式，磁気的方式その他人の知覚によつては認識することができない方式で作られた記録」）が包含されたことの意味は大きい。

（電磁的記録）

　ちなみに，文部科学省は，改正にあたって，各都道府県教育委員会等あての「文部科学事務次官通知」（20文科生第167号）文書のなかで，「『電磁的記録』とは，具体的には，音楽，絵画，映像等を CD や DVD 等の媒体で記録した資料や，図書館であれば市場動向や統計情報等のデータ等が想定される。従来もこれらの資料の収集・提供が排除されていたわけではないが，今後こうした資料の収集・提供又は展示が重要さを増すと考えられることから今回明示的に規定したものであること。なお，図書館資料における電磁的記録については，図書館法第17条の規定に関し，従前の取扱を変更するものではないこと。」と説明している。

　つまり，「電磁的記録」は，「図書館資料」の概念に包摂されるけれども，その取扱いは従前とおりと説明しているから，現段階では，「電磁的記録」は，あくまでもパッケージ系の物理的形態を有した電子的資料ということになる。

　もっとも，国立国会図書館法では，納本制度の収集対象資料として，「電子的方法，磁気的方法その他の人の知覚によつては認識することができない方法により文字，映像，音又はプログラムを記録した物」（第24条第1項第9号）をあげているし，また，2012年6月の一部法改正によって，インターネット上で無償提供されているネットワーク情報資源も納本の対象資料として収集されることになった。

日本図書館協会の『図書館用語集』四訂版によれば，「図書館資料」とは，「図書館が収集し利用に供する資料」の総称ということだが，具体的な資料の範疇には，図書，雑誌，新聞，パンフレットなどの印刷刊行物や，点字・録音資料，マイクロ資料，映像資料，音声資料などの非印刷資料などが入ってくる。

　ただ，「図書館資料」の定義としては，いずれの資料も物理的形態を有しているので，「図書館が収集し利用に供する資料」ということは，いいかえると，「所蔵する資料」という限定つきになる。ゆえに共通理解は得られるとしても，現にオンラインで利用しているネットワーク情報資源が質量性をもたず，物理的形態から解放されている以上，厳密にいうと，図書館法上の「図書館資料」にあたらないことになり，きわめてあいまいな概念規定になってしまう。

　さしあたって，ここでは，「図書館資料」は，伝統的な印刷資料を中心とする物理的形態をもった所蔵資料をさすものとし，「図書館資料」とウェブサイトや電子書籍，電子ジャーナルなどの質料性をもたないネットワーク情報資源を含む概念を「図書館情報資源」と呼ぶことにする。

図書館情報資源

　いうまでもなく，公立図書館におけるネットワーク情報資源の利活用については，はやくから「知る自由」の権利保障の観点から環境整備がもとめられてきた。

　「ユネスコ公共図書館宣言 2022」では，公共図書館は，あらゆる種類の知識と情報をたやすく入手できるようにする，地域の情報センターと位置づけられている。

　そして，蔵書とサービスには，「伝統的な資料とともに，あらゆる種類の適切なメディアと現代技術が含まれていなければならない」としている。

　また，「図書館の設置及び運営上の望ましい基準」（以下，「望ましい基準」（2012年改正）という）では，市町村立図書館の「図書館資料の収集等」（第2の一の2の㈠の2）において「郷土資料及び地方行政資料の電子化に努めるものとする」とし，さらに，「利用者がインターネット等の利用により外部の情報にアクセスできる環境の提供」をあげる。

　『公立図書館の任務と目標　解説』改訂版増補（日本図書館協会 2004，以下，『任務と目標』という）によれば，「図書，逐次刊行物，視聴覚資料，電子資料などは，人類の知識や想像力の成果を集積したものであり，人びとの生活に欠くことのできない情報伝達の手段である。」とする。

　そのうえで，図書館は「住民が外部ネットワークの情報資源へ自由にアクセスできる環境を整備する」必要があるとしている。

　このように，「図書館情報資源」とは，法規上の「図書館資料」の概念だけでなく，質量性をもたないネットワーク情報資源などからなる，広義の「図書館資料」の概念として定義することができる。

## ●…………来館・利用目的と図書館情報資源

　現在，多くの公共図書館は，著しい情報通信技術の進歩に対応すべく，多様な図書館資料の収集とネットワーク情報資源へのアクセスの充実に向けて，さまざまな取り組みをおこなっている。

　しかも，利用者の情報ニーズや関心に応えるため，情報資源の種類・形態については，広範囲に及び質量ともに提供できるものでなければならない。

　もちろん，すべての図書館がその目標と目的を達成するには，規模や立地条件など異なるだろうから，一概にはいえないが，基本的な方針が大きく変わることはない。

　さきに，国立国会図書館は，ネットワーク情報資源を納本制度の収集対象資料にしたとするが，納本制度によれば，国内の新刊書その他の出版物（ネットワーク情報資源含む）を，無償で一部，同館へ納入するように義務付けられている。

納本制度

　それでは同館には，どのような図書館情報資源が収蔵されているのだろうか。

＜2021（令和3）年度「国立国会図書館年報」より＞

　（蔵書数）4621万7530点　　（年間受入数）72万7803点

　（図書館情報資源）

　　　図書，雑誌，新聞，マイクロ資料，映像資料，録音資料，機械可読資料，地図資料，
　　　楽譜資料，静止画像資料，博士論文，点字・大活字資料
　　　デジタル化資料，電子書籍・電子雑誌，WARP（Web Archiving Project）など

　ちなみに，前年度の国立国会図書館（東京本館）の来館者アンケートによれば，来館目的（複数回答）は，①学術・研究，学業71％（59％），②趣味・教養34％（25％），③ビジネス関連資料22％（25％），④日常生活上の課題解決のため35％（7％）とある。（　）内は，2015（平成27）年度の数値である。

　また，来館理由といえば，①他館等に所蔵していない資料が見られる70％（52％），②資料を手に取って確認できる59％（35％），③多くの資料が見られる56％（54％）とあり，若干変化がみられる。とくに，⑥「デジタル資料やデータベースなどの電子資料が利用できる」25％（12％）の倍増が目につく。

　これらの来館目的・理由は，同館の国立図書館の役割を表徴しているが，情報資源の種類と形態については，どのような規模の公共図書館であっても適用できる。


　「公共図書館は，予想できる限りの将来において，おそらくきわめて重要なものであり続けるであろう。電子情報の世界への入口となることが公共図書館にとっては重要な目標とされるべきではあるが，知識と情報を提供しうるその他の情報世界を閉ざす結果にならないように，できる限りの努力をしなければならない。」

　　（『IFLA 公共図書館サービスガイドライン　第2版―理想の公共図書館サービス
　　　のために』山本順一監訳，日本図書館協会，2016）

## 本のある風景

　このイラストは,「何かを読みたい，何かを調べたい」とおもったら,「いつだっ
て図書館」と市民に呼びかけている。あなたの町にも，市民のさまざまな疑問や知
的好奇心に応えるために，身近に「本のある風景」を配している快適な公共の広場
がある。"Welcome to your library, please use it freely"

京都市中央図書館提供

◉ 図書館情報資源

# 情報革命と活字文化

● ………… デジタル情報革命

　日本におけるインターネット元年は，阪神淡路大震災のときに情報通信手段として活用された1995年といわれる。同年の新語・流行語大賞では「インターネット」の用語はノミネートされ，社会的認知を得たという。

　いうまでもないが，その後のインターネットの進化はとどまることがなく，いまや他者との情報通信技術（送受信）などは，ソーシャルメディアとしてデジタル情報革命の一端を担っている。

　ソーシャルメディアとは，「インターネットを利用して誰でも手軽に情報を発信し相互のやりとりができる双方向のメディア」（総務省『情報通信白書』平成27年版）の総称である。

　代表的なものに，画像や映像を含む情報の共有や拡散型の Blog, YouTube, 電子掲示板，SNS と呼ばれる会員制の交流サイト LINE, Twitter, Facebook などがある。

　こうした双方向性のコミュニケーション手段はその小型化，高速化，高度多機能化した情報端末機の爆発的な普及にともない，人々の身近なツールになっている。それゆえ，ソーシャルメディアから発信される文字，画像・映像，音声などによる知識・情報は，時間的にもコンテンツ的にもマスメディアに劣らず，社会のあらゆる方面において活用されている。

　このように，インターネットを利用することで，さまざまな情報提供サービスを受けることができる。日常的には電子メールの利用や，WWW（World Wide Web）と呼ばれる Web ページの閲覧など可能な有効利用が理解できるだろう。

　じっさい，情報通信技術は，年齢や言語，国籍などを問わず，だれもが自由に情報の内容や知識を利用し，加工し，発信できる双方向性の利便性において，あらたなコミュニケーション手段としての役割をはたしている。

　もっとも，ネットが進化したとはいえ，これまでのコミュニケーション手段が衰退したわけではないので，次のような声には謙虚に耳を傾けるべきだろう。

　　今，わたしたちの精神生活が構造変化を起こそうとしているのだとすれば，不安定になりかねない状況を，知の追求に改めて活力を吹き込む状況へと変えるた

インターネット元年

デジタル情報革命

ソーシャルメディア

めにも，歴史が捨て去ってきたものに思いをいたすことが肝要だ。

（I.F. マクニーリーほか『知はいかにして「再発明」されたか』日経 BP 社）

## ●………コミュニケーションメディアの発展

中井正一

　かつて国立国会図書館の初代副館長であった哲学者中井正一は，代表的論文「委員会の論理」（1936）のなかで，人類史のコミュニケーションの発展形態を大きく三つに分けている。

　すなわち，(1)話し言葉による「言われる論理」の性格をもつ口承文化の段階，(2)中世の書き言葉による「書かれる論理」の性格をもつ書写文化の段階，(3)近代の活字による「印刷される論理」の性格をもつ活字文化の段階である。

　中井によれば，コミュニケーションの発展形態に応じて，思想・文化史の発展段階があったとし，それぞれの文化の性格には，(1)弁証（討論），(2)瞑想（思惟），(3)経験（実践），行動と機能（技術）の固有の論理があり，それが「委員会の論理」の構成契機となって，提案から計画へ，報告へ，批判へといったコミュニケーションが可能になり，集団的主体性が確立するという。

コミュニケーション

　総じて，人間の行動様式の問題を解く鍵としてコミュニケーションがとりあげられるようになるのは，20世紀前半のことであるから，中井の独創的な情報伝達の論理（技術）としてのコミュニケーション論は，いまなお目を瞠るものがある。

　そもそも，人間社会におけるコミュニケーションの中心は，むかしから身体にもとづいたコミュニケーションといわれている。はじめは声によるコミュニケーションがものの見方や考え方を支配し，文字や記号が発明されるとともに，文字を書くことと黙読によるコミュニケーションが精神の深さといとなみをもたらしてきたとされる。さらに活版印刷の発明は，文字や図像が印刷されることにおいて，視覚的伝達手段としての「本」というコミュニケーションメディアを開発し，近代に至っているのである。こうしてみてくると，人間のコミュニケーションの歴史の流れのなかで，デジタル情報化が進んだ現在ほど，大きな変化にさらされているときはないといえるだろう。

　H.M. マクルーハン（McLuhan, H.M.）は，「メディアはメッセージである」として，情報そのものは，メディアというコミュニケーション回路によって，質的に方向づけられてしまうといったが，文字や記号，情報，メディアを媒介にして他者の意思を解読し，行動を予測する形態は広義のコミュニケーションといってよい。

　じっさい，インターネットの進展をはじめとする情報通信技術（IT）による社会や暮らしの変化は，おおげさにいえば，18世紀末の「産業革命」に匹敵する大きな社会革命といってよいかもしれない。

　そしていま，「コロナ時代の新しい日常」を経て，コミュニケーション形態の構

造的変化は 一段と加速し，ビジネス，教育，医療，娯楽など，さまざまな面で，情報の共有ややりとりが可能になり，歴史・文化の発展に光を放っている。

### ●………シャノン＝ウィーバーのコミュニケーションモデル

過去数世紀のあいだに，多くのコミュニケーションモデルが形成されてきているが，これまでのモデルのなかで，後世に多大の影響を与えてきたひとつが，1940年代後半に提唱された情報・通信理論分野におけるシャノン（Shannon, C.E.）とウィーバー（Weaver, W.）の「数学モデル」である。

シャノン＝ウィーバー

この情報理論とは，情報源からうみだされたメッセージが送信器により送信信号に変換され，通信回路という媒体に伝達される。ノイズ源からノイズをうけながらも，そこからメッセージ（送信信号とノイズ）は受信器で解読され，とりだしたメッセージを情報として目的地（受信者）に伝送するシステムである。

このモデルは，当初，単純な一方向的な線形の直線型モデルとして描かれていたが，のちにフィードバック理論をとりいれた非線形の循環的モデルに修正されている。その図式が右図である。身体回路や図書館システムも基本的におなじといえる。

いま少し，具体的な例でいえば，送り手から受け手へ，音声によるメッセージが情報として機能する電話コミュニケーションである。つまり，メッセージは送り手から受け手へ，音声，文字，画像などの多様な形態のコミュニケーションメディアによって伝達され，受け手の解読にもとづいて目的が達成される。

この「コミュニケーションメディア」が本や雑誌形態の文字メディアあり，音声・映像メディアであり，インターネットなどのデジタルメディアということである。

それらメディアによって送り手から受け手に伝えられるメッセージの意味内容が情報・知識ということになる。

ちなみに，情報とは，次のように定義されている。

情報とは

　　事実，思想，感情などが他者に伝達可能な形で表現されたもの。情報の発信者（送り手・情報源）と受信者（受け手）との間を媒介するものをメディア（媒体）といい，音声，文字，図形，電波などがこれにあたるが，さらに書物，テレビ，ラジオ，電話，磁気テープなどの具体的な〈もの〉を指していうこともある。

　　　　　　　　　　　　　　　　　　　　　　　　　　　（『図書館用語集』四訂版）

## ●‥‥‥‥デジタルメディアと活字メディア

　かつて，東京国際ブックフェアのある出版分科会のシンポジウムで，パネリストのひとりが「紙の本か電子書籍か」の立論はナンセンスであり，不毛な論争だと発言していたことがある。デジタルメディア文化にむかう状況において，活字文化と想像力がどのような位置に立っていくかは，図書館にとって重要な指標となるので参加してみたのだが，議論は白熱化こそすれ，おもうように結論はでてこない。

デジタルメディア

　さきの中井の「委員会の論理」の文脈からいえば，21世紀のコミュニケーションの発展を性格づけるなら，それは，デジタルメディアによる「発信される論理」ということになるだろう。近代の「印刷される論理」は，経験（実践），行動と機能（技術）の固有の論理をもち，その性格が転化し，インターネットを中心としたデジタルメディアによるコミュニケーションを誕生させたといえる。

　だが，古代から人間のコミュニケーション能力は，口承，書写，印刷などという媒体によって育まれ，身体に根ざしたものの考え方や判断力，意思伝達を図ってきている。それだけにデジタル・コミュニケーションにたいしては，情報の信憑性や信頼性を客観的に分析し，判断をする必要がある。

　つまり，インターネットに代表されるデジタルメディアにおける利便性と情報の独占化，均質化の両義性をみきわめないでいると，人間のコミュニケーション能力が平板になってしまい，自己を喪失するおそれがあるということである。

　ただ，中井が考察しているように，人間のコミュニケーションの発展は，前文化の性格の論理が新しい文化の性格形成の契機として転化してきたので，活字文化がインターネットによるコミュニケーションの形態に移り変わっても，やはり，そこには，口承や書写による文化は残るだろうし，現に残っている。もちろん，活字文化による固有の論理もおなじように機能していくにちがいない。

　「言語脳科学」の第一人者とされる酒井邦嘉は，『脳を創る読書』という著書のなかで，たとえば，脳の出力情報の順番を，「メール＞手紙＞電話＞会話」とし，次のように述べている。

　　人が話す音声には明らかに筆跡以上の情報量があるから，手紙を書くより電話で話したほうが意思の疎通がよくなることもあるだろうし，込み入った話ならば電話で一報入れてから会い，相手の目をよく見て話したほうが説得力はより増すわけだ。

　このように，人間同士のコミュニケーションは，技術がどんなに進歩しても基本は変わらない。

**UNIT 3** ● 図書館情報資源

# 図書館情報資源の類別

● ……… **資料の類別**

　伝統的な図書館資料については，すでに「図書館が収集し利用に供する資料」の総称として，物的存在としての所蔵資料を指していると定義したが，じっさいの公立図書館では，物理的形態をもたない外部ネットワーク情報資源も収集し利用に供している。教育現場における学校図書館も大学図書館も変わりはない。

　このことから，外部ネットワーク情報資源を「図書館資料」の概念に含めるべきかどうか議論は分かれているが，ここでは，ネットワーク情報資源が導入されることにおいて，市民がそれを利用し「情報及び考え」もとめていることが常態化している現実を踏まえて，広義の「図書館資料」として「図書館情報資源」と呼んでおくことにする。

　資源の類別については，公立図書館のそれを対象にする。

　ところで，一般の市民の図書館にたいするイメージは，まだまださばけたものではない。よく耳にするのが，「図書館には堅い本ばかりが並んでいる」とか，「読みたいような本がない」といった「利用しない理由」である。逆に，「ベストセラーや小説ばかりおいている」というような先入観にとらわれたイメージもある。

　図書館員は，そうした誤解や偏見を解くために，公立図書館が収集している資源の種類と形態，特性などを理解し，その存在意義を市民に伝える役割がある。

　そこで，今日的な公立図書館が所蔵している情報資源には，どのようなものがあるのか，いくつかの資源類別の視点から紹介したい。それにもとづいて，2章以降の各論に結びつけたい。とりあえず，日本の図書館界で，館種を問わず採用している運用上の資源の類別からみてみよう。

運用上の類別

　⑴　図書一般：単行書，全集，文庫，新書，絵本など

　⑵　新聞と雑誌：全国紙・ローカル紙，月刊誌，週刊誌など

　⑶　参考図書：事典，辞書，便覧，図鑑，統計など

　⑷　小冊子：パンフレット，切抜き資料など

　⑸　視聴覚資料：CD，ビデオ，DVD など

　⑹　地域資料：行政資料，郷土資料など

　⑺　電子資料：CD-ROM，DVD，ネットワーク情報資源

この資源の類別の視点は，これまでに図書館を利用した経験があるなら，たいてい気がつくにちがいない。視点が公立図書館の資料配置にもとづいているから，資料の形態によって排架方法や設備が異なっていることがイメージできる。また，資源を類別するには，比較的わかりやすいし覚えやすい。ただ厳密にいえば，資料の形態別によるもの [(1)，(2)，(4)，(5)，(7)] と資料の内容によるもの [(3)，(6)] の視点が混在しているので，論理的には整合性に欠けている。

　それでも，この資源の類別は，資料提供サービスの運用上，かなり有効に機能している。また，各種統計調査の資料区分の取り扱いに運用上の区分が応じているので，実務的にもうけいれられている（option A 参照）。


### ●…………印刷資料と非印刷資料

　活版印刷術がもたらした印刷文化は，近代的な書物の出現を促し，その形態において，21世紀の今日に至るまで，さまざまな言語，文化を育み，人間のコミュニケーション手段として身体に根ざした思考の支えとなっている。

　だが，情報技術の進展にともない，新しい非印刷形態のコミュニケーション手段が次々と誕生し，図書館は，利用者の「知る自由」を保障する立場から，これら非印刷資料も図書館資料として組み入れてきている。

印刷形態別の類別　　そうした歴史的経緯を踏まえた，もうひとつの類別の視点が，資料が印刷形態であるかどうかによって類別する方法であり，図書館学領域では一般的な資料の類別として知られている。図式化したのが下記の図である。

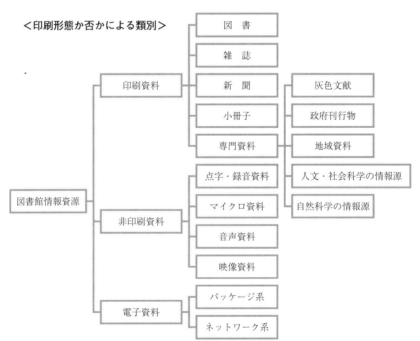

この類別において，印刷資料の資料区分に専門資料という形態を設け，さらに灰色文献，政府刊行物，地域資料，人文・社会科学情報源，自然科学情報源と細分化しているのは，本書の構成にあたって便宜的に付加したものであり，資料区分としては，必ずしも整合性のあるものとはいえない。なぜなら，専門資料のいずれの資料群も，印刷形態のものばかりとは限らない。非印刷形態の資料もあれば，電子形態のネットワーク情報資源も含まれているからである。

### ●‥‥‥‥その他の資料類別の視点

　図書館情報資源を類別する視点は，なにもこの二つだけではない。じつにさまざまな類別のしかたがある。前述の例は，それぞれ視点はちがうが，どちらも物理的形態によって資料区分されている。それにたいして，資料の内容によって区分する類別の視点としては，次のようなものがある。資料類別の視点

　　(1)　主題別（哲学，歴史，社会科学，自然科学，芸術，文学など）

　　(2)　言語別（和漢書，洋書など）

　　(3)　地域性別（官庁資料，地方行政資料，郷土資料など）

　　(4)　利用目的別（一次資料，二次資料など）

　(1)の主題別による類別は，いうまでもなく，資料の主題（知識）を体系化された分類表にもとづいて区分する方法で，具体的には，資料の排架や主題別蔵書統計のときなどに用いられている。

　(2)は洋書を収集し利用に供している図書館などで，よくみられる類別のしかたである。(3)のほうは，国立国会図書館や県立図書館，議会図書館などにおいてみかける運用上の類別である。(4)の類別は，もともと，科学技術分野を中心とした情報・レファレンスサービスなどで用いられてきた概念である。

　一次資料とは，図書や雑誌論文，学位論文，調査報告，会議録，特許資料など「それ自身で完結したオリジナルな情報を収録している資料」の総称である。二次資料は，それらオリジナル資料から必要な資料や情報を抽出し，内容を分析，評価し，新たに編集された二次的な資料をいう。たとえば，蔵書目録，書誌，索引，抄録などであるが，近年では，百科事典，辞典，便覧・ハンドブック，図鑑，年鑑・年表などをさして呼ぶこともある。一次資料<br>二次資料

　ほかには，物理的形態による類別として，これまでに以下のような視点が例示されている。

　　(5)　記録材料別（紙，紙以外の資料）

　　(6)　刊行形式別（紙媒体，電子媒体）

　　(7)　記録形態別（図書，図書以外の資料）

　　(8)　表現形式別（文字系，非文字系資料）

このうち，(5)の視点は，かなり以前からテキストやハンドブックなどで表示されているので，さきの印刷形態別の類別と似ているところがみられるが，参考のために掲示しておくことにする。

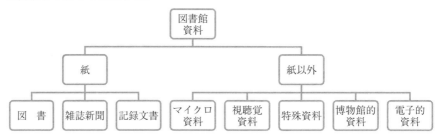

ここには，紙媒体に図書や雑誌のほかに記録文書（古文書，公文書，日記など）を含み，やや広義に解釈されている。このため，本来なら文書館の保存資料あるいは博物館対象の標本，模型，美術品などの資料までが博物館的資料として類別化されている。ある時期までの図書館は，その収集・保存機能において，文書館や博物館的機能を色濃くにじませていたが，近年のように各地に文書館や博物館が設置されてくると，これらの公共的施設と図書館との機能分担を明確にしておく必要があるだろう。

ただ，文書館や博物館など機能は，原資料の歴史的資料や生の記録の収集・保存であって，図書館の機能とは基本的に異なる。とはいえ，そうした古文書，史料，公文書など学術的研究資料は，かなりのものがデータベース化され，アクセス可能な状況になりつつある。

つまり，「有形，無形の文化財」のデジタル化いわゆるデジタルアーカイブが，高度な情報ネットワークシステムの進展によって，利用可能な資料ということになれば，近い将来，図書館と博物館の区別はほとんど意味をもたなくなってくるかもしれない。すでにそのように論じている研究者もいる。

しかし，この類別による紙以外の博物館的資料は，公立図書館における図書館情報資源として，現在でも位置づけとしては有効である。

(6)刊行形式別というのは，今日的な出版業界の動向を踏まえての類別のしかたである。いまや，出版業界は，刊行形態が紙媒体か電子媒体かで揺れている。紙媒体は，書籍（単行書）を中心に，逐次刊行物（雑誌・新聞，年鑑，白書，ムック），小冊子，地図，楽譜などであるが，電子媒体には，パッケージ系としての電子辞書，CD-ROM，DVD-ROMとネットワーク系のウェブサイト，電子書籍，電子雑誌などの刊行形態が考えられる。

こうして資料類別の視点からみてくると，物理的形態というか質料性をもつという伝統的な図書館資料の概念は，新しい記録媒体がうまれるたびに拡大し，質料性をもたない電子媒体の導入によりさらに解放されたといえるだろう。

博物館的資料

**UNIT 4**

● 図書館情報資源

# 図書館員の専門性：資料を知ること

●……… ランガナタンの五法則

インドの図書館学者 S. ランガナタン（Ranganathan, S.）は，半世紀以上もまえに，『図書館学の五法則』（*The Five Laws of Library Science*，1931）という図書館の規範的原理についての論考を出版している。

ランガナタンは，マドラス大学で数学を教えていたが，1923年，マドラス大学図書館長に任命される。翌年，英国に留学し，図書館学の理論的知識を学び，実務経験，約100館に及ぶ各種の図書館視察を得て帰国する。そのかれのこころを揺り動かしたのが，図書館実務の「規範的原理とは何か」ということであった。経験則をふまえた五法則は，先哲竹林熊彦に「図書館の神髄」といわしめた理念である。

その「図書館学の五法則」とは，次のとおりである。

第1法則　Books are for use.

第2法則　Every reader his book.

第3法則　Every book its reader.

第4法則　Save the time of the reader.

第5法則　A Library is a growing organism.

なお，*The Five laws of library science, 2nd ed.* 1957の翻訳が森耕一監訳により，日本図書館協会から1981年に刊行されている。また，さいきん，竹内悊が『図書館の歩む道：ランガナタンの五法則に学ぶ』や『「図書館学の五法則」をめぐる188の視点』をJLA図書館実践シリーズ15，および同20として刊行しているので，司書をめざしている若い世代の必読書として推したい。

この法則については，すでに他科目において学んでいるかもしれないが，あえて，ここで触れるのは，なによりもはじめに，受講者に「図書館とは何をするところか」という基本的理念とその姿勢を理解してもらいたいからである。

この五法則のそれぞれは，すべての図書館の本質的な機能である資料・情報提供サービスのめざすべき目標を示唆している。そこから導きだされる思想は，利用者不在の図書館から利用者主体の図書館への意識変革である。

ここでは，半世紀以上もまえの法則が，デジタル情報化社会の今日においても，なお有効な指標であることを確認し，図書館情報資源概論の出発点としたい。

ランガナタン

図書館学の五法則

　まず，第1法則は，いつの時代にも，「本」は図書館資料の「顔」としてあるい
は象徴的存在として，つねに敬意がはらわれてきた。したがって，第1法則の「本
は利用するためのものである」の「本」は，「図書館資料」や「蔵書」と読み替え
ることができるし，それらを財物として保存するのでなく，知的資源として共有し
利用することの視点を提示しているといってよい。ランガナタン自身，このように
述べている。「誰も，この法則の正しさを疑わないであろう。」

　いまや，大学図書館はいうにおよばず，公立図書館においても蔵書目録は OPAC
化されているので，資源共有の理念にしたがって公開し，第1法則「本は利用する
ためのものである」という真理を浸透させるべきである。

　第2法則は，「利用者の平等」と「読書の自由」を説いている。公立図書館は，
年齢，民族，性別，国籍，思想，信条，宗教あるいは社会的地位にかかわらず，す
べての市民の要求にかならず応えるということにおいて，「利用者の平等」を保障
しなければならない。また，「利用者を知り，彼らの要求を理解し，予想しておく」
選書の責務がもとめられている。

　このことからも，第2法則は，近代図書館の「自由」「平等」「公開」「無料制」
の理念を端的に表明しているといえよう。

　ランガナタンは，その思想を「図書館の歌」として残している。

---

みんなで合唱する。　　　　　　　　　　劣等生に本を
　　みんなの部屋がある　　　　　　　　優等生にも本を
　　とぼしい者も　　　　　　　　　　　市民のために本を
　　大学の学部長も　　　　　　　　　　農民のためにも本を。
　　少数の人に　　　　　　　　　　　　学者に本を
　　本を制限してはならない。　　　　　囚人にも本を
　　みんなのために本がある。　　　　　みんなのために本がある
　　富める人に本を　　　　　　　　　　ひとり残らず，みんなのために。
　　貧しい人にも本を　　　　　　　　　　　　　　　　　［原文のママ］
　　男の人に本を
　　女の人にも本を。
　　病める人に本を
　　しゃく持ちにも本を
　　盲人に本を
　　おしの人にも本を。　　　　↗　　　（森耕一監訳『図書館学の五法則』）

---

　この「図書館の歌」こそ，「読書の自由」の保障であり，「選書の自由」の問題で
ある。

　ランガナタンは，選書の要点を次のように述べている。

　　「利用者を知り，彼等の要求を理解し，予想しておくことである。このこと
　　は利用者との生きた接触によってのみ可能である。」（p.226）そして，「自分た

ちが利用者のために存在していることを，真に理解しなければならない。」
（p.229）と述べている。

　これは，館種を問わず，図書館職員が学ばなければならない基本姿勢である。

　第3法則は，すべての本（図書館資料）には，かならずそれぞれの本にふさわし
い利用者が存在しているものとして，ランガナタンは本と利用者をむすびつける何
らかの方法を考慮すべきである，と主張する。そのもっともすぐれている方法は，
利用者が個人の書斎のように自由に本を手にとり，「本を発見する」楽しみを得る
ことのできる完全開架制であるという。

完全開架制

　いまでこそ，開架制はあたりまえだが，1920年代当時の保存重視の図書館機能を
考えれば，ランガナタンの洞察力には驚きを隠せない。

　本と利用者をむすびつけるもうひとつの方法として，「本を利用者に説明するこ
と，いわば利用者に本をすすめる」という，今日的にいえば，レファレンスサービ
ス担当の専門職員の配置と読書案内をあげている。

　第4法則は，さきの法則の目標が充足すれば，必然的に利用者の費やす「時間」
と「効果」のサービス評価が問われることになるので，期待を裏切らないための効
率性と質的改善が必要になってくる。ランガナタンは，「ルーティンワークに費や
される職員の時間は，可能なかぎり最小限にすべきである」と説く。

　この点においては，かれの考察以上に合理化がすすみ，利用者の時間はたしかに
節約されている。貸出や目録のコンピュータ化はもとより，データベースによる情
報検索やネットワーク情報資源の出現は，さすがのランガナタンもここまでの技術
革新は予測できなかったようである。

　第5法則は，第1法則ととともに，よく引用・紹介される法則である。この法則
は，第1法則から第4法則までの図書館機能論にたいして，施設としての図書館の
計画と組織化にかかわる基本的原理を示している。もちろん，ここでは，物理的な
施設だけを論じているのではなく，施設としての図書館が人間とおなじ生物学的存
在として，「成長する有機体」に準えて，状況の変化に適応した生物学的成長を遂
げなければならないとしている。

成長する有機体

　つまり，図書館・図書館資料は，物理的に固定したものではない，という思想で
ある。先述の図書館の構成五要素を含めて，ランガナタンは，「成長する有機体は，
新しい物質を取り入れ，古い物質を捨て去り，大きさを変え，新しい形を整える。」
として，図書館の基本的原理を提示したのである。


●……………専門性の三要件

　1974年，日本図書館協会の「図書館員の問題調査研究委員会」は，「図書館員の
専門性」の基本的要件を3点あげている。

(1)利用者を知ること　(2)資料を知ること　(3)利用者と資料を結びつけること

専門性の三要件

だが，この専門性の三要件は，たいへん，端的な表現のため，専門職の職責の高度化にたいする要件としては，医師や弁護士のような客観的指標とちがい，しばしば誤解され，かならずしも社会的評価を得ているとはいえない。しかし，司書職の専門職化をめざすなら，この三要件こそが主導的要件であると認識すべきである。

ちなみに，(1)利用者を知ることとは，いいかえれば，利用者研究である。身近な例をあげれば，利用者アンケート調査など。①誰が（年齢，性別，職業），②どこから（地域社会）の把握，③利用の動機，目的，満足度（達成度）の究明である。

(2)資料（情報資源）を知るということは，学識（図書館情報学または主題分野の高度な知識）に裏づけられ，多様な図書館情報資源の種類や特徴と情報検索技術能力を習得することを前提としている。専門職の本質的要件である。書誌学や出版学，メディア論，著作権なども「資料を知ること」の学問的基盤として等閑にしてはいけない。資質的には豊富な読書体験によるブックセンスや高い言語（外国語）能力が望まれるし，「知る自由」の保障において職業的使命感を忘れてはならない。

資料を知ること

この要件は，資料選択や読書相談・レファレンス，資料（情報）提供において，専門職の力量が問われる。「図書館員の倫理綱領」（option B 参照）では「常に資料を知る努力を怠ってはならない。」と謳われている。

図書館員の倫理綱領

(3)利用者と資料を結びつけることとは，(1)と(2)の要件を充たすことによって，おのずから最適の資料（情報）提供サービスが創造され，利用者の要求に応えていくことができる。それは来館者サービスだけではなく，図書館利用にハンディキャップをもつ利用者にたいしても保障されなければならない。

本書は，伝統的な印刷資料の内容にとどまらず，デジタル情報資源などに関する知識と倫理についても言及し，三要件を深化させることを目的として構成している。

わが国には，いまだ司書職制度が確立していない。したがって，職種については，自治体によって異なる。

公共図書館には，(1)専門職の資格をもつ司書，(2)準専門的職員，(3)技能職員，(4)事務職員，(5)アルバイトなどの職種がある。しかし，専門職制度がないから，職種ごとに求められる職務と資質，スキルについての考え方も甘くなり，明確に定義することが難しい。それだけに，管理運営的には，義務と責任を果たさなければならないキャリア形成のため，研修や教育の機会が必要不可欠になる。


図書館員は，デジタルと伝統的なもの双方で，利用者と資源との積極的な仲介者である。十分な人的資源と情報資源は，図書館員の専門教育と継続教育と同様，現在と将来の課題に対応し，適切なサービスを確実に行うために欠くことができない。（ユネスコ公共図書館宣言2022より）

## 図書館員の倫理綱領（一部抜粋）

〔日本図書館協会　1980.6.4 総会決議〕

　この倫理綱領は，「図書館の自由に関する宣言」によって示された図書館の社会
的責任を自覚し，自らの職責を遂行していくための図書館員としての自律的規範で
ある。

　この綱領は，「図書館の自由に関する宣言」と表裏一体の関係にある。この宣言
に示された図書館の社会的責任を日常の図書館活動において果たしていくのは，職
業集団としての内容の充実によらなければならない。この綱領は，その内容の充実
を目標とし，図書館員としての職責を明らかにすることによって，自らの姿勢をた
だすための自律的規範である。[前文以下省略]

**（図書館員の基本的態度）**

**第1　図書館員は，社会の期待と利用者の要求を基本的なよりどころとして職務を
　　　遂行する。**

　図書館は社会の期待と利用者の要求の上に成立する。そして，ここから国民の知
る自由の保障という図書館の目的も，またすべての国民への資料提供という基本機
能も導き出される。したがって，図書館へのあらゆる期待と要求とを的確に把握し，
分析し，かつ予測して，期待にこたえ，要求を実現するように努力することこそ，
図書館員の基本的な態度である。

**（利用者に対する責任）**

**第2　図書館員は利用者を差別しない。**

**第3　図書館員は利用者の秘密を漏らさない。**

**（資料に関する責任）**

**第4　図書館員は図書館の自由を守り，資料の収集，保存および提供につとめる。**

　図書館員は，専門的知識と的確な判断とに基づいて資料を収集し，組織し，保存
し，積極的に提供する。そのためには，資料の収集・提供の自由を侵すいかなる圧
力・検閲をも受け入れてはならないし，個人的な関心や好みによる資料の収集・提
供をしてはならない。図書館員は，私的報酬や個人的利益を求めて，資料の収集・
提供を行ってはならない。

**第5　図書館員は常に資料を知ることにつとめる。**

　資料のひとつひとつについて知るということは決して容易ではないが，図書館員
は常に資料を知る努力を怠ってはならない。資料についての十分な知識は，これま
でにも図書館員に対する最も大きな期待のひとつであった。図書館に対する要求が
飛躍的に増大している今日，この期待もいちだんと高まっていることを忘れてはな
らない。さらに，この知識を前提としてはじめて，潜在要求をふくむすべての要求
に対応し，資料の収集・提供活動ができることを自覚すべきである。

● 印刷資料

# 図　　書

●⋯⋯⋯本の歴史

　2010年は「電子書籍元年」といわれた。また，一方で「国民読書年」の年として
もキャンペーンがなされた。数千年の本の歴史の流れのなかで，後年，顧みたとき，
2010年はひとつのターニング・ポイントだったといわれるかもしれない。これまで
新しい形態の書籍と読者の誕生に半信半疑であった市民社会さえも，デジタル情報
化が進展する現在，本の未来形を予測しがたいとおもいながら，活字離れ，読書離
れを加速させている。

　こうした歴史的状況のなかで，だれもが〈紙の〉本は存続しうるのかという疑問
を払拭できないでいる。それは，「本を読まなくても不便を感じない」という「情
報端末・スマホ依存」の不読者層においても変わりはないだろう。

　なぜなら，本の歴史は人類の歴史でもある。本という形態は，さまざまに変化し
てきたけれども，知識や思考・感情の記録媒体として，あるいはコミュニケーショ
ン手段として大きな役割をはたしてきている。〈紙の〉本は，その本の歴史にたい
する象徴としてだれもが敬意を払わずにはいられないから，解答がえられるまで綯
い交ぜの想いで問いを発しつづけるしかない。

河図洛書　　　　　さて，この UNIT は「図書」であるが，「図書」とは，「河図洛書の略」（『広辞苑』）
とされる。出典は『易経　繋辞上』の「河図は伏羲の時，黄河から出た龍馬の背に
書いてあつたといふ図，洛書は禹が洪水を治めた時，洛水から出た神亀の背にあつ
たといふ文」（諸橋轍次『大漢和辞典』巻六）にもとづいている。

本　　　　　　　　「図書」はまた，本，書，書物，書籍などとも呼ばれることがあり，とくに「本」
は一般的に日常用語として親しまれている。文化史的には「書物」ということばで
語られることが多いが，出版業界では「書籍」が用いられている。そういう意味で
は，「図書」は図書館界の専門用語といえるだろう。

　だが，ここでは，本文の記述とのかかわりから，読者にとって身近な「本」とい
う日常語を使用することにする。

　はじめに，本の歴史や特性について述べる。電子書籍については，電子資料の
UNIT 13〜17 に委ねることにする。

## ＜本の歴史＞

| （年代） | 前30世紀 | 前4 | 前2 | 2世紀 | 8世紀 | 15世紀 | 21世紀 |
|---|---|---|---|---|---|---|---|

（形態）粘土板 → パピルス → 羊皮紙（パーチメント） → 製紙法 → 木版印刷 → 活版印刷本（インキュナブラ） → 電子本
（記録）公文書 『ソクラテスの弁明』 『史記』「百万塔陀羅尼（ひゃくまんとうだらに）」『方法序説』

　記録媒体としての本の形態は，時代によって，また地域によって，さまざまな材料によって変遷してきている。

　古代文明発祥の地メソポタミアでは，粘土板を書写材料に利用している。本の原型とされ陶本と呼ばれる。粘土板は耐久性に優れているが，重くて場所をとり，携帯には不便である。それから，紀元前7世紀頃になると，エジプトのナイル河辺の「パピルス」という植物の茎を裂いて重ねた書写材料が重用される。

　一枚一枚の「パピルス紙」をつなぎ合わせて巻物の形にして利用したから巻子本といわれる。ただ，粘土板より軽いが湿気に弱い。にもかかわらず，「パピルス」はその後，ギリシャ・ローマ時代のもっとも一般的な「本」の形として，「知」の恩恵をもたらしたとされる。

　その「パピルス」にとって代わったのが，紀元前3世紀ころから小アジアのペルガモンで，羊の皮を加工した書写材料の羊皮紙である。「パピルス」よりも丈夫なだけに，今日の冊子型の本の起源とされる。

　紙が発明されたのは，2世紀（105年）の中国で，蔡倫が樹皮・麻屑などを溶かしてつくったとされるが，中国では，それ以前に，竹簡や木簡などの書写材料が「本」の形状として残っている。この製紙法は，中国から朝鮮を経て7世紀頃の日本に伝えられ，770年頃，称徳天皇の祈願によりつくられた木製の三重塔内（100万基）に陀羅尼経を印刷した紙片が納められた。それが「百万塔陀羅尼」である。法隆寺に現存する経文は世界最古の木版印刷物といわれている。

　こうした本の歴史を大きくぬりかえたのが，15世紀半ばにグーテンベルクによって発明された活版印刷術である。この技術を使って，1450年から1500年ころまでに刊行された初期活版印刷本を，とくにインキュナブラ（揺藍期本）と呼ぶ。稀覯書として読書人には垂涎の的になっている。近代印刷術の発明は，印刷本（紙の本）の大量生産と普及をもたらし，その後のコミュニケーション媒体として，広く文明の進歩に影響を及ぼしてきた。

　こうして〈本の歴史〉を顧みると，その機能をはたすための形態の変化に，いくつかの条件が付随している。たとえば，記録性（文字の読みやすさ），軽便性（もち運びやすさ），耐久性（維持しやすさ）である。21世紀の電子本の登場は，まさにこの3条件を充たした新しい「本」の形態を意味している。とはいえ，人々の身につく読書行為にむすびつくまでには，いますこし時間を要するにちがいない。

（欄外）粘土板
（欄外）パピルス
（欄外）百万塔陀羅尼
（欄外）インキュナブラ

　「本」は，その形状から和装本，洋装本に分かれる。日本図書館協会の『図書館用語集』四訂版では，「図書（本）」は，「文字などが書きこまれた紙葉などをひとまとめに冊子の形に綴じ付けたもの」と定義されているが，他の印刷資料との識別を明確にするため，次の四つの要素をあげている。

（1）文字・図・写真などの伝達を目的とした内容があること。

（2）内容が紙葉に印刷されていること。

（3）紙葉がばらばらにならないように製本によって表紙が付けられていること。

（4）ある程度の分量の非定期刊行物であること。

　なお，(4)でいうある程度の分量とは，ユネスコの定義の49ページ以上を指している。ユネスコの定義とは，1964年の加盟国に対して勧告された『本及び定期刊行物統計の統一化に関する勧告』のなかで，「本とは表紙を除き，少なくとも49ページ以上の非定期刊行物であって，その国で出版されかつ一般的に入手できるもの」というものである。ゆえに，「49ページ以上」という基準は絶対的なものではない。

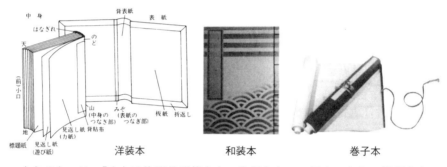

洋装本　　　　　　　和装本　　　　　　　巻子本

　もうひとつは，「本」は物理的形態をもつ資料として，歴史のなかに場所を占めてきた以下の特性があるので，電子書籍や他の書写材料と比較してみよう。モノとしての実体と機能を理解することができるかもしれない。

（1）記録性：文字，記号，図形などにより，意味を記録し伝達できる。

（2）保存性：一過性でなく，いつまでも保存できる。

（3）反復性：くりかえし読み返すことができる。

（4）復元性：複製，重版，復刻も可能である。

（5）量産性：大量生産が可能である。

（6）保管性：形態がほぼおなじで保管が容易である。

（7）軽便性：鞄やポケットに入れて携帯できる。

（8）経済性：比較的安く手に入れることができる。

（9）選択性：多品種であり，主体的に選択できる。価値評価が多様である。

　このなかで，さいごの(9)の選択性は，現段階においては，電子本よりも印刷本のほうに圧倒的な優位性を認めることができる。いわゆるコンテンツの品種と点数に

おいては，年間の新刊書がおよそ7万点，在庫流通している「本」は，国内市場だけでも優に60万点といわれる。

(2)の保存性にしても，紙の本が半永久的であるのにたいし，電子本のそれは劣化しないとはいえ，デジタル技術の変化や保存形式によっては，いまなお，長期的な保存は不安定といわざるをえない。

電子本

これらの特質をふまえて，あらためて「本」を今風に定義すれば，ソフトとハードが一体化した，モバイルなコミュニケーション・メディアであり，グローバルなインフォメーション・システムとして，未来においても不可欠なツールである。

哲学者で『薔薇の名前』でも知られるウンベルト・エーコ（Eco, U.）は，「紙の本」の未来について，このように語っている。

ウンベルト・エーコ

　　　物としての本のバリエーションは，機能の点でも，構造の点でも，五百年前
　　となんら変わっていません。本は，スプーンやハンマー，鋏とおなじようなも
　　のです。一度発明したら，それ以上うまく作りようがない。
　　（U. エーコ，J.C. カリエール著『もうすぐ絶滅するという紙の書物について』
　　　阪急コミュニケーションズ）

また，対談相手のカリエールが優れた読書端末機が現れているが，と問いかけると，エーコは「多くの分野で電子書籍は素晴らしい利便性をもたらす」と否定していないが，「それでもなお，素朴な疑問として思うのは，かりに技術が需要に応えられるほどに発達したとして，『戦争と平和』をどうしても電子書籍で読まなきゃならないかということです。」と答えている。

つまり，「紙の本」が読書の媒体として機能するかぎり，図書館は永遠である。

### ●……… 新刊点数

新刊点数は，2012年には8万点に達したが，それ以降は，減少傾向にある。2021年には，遂に7万台を割っている。ちなみに，発行形態別では，単行本が圧倒的で全体の75%（51,598点）を占めている。次いで，文庫本9.7%（6,682），全集・双書8.9%（6,156），新書本3.2%（2,232）などとなっている。

部門別の内訳は，次のとおりである。（『出版指標年報2022年』より）

新刊書部門別内訳

| 部　門 | 点　数 | (%) | 平均価格 | 部　門 | 点　数 | (%) | 平均価格 |
|---|---|---|---|---|---|---|---|
| 総　　記 | 760 | (1.1) | 1,683 | 芸　術 | 12,289 | (17.8) | 1,101 |
| 哲　　学 | 3,402 | (4.9) | 1,369 | 語　学 | 1,332 | (1.9) | 1,510 |
| 歴史・地理 | 3,902 | (5.7) | 1,575 | 文　学 | 12,071 | (17.5) | 922 |
| 社会科学 | 14,159 | (20.5) | 1,661 | 児童書 | 4,446 | (6.4) | 1,190 |
| 自然科学 | 5,043 | (7.3) | 2,103 | 学　参 | 5,711 | (8.3) | 1,403 |
| 工学・工業 | 3,662 | (5.3) | 2,237 | | | | |
| 産　　業 | 2,275 | (3.3) | 1,745 | 合　計 | 69,052 | (100) | 1,241 |

## 新刊書出版点数経年変化

（『出版年鑑2017年版』，2017年以降は『出版指標年報2022年版』より）

### 新刊書籍30年間対比部門別出版点数 1992〜2021年

| | 0総記 | 1哲学 | 2歴史 | 3社会科学 | 4自然科学 | 5技術 | 6産業 | 7芸術 | 8言語 | 9文学 | 児童書 | 学習参考書 | 総計 |
|---|---|---|---|---|---|---|---|---|---|---|---|---|---|
| 1992 | 2,065 | 2,237 | 2,989 | 10,415 | 3,574 | 3,597 | 1,862 | 4,746 | 1,026 | 9,332 | 3,031 | 721 | 45,595 |
| 1993 | 2,331 | 2,312 | 3,157 | 10,614 | 3,799 | 3,749 | 1,809 | 5,612 | 1,141 | 9,633 | 3,107 | 789 | 48,053 |
| 1994 | 2,673 | 2,526 | 3,410 | 11,722 | 4,194 | 4,363 | 2,179 | 6,705 | 1,327 | 10,490 | 3,333 | 918 | 53,890 |
| 1995 | 2,794 | 2,731 | 3,917 | 12,578 | 4,460 | 4,774 | 2,160 | 7,540 | 1,391 | 11,427 | 3,510 | 1,028 | 58,310 |
| 1996 | 2,733 | 2,794 | 3,824 | 12,607 | 4,533 | 5,479 | 2,422 | 8,358 | 1,405 | 11,680 | 3,460 | 1,167 | 60,462 |
| 1997 | 2,972 | 2,821 | 4,522 | 12,803 | 4,783 | 5,481 | 2,532 | 8,287 | 1,516 | 11,715 | 3,455 | 1,449 | 62,336 |
| 1998 | 2,720 | 2,840 | 4,250 | 13,586 | 4,721 | 5,610 | 2,639 | 8,799 | 1,618 | 11,648 | 3,276 | 1,316 | 63,023 |
| 1999 | 2,751 | 2,816 | 4,444 | 13,413 | 4,935 | 5,727 | 2,732 | 8,767 | 1,625 | 11,191 | 3,074 | 1,146 | 62,621 |
| 2000 | 2,587 | 2,997 | 4,634 | 14,099 | 5,218 | 6,105 | 3,000 | 8,895 | 1,766 | 11,484 | 3,334 | 946 | 65,065 |
| 2001 | 3,046 | 2,967 | 5,148 | 14,648 | 5,385 | 7,709 | 3,068 | 10,199 | 1,967 | 12,119 | 3,940 | 877 | 71,073 |
| 2002 | 3,005 | 3,138 | 5,001 | 15,238 | 5,758 | 7,868 | 3,181 | 10,351 | 2,030 | 12,708 | 4,265 | 1,716 | 74,259 |
| 2003 | 2,849 | 3,280 | 5,141 | 15,774 | 6,012 | 8,254 | 3,357 | 10,477 | 1,933 | 12,738 | 4,369 | 1,376 | 75,530 |
| 2004 | 2,882 | 3,735 | 5,070 | 16,002 | 6,273 | 8,064 | 3,332 | 10,531 | 2,023 | 13,355 | 4,650 | 1,114 | 77,031 |
| 2005 | 2,551 | 3,763 | 5,102 | 16,201 | 6,226 | 8,104 | 3,337 | 10,884 | 2,063 | 13,595 | 5,064 | 1,414 | 78,304 |
| 2006 | 2,352 | 3,688 | 5,040 | 16,652 | 6,303 | 8,164 | 3,400 | 10,974 | 2,063 | 12,309 | 4,820 | 1,309 | 77,074 |
| 2007 | 2,540 | 3,805 | 5,059 | 16,354 | 6,441 | 8,397 | 3,278 | 10,775 | 2,009 | 12,220 | 4,884 | 1,216 | 76,978 |
| 2008 | 2,372 | 3,933 | 5,131 | 16,196 | 6,563 | 8,623 | 3,500 | 10,921 | 1,971 | 12,759 | 4,746 | 1,298 | 78,013 |
| 2009 | 2,265 | 4,344 | 4,908 | 16,310 | 6,797 | 8,669 | 3,435 | 10,835 | 1,957 | 12,844 | 4,813 | 1,324 | 78,501 |
| 2010 | 2,080 | 4,381 | 4,969 | 15,757 | 6,780 | 8,499 | 3,478 | 11,535 | 1,884 | 12,879 | 4,675 | 856 | 77,773 |
| 2011 | 1,912 | 4,292 | 4,655 | 15,732 | 6,668 | 8,583 | 3,456 | 12,454 | 1,948 | 12,989 | 4,592 | 1,582 | 78,863 |
| 2012 | 1,981 | 4,342 | 4,847 | 16,094 | 6,935 | 9,104 | 3,631 | 12,763 | 2,053 | 13,893 | 4,898 | 1,659 | 82,200 |
| 2013 | 2,135 | 4,289 | 4,741 | 16,457 | 7,140 | 9,067 | 3,505 | 13,223 | 1,905 | 13,636 | 5,017 | 1,480 | 82,595 |
| 2014 | 1,924 | 4,255 | 4,876 | 15,858 | 7,007 | 8,736 | 3,427 | 13,063 | 1,751 | 13,484 | 5,160 | 1,413 | 80,954 |
| 2015 | 1,715 | 4,275 | 5,233 | 15,598 | 7,079 | 8,333 | 3,175 | 12,972 | 1,796 | 13,390 | 4,801 | 1,681 | 80,048 |
| 2016 | 1,792 | 4,215 | 4,749 | 14,805 | 6,711 | 7,988 | 3,253 | 12,911 | 1,776 | 13,381 | 4,871 | 1,661 | 78,113 |
| 2017 | 858 | 3,932 | 3,404 | 15,422 | 5,757 | 4,176 | 2,652 | 12,676 | 1,628 | 13,327 | 4,350 | 4,875 | 73,057 |
| 2018 | 767 | 3,955 | 3,530 | 15,220 | 5,325 | 3,906 | 2,492 | 11,856 | 1,535 | 13,048 | 4,721 | 5,306 | 71,661 |
| 2019 | 804 | 3,743 | 3,890 | 15,482 | 5,066 | 3,951 | 2,444 | 12,383 | 1,473 | 12,979 | 4,583 | 5,105 | 71,903 |
| 2020 | 805 | 3,507 | 3,927 | 14,068 | 5,117 | 3,608 | 2,310 | 12,068 | 1,329 | 12,104 | 4,295 | 5,470 | 68,608 |
| 2021 | 760 | 3,402 | 3,902 | 14,159 | 5,043 | 3,662 | 2,275 | 12,289 | 1,332 | 12,071 | 4,446 | 5,711 | 69,052 |

## ISBN（国際標準図書番号）

　現在，世界各国で毎年出版される図書は，膨大な点数に達している。また，デジタル化社会においても，人類の文化を支え，発展させるメディアとして，ますます増加していくことが予測される。そこで，膨大な流通出版物のなかから，何というタイトルの図書が，どのような出版社から刊行されているか，それらを容易に識別し，検索できるシステムが導入されることになった。それが，国際 ISBN 機関が付与する国際標準図書番号（International Standard Book Number）である。いわば国際的に与えられた唯一の図書の識別番号で，本の総背番号制ともいえる。

　ISBN 国内センターは，毎年 1 回，ロンドンの国際 ISBN 機関に新規に付与した出版者記号のデータを送ることが義務づけられている。現在，対象の出版物は，書籍，コミック，ビデオ，CD などの電子出版物，マイクロフィルムなどで，Web 上のデジタルコンテンツも含まれている。

　日本は，1981年から加盟し出版物に10桁の ISBN を付与してきた。だが，英語圏の出版物の増大にともない発番可能な出版社記号が与えられなくなり，あらたに13桁の ISBN 規格が制定され，2007年 1 月 1 日以降，取次書店に搬入または発売される新刊刊行物すべてに適用されることになった。

　ISBN13桁の構成については五つの部分からなる。それぞれアラビア数字で表示される。基本的には，10桁 ISBN とおなじ構成である。接頭記号（978）の部分が加わっただけで，グループ記号（国または言語圏）新刊書，出版者記号，書名記号，チェックディジットの順は変わっていない。チェックディジットは検査数字なので計算法の違いにより数字は変わってくる。

　例　馬場俊明編著『図書館情報資源概論』（日本図書館協会）2018
　　　ISBN　978-4-8204-1808-5
　　　　　　(a) (b) (c)　 (d) (e)

　(a)　接頭記号：978
　(b)　国または言語圏：日本語圏 4 （英語圏［英，米など］0，1）
　(c)　出版者記号：桁数は出版点数などによって決まる。
　(d)　書名記号：出版物に固有の番号。
　(e)　チェックディジット：コンピュータ上の検査数字

## UNIT 6

◉印刷資料

# 雑　　　　誌

●⋯⋯⋯雑誌の歴史と現状

　雑誌の変革期といわれる。1997年をピークに，雑誌の販売額はマイナスに転じている。ジャンルによって手堅い雑誌もあるが，月刊誌や週刊誌などの定期誌の刊行は厳しい。推定発行部数，発行金額は，以降，長期低落傾向に歯止めがかからない。

　かつて，「雑高書低」呼ばれた時代が懐かしい。2017年には，書籍と雑誌の売り上げが逆転している。メジャーな雑誌の休刊が相次ぎ，創刊より休刊の点数のほうが多いという状況である。その一方で，インターネットやスマホの普及から，多彩な情報をより速く伝えられる WEB にシフトする商業雑誌が増えてきている。

市販雑誌・商業誌

　もっとも，一般誌（商業誌）の雑誌の電子版は電子雑誌と呼ばれるが，大学図書館などが収集している海外の電子化された学術雑誌は，電子ジャーナルと呼称される。国内の大規模な国公私立大学図書館では，紙の学術雑誌より電子ジャーナルの所蔵数が多くなっている。

電子ジャーナル

　ところで，雑誌という形態がはじめて現れたのは，17世紀後半のヨーロッパとされるから，図書に比べると歴史は浅い。だが，学会誌の出現から産業革命以後に登場してくる文芸雑誌，娯楽雑誌，児童雑誌などは，新しい読者層をうみだし，20世紀は「雑誌の時代」といわれるまでに発展してきた。

　日本では，幕末から明治初期にかけて本格的な雑誌が誕生しているが，およそ一世紀半後，一大成長した国内雑誌はいまやその地位を新しいメディアにとって代わられようとしている。

　このように雑誌の現状は厳しいとはいえ，商業雑誌の(1)大衆性，(2)大量性，(3)娯楽性の特性により，公立図書館においては，まだまだ，市民に親しまれる身近な情報源として大きな役割を果たしている。

　図書館界では，雑誌は，新聞，年鑑，会議録などとともに逐次刊行物（serials）と呼ばれている。逐次刊行物とは，「一般にひとつのタイトルのもとに，終期を予定せず，巻号・年月次を追って逐次刊行される出版物」（『図書館用語集』四訂版）である。表紙に明示されている刊行順序を示す巻（volume），号（number）は，雑誌管理のうえで，識別情報として重要になってくる。

　ただ，独立した表題をもち，主題的には完結した単行書からなるモノグラフシ

リーズや新書，文庫のような出版社シリーズは，逐次刊行物として扱わない。

　また，逐次刊行物は，定期的に出版されるものと不定期に出版されるものに分け 逐次刊行物
られる。代表的な定期刊行物（periodical）としては，雑誌（magazine：一般雑誌，
journal：学術雑誌）と新聞（newspaper）がある。このため逐次刊行物は，ときに
は定期刊行物と混同されたり，狭義の雑誌と同義に用いられたりすることがある。

　なお，ユネスコの統計上では，雑誌は一般的な主題または専門的な主題に関する
研究および情報を掲載する定期的出版物と定義されている。


### ●⋯⋯⋯⋯雑誌の類別

　定期刊行物としての雑誌は，刊行頻度によって，週刊，旬刊，半月刊，月刊，隔
月刊，季刊，半年刊，年刊，隔年刊などに分けられる。だが，一口に雑誌といって
も，書店やコンビニエンスストアに並んでいる週刊誌や情報誌，男性誌，女性誌の
ようなものから，学会や大学などが発行している学術雑誌に至るまで，内容的にも
発行形態的にもさまざまなものがある。ここでは，一般的な発行者による類別を紹
介しておくことにする。

1) 商業雑誌：書店などで販売される商業出版社から発行される雑誌で，市販雑誌
   ともいわれる。その種類は約2,500種を超えている。（下表参照）
2) 学術雑誌：広義には，学会・協会誌，大学紀要などの主として研究論文を掲載
   する雑誌をいうが，狭義には，査読制度（投稿論文の審査）をもつ学会誌を指す。
3) 官公庁誌：中央官庁や地方自治体が出版するもの。
4) 業界誌：ある特定分野の業界の情報を中心として発行される。
5) 同人誌：同好の人が編集・発行し，作品などを発表する雑誌。文学系統が多い。
6) 社内誌・社内報：団体・機関・組織内での広報等を目的とする刊行物。
7) ニュースレター（速報）・会報：ページ数は少ないが速報性の高い刊行物。
8) ムック（mook）：単行書形態で出版されるものが多い。magazine と book の合 ムック
   成語。
9) 電子ジャーナル：インターネットを介して情報提供している雑誌。多くは有料。
   出版社側と図書館等が利用条件（接続可能者数，ダウンロードなど）について交
   渉・契約する。（→UNIT 17 電子出版参照）

〈市販雑誌の部門別発行点数2021〉

| 部門 | 総　記 | 哲学・宗教 | 歴史・地理 | 社会科学 | 自然科学 | 工学・工業 | 産業・商業 | 芸術・体育 |
|---|---|---|---|---|---|---|---|---|
| 点数 | 95 | 12 | 13 | 241 | 240 | 127 | 194 | 751 |
| 部門 | 言　語 | 文　学 | 大　衆 | 女　性 | 児　童 | 学　参 | 週刊誌 | 合　計 |
| 点数 | 49 | 40 | 382 | 128 | 173 | 9 | 82 | 2,536 |

注：『出版指標年報2022年』より，筆者が主題部門別に類別する。「大衆」という部門は，風俗，
　　コミック誌，コミック本，読物などが対象である。

●⋯⋯⋯**雑誌の特質**

　一般に雑誌は，図書に比べて記事内容の速報性においてまさっているといわれる。とくに商業雑誌は，一定の編集方針と主題範囲のもとに，多数の執筆者が取材と個性的な切り口によって記事を書いているので，その雑誌の多様性と速報性の魅力は最大の特質とされる。それだけに，体系的な図書とはちがって，さまざまな分野の断片的，部分的な記事内容とはいえ，読者の多様な価値観を充足させる情報源として欠くことができない。

　また，月刊総合誌や週刊誌などの雑誌ジャーナリズムは，報道，時事評論，娯楽，文芸，実用記事を掲載，解説しているので，世論形成に少なからず影響を与えているといわれる。だからこそ，雑誌の性格は，公立図書館にとって，市民の身近な情報源として，その存在意義を際だたせているのである。しかし，その性格もソーシャルメディアからの情報の洪水に埋没し，いまや，輝きをうしないつつある。

雑誌の魅力　　しかし，雑誌の魅力がすっかり色褪せたかというとそうでもない。公立図書館において，まだまだ市民の多様な価値観に応えることのできる媒体として，多大の期待と信頼が寄せられている。現に市販雑誌は，図書とおなじように出版流通ルートにのり，同一地区同時発売の原則にもとづいて，読者に選択肢を提供し，特集主義を強めながら，手軽な情報源の位置を確保している。

　ただ，学術雑誌の世界では，科学技術分野はもとより，人文・社会科学分野でも，論文や研究成果・報告を電子化された形態で発信，利活用される傾向が顕著になっている。このため，各論文は速報性を高めていくので，紙媒体としての雑誌の存在意義は，もはや風前の灯火ともいえるかもしれない。（→電子資料：UNIT 13〜17を参照）

●⋯⋯⋯**雑誌の収集・選択**

　雑誌の収集・選択は，まず，図書館がどのようなサービスをし，どのような蔵書を形成していくかについての基本的な考え方を示した収集方針と予算規模によって，「土地の事情及び一般公衆の希望に沿い」（図書館法第３条）選択していくことが重要である。また雑誌は，定期購読し，継続受入れすることが前提となるので，中長期の計画を踏まえて収集・選択する必要がある。

　『任務と目標』では，「図書館は，住民の関心に沿って，幅広く多様な雑誌を選んで備える。また，地域の状況に応じて，外国雑誌も備える」とし，その具体的な数値目標を市区立図書館の中央図書館で400種，地域館でも最低100種以上が必要であると解説している。

　また，「貸出密度上位の公立図書館整備状況・2016」（『図書館雑誌』2017.5）によれば，人口段階別では，以下のような数値になる。（　　　）内の数値は2014年。

| 人口 | 1万人規模 | 81種（64種） | 10万人規模 | 306 | （303） |
|---|---|---|---|---|---|
| | 3万人規模 | 145（165） | 20万人規模 | 538 | （577） |
| | 5万人規模 | 140（165） | 30万人〜 | 941 | （787） |

　ちなみに，公立図書館の年間受入雑誌種数は，1館平均で都道府県立1,586種，市区立95種，町村立55種（『図書館年鑑』2017年）であり，全体的に減少傾向にある。

　前述したように，コロナ禍の商業雑誌は2,500種超えにとどまっているから，収集・選択にあたっては，数値目標だけではなく，(1)コア・ジャーナル（利用が集中する雑誌），(2)各世代の情報要求に応えるため，幅広い分野の雑誌を備えること，(3)立地条件（地域事情）などを考慮に入れながら収集選択すべきだろう。

コア・ジャーナル

　雑誌選択のための情報源としては，『雑誌新聞総かたろぐ』（メディア・リサーチ）が2019年度版もって休刊している。有力な情報源だっただけに残念だが，雑誌書誌情報については，日本出版インフラセンターが『雑誌のもくろく』アプリ版を開発したという。期待したい。

## ●………雑誌の管理

　雑誌の受入は，購入によるものと寄贈・交換などによるものとに分かれる。一般の商業雑誌は，多くが取次や書店経由で納入されるが，直接購読の場合もある。学術雑誌は主として会員頒布のため，会費や購読料前払い後に郵送されてくる。

　また，外国雑誌や電子ジャーナルは，原則として予約購読であり，購読料は前納制であるので，国内の特定業者や代理店と前年秋に契約を交わすことになる。そのほか，紀要や官公庁誌，非営利団体から刊行される雑誌などは，有償頒布よりも非売品であることのほうが多いので，寄贈や交換による入手方法に頼らざるをえない。

予約購読

　利用に際しては，最新号（カレントナンバー）を除いて，バックナンバー（旧刊号）は貸出するところが多いが，製本された雑誌を貸出するところは少ない。また，雑誌の複写は，著作権法第31条第1項第1号で「発行後相当期間を経過した」雑誌の個々の著作物にあっては，全部複製が可能であるが，最新号については，「著作物の一部分」となっているので注意を要する。

製本

　雑誌の課題のひとつは，利用のための保存対策がある。もともと，雑誌は仮表紙で綴じられていて，長期保存に耐えにくい形態のものが多い。しかも分冊・継続なので，一定期間たてば，主要な雑誌については，利用のための保存を検討しなければならない。対策としては，散逸を防ぐために合冊製本するか，マイクロ化などのメディア変換や分担保存などの方法が考えられる。（→ UNIT 43 参照）

保存対策

　もうひとつの課題は，雑誌予算である。厳しい財政状況から雑誌購入費が削減され，雑誌の継続が難しくなっている図書館が増えている。雑誌は継続受入が基本であるので，いったん購入決定したら，毎年予算を計上していかなければならない。

　しかし，資料費全体が減少もしくは現状維持のなかで，一般書や児童書を優先すると，雑誌代の値上がりなどから購読中止の事態をまねいている。ある市立図書館では，おもいあまって，「雑誌スポンサー制度」を立ちあげ，所蔵雑誌の寄贈を募っている。似たような例があちこちの図書館で起きている。

　一方，大学図書館では，学術情報の情報資源としては，その多くが外国雑誌，電子ジャーナルからであり，予算の比重が図書より高い。しかし，財政の厳しさから予算要求は現状維持がいいところである。そのため，外国雑誌の高騰（毎年10％前後の値上がり）や電子ジャーナルの急速な普及から，公立図書館とはまたちがった悩みを抱えている。それは，新規雑誌の購入にあたって，印刷体の雑誌と電子ジャーナルの両方を継続購入しているものについては，予算確保のため，どちらかの雑誌の購入中止を迫られるというものである。

　いずれにしても図書館は，予算要求にさいして，情報資源としての雑誌の特性とはたす役割を説明し，より一層の理解をもとめるべきである。

## ●──── option E

## ISSN（国際標準逐次刊行物番号）

　ISSN とは，International Standard Serial Number の略称であり，国際的な逐次刊行物の識別番号である。この番号は，数十万種にのぼる世界の逐次刊行物に関する膨大な情報を的確に把握し，円滑に処理するため，個々のタイトルに与えられた唯一固有の番号である。番号の付与は，ISSN ネットワーク（旧称国際逐次刊行物データシステム：ISDS）がおこなっている。

　同組織は，参加しているすべての国，機関の逐次刊行物の刊行頻度，発行国，キータイトル，略称，書誌事項，出版事項などのデータを形成し，管理運営している。現在，世界で80を超える国内センターが設置され，日本においては，法定納本制度のある国立国会図書館が国内の ISSN 日本センターを担当する。

　対象の逐次刊行物としては，定期刊行物，雑誌，新聞，年鑑，紀要，会議録などのほかに，モノグラフシリーズも含まれる。誌名変更があれば，その都度，新しい識別番号が付与される。番号は，7桁の数字と1桁のチェックディジットの数字からなり，逐次刊行物本体の表紙に印刷されている。数字は，ISBN（国際標準図書番号）のような国，言語，出版者等を意味しない。

　　　例：『図書館雑誌』ISSN0385－4000

● 印刷資料

# 新　　聞

●………新聞の定義

　新聞は，最新のニュースを知らせることを目的とした定期刊行物であり，速報性を特徴としている。

　ニュースを伝えるメディアとしてみれば，その歴史は，ローマ時代まで遡ることができる。中世には手書きの新聞も登場しているが，何といっても新聞が急速に発達したのは，活版印刷術の発明と読者としての近代市民が誕生した17世紀後半からである。ニュースの大量印刷が可能になり，日刊紙が現れてくる。日本では，1871（明治 4 ）年に創刊された『横浜毎日新聞』がはじめての日刊紙とされる。

横浜毎日新聞

　これら歴史的視点に立てば，新聞の性格はおのずから浮かびあがってくるだろうが，定義としては，「不特定多数の人々を対象に，最新のニュースの報道と評論を主たる目的とし，同一のタイトルのもとに，ブランケット判もしくはタブロイド判の形態でとじずに刊行される逐次刊行物」（日本図書館情報学会編『図書館情報学用語辞典』第 4 版）ということになる。ブランケット判とはふつうの日刊紙の大きさをいい，タブロイド判は日刊紙の半分の大きさで，夕刊紙，業界紙などに多い。

ブランケット判

タブロイド判

　ユネスコの定義では，「一般公衆のために時事問題などに関する一次情報の提供を目的とする定期的刊行物」となる。

　ところで，メディア環境が多様化するなかで，新聞を情報源として利用している読者の多くは，「紙」の新聞だけでなく，さまざまなメディアで提供される新聞情報源にアクセスしている。

　たしかに，定期購読している新聞の紙面が，ここ数年ガラリと変わってきている。デジタルメディアに対抗するためであるが，新聞の記事内容が視覚化，ビジュアル化し，しかも経営基盤の弱い地方紙の系列化や，朝日，読売，日経各紙の提携などによる情報の寡占・独占化の傾向が色濃い。新聞もまたニュース報道と評論において岐路に立たされているといってよいだろう。

●………新聞の種類

　新聞は，雑誌とおなじように逐次刊行物であり，刊行頻度が定期的であることにおいて，とくに定期刊行物といわれる。定期性ということでは，日刊，週刊，旬刊，

月刊などに分けることができる。新聞の発行点数については，『特定サービス産業実態調査』（2019年）によれば，発行点数は1,044種となっている。

新聞の類別は，発行種類別にみると，およそ次のように分けることができる。

(1) 全国紙：五大紙と呼ばれる朝日新聞，毎日新聞，読売新聞，産経新聞，日本経済新聞など主要都市に発行拠点をもち，全国に配布される。

(2) 地方紙

① ブロック紙：北海道新聞，中日新聞，西日本新聞が代表的であるが，河北新報，中国新聞なども広域圏地方紙と呼ばれている。

② 地方紙：都道府県単位の県紙や，県内の一部地域を対象にした新聞は，ブロック紙を含めると約260種ほど発行されている。

(3) スポーツ紙：一般のスポーツ紙は発行部数が多く，スポーツ記事以外にも政治，芸能，趣味・娯楽記事が掲載されている。

(4) 専門・業界紙ほか：専門分野や業界に関する情報を広く掲載し，最新の詳細情報や活動状況を入手するのに役立つ。

(5) その他：地域情報紙，児童・生徒向新聞，スポーツ専門紙，学生新聞，外国語新聞（国内発行）などの新聞が発行されている。

ちなみに，世界主要国で，日刊紙の発行部数が多いのは，1位中国，2位インド，3位日本，次いでアメリカである。アメリカには全国紙という概念はないが，発行部数の多い「USAトゥデイ」「ウォールストリート・ジャーナル」が2大全国紙とされる。映画などでよくみる「ニューヨークタイムス」「ワシントン・ポスト」「ロスアンゼルス・タイムズ」などは，いわゆる地方紙である。

## ●⋯⋯⋯情報源としての新聞

いうまでもなく，日本の新聞は，毎日家庭に届けられる宅配制度によって，強力なマスメディアとなって，世論形成に影響を与えている。日本新聞協会の「新聞オーディエンス調査」（2022年）によれば，新聞の読者像は次のようになる。

(1) メディア別接触状況（毎日）

新聞44.4%　テレビ77.1%　雑誌3.7%　インターネット71.5%　ラジオ11.8%

(2) 年代別接触状況

15-19歳4.8%　20歳代10.5%　30歳代14.5%　40歳代18.8%　50歳代16.5%　60歳代20.0%　70歳代15.0%

(3) 閲読時間：（平日）平均23.8分　（休日）27.6%

(4) 新聞から入手する情報（複数回答）（　）内はTVから入手

ニュース41.4%（74.2）　テレビ・ラジオ番組表32.7%（46.6）　スポーツ8.8%（58.7）　お悔やみ情報28.4%（17.4）　地域（地元）情報25.7%（22.5）　本・

書評19.7%（26.3）など

(5) メディア別の印象・評価（複数回答）

|  | 新聞 | TV | ラジオ | 雑誌 | インターネット |
|---|---|---|---|---|---|
| 社会に対する影響力がある | 36.1 | 66.8 | 5.8 | 4.3 | 41.7 |
| 情報源として欠かせない | 33.0 | 53.0 | 6.5 | 1.8 | 46.7 |
| 知的である | 60.3 | 25.7 | 7.7 | 5.3 | 14.8 |
| 日常生活に役立つ | 31.3 | 52.8 | 7.3 | 4.1 | 48.9 |
| 情報が信頼できる | 45.5 | 37.8 | 5.3 | 1.8 | 20.3 |
| 親しみやすい | 27.5 | 58.2 | 11.3 | 4.5 | 40.3 |
| 分かりやすい | 29.5 | 58.2 | 4.7 | 3.4 | 37.5 |
| 情報が速い | 12.6 | 46.0 | 7.7 | 0.9 | 56.9 |
| 中立・公正であるのは | 31.8 | 27.9 | 3.6 | 1.3 | 13.5 |
| 地域に密着している | 41.8 | 30.1 | 9.3 | 2.3 | 18.1 |

　これらの調査結果を踏まえれば，人々にとって，新聞は，仕事や暮らしに役立つ，もっとも身近なかけがえのない図書館情報資源といってよいだろう。


●…………**選択と収集**

　新聞の収集・選択については，雑誌とおなじように，基本的な収集方針のもとで考えられるべきである。

　一般には，幅広い市民を対象とする全国紙を中心に，利用者集団の要求と地域の事情や状況に応じて，主要な地方紙やスポーツ紙，専門紙，子ども新聞，内外の外国語新聞などを備えることが望ましい。都道府県立図書館や大都市圏の図書館では，住民の出身地域の情報要求を考慮して，関連の地方紙を収集・提供しているところが少なくない。

　「望ましい基準」では，「全国紙及び主要な地方紙」の収集に努めるものとなっているが，「貸出密度上位の公立図書館整備状況・2016」によれば，人口段階別では，年間購入の新聞の種類数は，以下のような数値になる。

| 人口 | 1万人規模 | 11.8種 | 10万人規模 | 32.8種 |
|---|---|---|---|---|
|  | 3万人規模 | 10.9種 | 20万人規模 | 61.0種 |
|  | 5万人規模 | 13.3種 | 30万人以上 | 80.3種 |

　また，『任務と目標』でも，「図書館は，全国紙，地方紙，政党機関紙のほか，それぞれの地域の状況に応じて専門紙を備える」とあるが，政党・政治団体や宗教団体などの機関紙については，特定の政党や宗教団体に偏らないように注意を払う必要がある。圧力団体の要求による偏った収集にならぬよう，寄贈についてもおなじように対処することが肝心である。

## ●⋯⋯⋯利用と保存

新聞は館内閲覧が基本であり，貸出をしない（縮刷版は「一夜貸出」するところもある）。所蔵・提供する新聞の種類が少ない図書館では，新聞架（ラック）を利用して提供している。だいたい1日から数日分ぐらいをまとめて挟むが，数量が多くなると扱いにくく，また複写などの場合不都合が生じやすい。穴あけ式とネジとめ式のものがあり，種類や数量が増加してくると，ピジョンホールを利用したほうが便利かもしれない。

ピジョンホール　ピジョンホール（pigeonhole）とは，仕切のついた書類整理棚である。もともとは「鳩の巣箱」といった意味のことばで，集合型郵便受けのような書架の一種と考えればよい。雑誌や小冊子のような多種多様な資料の整理などに役立つ。

もっとも，今日では，最新の情報だけなら，インターネットを介して24時間いつでも新聞を読むことができる。過去の記事もデータベース化されているが，まだ収録期間，内容はもとより，著作権や利用料金の課題もあり，限定的な利用にならざるをえない。

さきにも触れたが，新聞の特性は速報性である。「中立」「不偏不党」をモットーにしているため，最近でこそ署名入りの記事は増えてきたが，相対的に無署名記事が多い。したがって，学術的資料価値は乏しいし，速報的な情報の有用性を認めるとしても期間限定付といえる。だが，記事の性質からして時間が経過するとともに，時代や世相を映す歴史的資料として第一級の価値をもってくる。

このため，公立図書館では，利用者の歴史的，遡及的調査にさいして，そうした過去の新聞がきわめて重要な情報源となることから，郷土に関する記事や地域情報などを切り抜きし利用に供している。

長期保存対策　課題として，長期保存対策が欠かせない。新聞の保存は，かつて原紙保存か縮刷
縮刷版　版が主流であったが，前者は内的外的要因による原紙の劣化や保存スペースなどに難点があり，後者の縮刷版も全国紙は産経新聞を除いて発行しているが，地方紙となると限られてくる。CD-ROM 形式やデジタル化のメディア変換の方式もとられているが，媒体の耐久性という点では絶対的とはいえない。

そこで，公立図書館の多くは，長期保存対策としてはマイクロ化された新聞を新聞社や業者から購入するか，業者委託や自館製作によるマイクロ化を図っているといってよい。新聞のメディア変換による保存対策としては，耐久性からいって，現在もっとも普及しているのはマイクロ化であろう。（→ UNIT 50 保存とメディア変換参照）

そのほか，地域によっては，書庫収容能力の面から雑誌・新聞の重複保存を避けるため，複数の自治体や地区加盟館が分担保存協定を結び，共同利用しようとする動きがみられる。（→ UNIT 43 分担保存参照）

●印刷資料

# 小冊子・地図，その他資料

●⋯⋯⋯⋯**小冊子とは**

　心に深く残った映画のパンフレットや名演奏に酔いしれたコンサートのプログラムあるいは巨匠の美に圧倒された展覧会の図録などはなかなか捨てがたい。気がつけば大切に保存している。多かれ少なかれ，だれもが経験していることであろう。

　これらは一般に小冊子またはパンフレットなどと呼ばれる。新聞の切り抜きや機　　　　　　　　パンフレット
械・機器マニュアル，解説書などもその概念に含めることができる。形態的には仮
綴じで紙表紙の簡易な冊子体の印刷資料ということだから，定義づけは国によって
まちまちといってよい。

　前述のユネスコの「勧告」によれば，小冊子とは「いずれかの国で刊行され，公
衆の利用に供される少なくとも5ページ以上48ページ以下（表紙を除く）の印刷さ
れた非定期刊行物」ということになる。日本では，これら100ページ未満の刊行物
を小冊子とみなしているようで，書店などでよく見るブックレットなどは，その代
表的な刊行物といえるだろう。

　ブックレットとは，出版社や各種団体などが，ある一定の主題に応じて，基礎的　　　　　　　　ブックレット
な情報を提供し，読者の啓蒙を目的として刊行される印刷物で，その種類，内容，
形態などはさまざまである。

　このように小冊子は，図書ほど分量はないが，逐次刊行物のような速報性を有し，
定期的に刊行される情報源ではないので扱いが疎かになる。ほかにも，分量の少な
い印刷資料として，リーフレットやビラ・チラシ，案内書などがあるが，ほとんど
小冊子とおなじように処理される。

　リーフレットは，「1回折りたたんだ1枚の小さな紙葉に印刷し，かがったり製　　　　　　　　リーフレット
本したりしていない2ないし4ページの刊行物」（『ALA図書館情報学辞典』）とさ
れるが，多くは1枚の印刷物を二つ折りないしは四つ折りなどにしたものである。

●⋯⋯⋯⋯**選択と収集**

　だが，公立図書館においては，この小冊子やリーフレットを積極的に収集し活用
しているところは意外に少ない。書店などで入手困難なものが多いだけに，図書館
では積極的に収集し，整理し，提供することが望ましいが，入手先や刊行情報の把

握がむずかしい。

　収集選択については，ほかの図書館資料とおなじように，収集方針や選択基準に
もとづいておこなわれるものであるが，商業目的よりも市民の生活情報や生涯学習
情報，レクリエーション，コミュニティー活動などの地域情報の提供のほうに重点
がおかれるべきだろう。

　もっとも，今日では，日本の公立図書館も地域の情報センターとしての機能が強
くもとめられており，市民にむけて双方向性の情報発信を怠ることはない。じっさ
い，図書館のホームページを介して，地域情報ファイルがリンクされている。

　しかし，市民にとっては，それだけが情報源ではない。自治体が刊行する行政資
料や各種団体，保健所，病院，学校，文化施設などの発行する小冊子やリーフレッ
ト，ビラ・チラシなどは，その広報性においてきわめて有用な生活情報源となるだ
けに，どのように収集選択していくかが問われる。入手は購入よりも寄贈に頼らざ
るをえないが，地域情報としての内容のあるものは，とくに関心を払うべきだろう。

### ●⋯⋯⋯ファイル資料の整理

　ところで，小冊子，リーフレット類は，ページ数が少ない印刷資料なので，形態
的には図書のようにそのまま書架には排架整理することはできない。しかし，速報
性と広報性の特質を有する身近な情報源であることから，インフォメーション・
ファイル資料として情報整理する必要がある。

　整理方式は大きく分けて，次の三つの方式がある。

バーチカル・ファ
イリングシステム
(1)　バーチカル・ファイリングシステム（vertical filing system）

　ファイリングキャビネットを使用する方法である。ファイル資料を個別フォル
ダーに挟み，キャビネットの抽出に垂直（バーチカル）に排列するところから，こ
の名称がついている。利点は，鍵をかけることができるので，管理が容易で，利用
上の安全が保たれる。欠点はフォルダーの出し入れに，管理，利用上の両面から面
倒なことであろう。

シェルフ・ファイ
リングシステム
(2)　シェルフ・ファイリングシステム（shelf filing system）

　ファイル資料を専用のパンフレットボックス（代用としてブックケース）に入れ，
書架上に排架する方式で，利用者が自由にアクセスできるところから，オープン・
ファイリングシステムともいわれる。利用しやすいが，資料の散逸，紛失やミス・
ファイルなどが生じる。美観上見苦しい。

(3)　ピジョンホール（pigeonhole）

　さきに「新聞の利用と保存」のところで紹介しているので，説明は省略する。た
だ，この方式もたくさん主題別に収納できるので，利用しやすいが小冊子だけに，
利用頻度が高くなれば傷みやすいし，ミス・ファイルもおきる。

## ●⋯⋯⋯利用と保存

　小冊子の利用については，資料の内容や形態により，貸出をおこなうか閲覧のみにするかを決める。部数に余裕があれば，小冊子を配布提供することも考えられる。商業目的のものは避けて，できるだけ地域の事情に応じた生活・文化情報などが盛り込まれたものを収集するようにしたい。

　だが，こうした公立図書館が収集するパンフレットやチラシなどは，じっさいに市民に利用されているのだろうか。対処がむずかしい。

　これらインフォメーション・ファイル資料は，広報性，速報性の点から短命資料ともいわれるだけに，情報のメンテナンスが必要になってくる。つまり，情報には「旬」があり，賞味期限があるから鮮度を保つためには，つねに up-to-date のメンテナンスをこころがけなければならない。 短命資料

　また，利用に適さなくなったファイル資料は，更新するか廃棄するかを速やかに決定することが肝心である。ただし，地域情報として資料価値が認められるものについては，メディア変換してでも記録保存すべきであろう。

　課題は，図書や雑誌のように出版流通経路が整備されていないので，刊行情報の把握や入手方法については，寄贈依頼などのすばやい態勢と対応がもとめられるということである。


## ●⋯⋯⋯地図資料

　現在，全国の基本図は，縮尺が2万5000分の1地形図である。明治以来の伝統をもち，広く親しまれてきた5万分の1の地図から，2万5000分の1に代わったのは，作成が完了した1984（昭和59）年以後のことである。さまざまな地図の基本図として国土地理院（国土交通省）が作成，更新している。もちろん，国土地理院のウェブサイトでは，最新の2万5000分の1の地図を閲覧することができる。 地図の基本図

　地図には，地形，道路，施設などの状況を表現するために記号が用いられている。製作した国や機関，縮尺，時期などによって異なるが，日本の2万5000分の1の地形図に表示される地図記号は，国土地理院が定めている。

　このように2万5000分の1の地図は，社会科教育や観光，登山，行政分野などで幅広く利用されているので，公立図書館では，地域社会とのかかわりにおいて，地図帳や道路地図，住宅地図とともになくてはならない地図資料といえる。

　なお，全国の基本図に，文＝学校，∴＝名勝地，卍＝寺などの記号にまじって，2002（平成14）年，公立の図書館を表す記号として⑪が定められた。この記号は，本を開いた形を記号化したものであるが，公立図書館という公共施設がようやく，社会的認知をえたということであろう。

## ●……地図の種類

地図の種類は，大きく一般図と主題図，古地図に分けることができる。

一般図は，2万5000分の1地形図が代表的なもので，全国を網羅する最大縮尺の地形図である。そのほか，国土地理院が発行している1万分の1地形図，5万分の1地形図，20万分の1地勢図などがある。

主題図は，主題に特化した地図ということで，たいてい地形図のうえに，専門的な主題を盛り込んで表現したものであるが，はじめからその目的のために測量し作成されたものもある。前者の例としては，土地利用圏，植生図，地質図などが代表的であり，後者では，海図，都市計画図，防災図などがある。市街図，道路地図や自然環境図，文化財マップ，各種統計図など，主題図にはさまざまなタイプのものが刊行されている。

古地図古地図は，最新版が刊行されて古くなった地図という意味ではない。また，どれだけ古いかという基準があるわけでもないので，古地図の概念は考え方によって異なってくる。公立図書館では半世紀以上経った旧版地図を古地図と呼んでいるようである。地域資料・郷土資料とのかかわりで不可欠な資料である。

なお，近代測量以前の地図を古地図ということもあるが，一般的には，そうした地図は絵図と呼び慣わされている。


## ●……形態別と利用

形態別地図資料の<br>利用地図資料は，形態的に類別すると，地図帳（atlas），一枚物（map），折りたたみ図，掛図，立体地図，地球儀，電子地図，衛星画像などに分かれる。地図資料でもっとも利用されるのが地図帳である。学校教育で慣れ親しんだもので，日本と世界の地形，地勢の現況を理解するのに大いに役立つ。公立図書館でもたいてい備えているが，貸出制限しているところがある。地図帳は，全体と地域の部分とが比較しやすいものがよいとされる。

地図帳（アトラス）
一枚物（マップ）一枚物は，折りたたまずにそのまま利用，保管されるので，専用のマップ・ケース（map case）がいる。木製，スチール製を問わず，大型の引き出しに収納されるが，垂直型もある。原則として貸出をおこなわないので，マップ・ケースのうえに地図を広げて閲覧できる地図台が設けられている。

折りたたみ地図は畳物と呼ばれ，一枚物ではあるが，折りたためば持ち運びができるので，貸出するところが多い。ただし，折りたたんだ部分から傷みやすく，破れやすくなる。

掛図や地球儀，天球儀などは持ち運びには不便なので貸出するところは少ない。古地図（絵図）は，地名や町名に人権プライバシーにかかわる情報が掲載されている場合があるので，公開や貸出には注意を要する。

## ●‥‥‥‥収集と官製地図

　基本図の作成は，日本をはじめとして各国とも国家事業としておこなわれている。日本では国土地理院（国土交通省）が中心になって測量し，基本図，主題図を作成しているので，地図は，まず官製地図を中心に収集するのがよい。民間で多く作成される冊子体の地図帳や主題地図，折りたたみ図は，この基本地図をもとにして作成されているから，国や地方公共団体が作成に何らかのかたちで関与（監修，編集，校訂など）しているものを選ぶべきだろう。

　つまり，官製地図は国家事業であり，行政の基礎資料として組織的に作成されているだけに，基礎的情報，分析情報における正確性，信頼性が高い。 官製地図

　近年，平成の市町村合併により，新しく生まれる自治体名や消える自治体名などで，大幅に市町村名が変更している。また，旧来の市や町の「ひらがな市町村名」化が目立つ。くわえて，国内外の激しい政治情勢の波をうけて，国名や都市名までが変更を余儀なくされる。

　このように，いかなる地図も作成された段階から定常状態ではありえないし，あってはならないから，基礎的情報の更新は必然であり，不可避といえる。したがって，公立図書館が市民の地理・地名情報の要求にたいして，速報性のある的確な資料・情報提供していくためには，可能なかぎり最新の地図を入手することが望ましい。

　ただ，毎年，高価な印刷資料の地図を購入することは，限られた予算のなかではきわめて厳しいといわざるをえない。それだけに，地図資料の収集と保存については，費用対効果を踏まえて，計画的に検討を進めていく必要があるだろう。

## ●‥‥‥‥その他の資料

　公立図書館で扱う印刷資料には，このほかに楽譜資料がある。冊子形態式のものとシート形式の1枚刷りのものとに分かれるが，所蔵が多いのは，シート形式の主に童謡・唱歌や名曲の楽譜集や点訳楽譜である。 楽譜資料

　また，視覚的伝達を目的にした紙芝居のような画像資料も印刷資料の部類に入る。紙芝居や複製絵画，絵葉書，ポスター，写真などは，再生機器を必要としない簡易視覚資料と呼ばれるが，文字と画像からなりたっているから印刷資料でもある。画像資料については，UNIT 11（映像資料）を参照。

● 非印刷資料

# 点字・録音資料

### ● ……… 点字・録音資料と障害者

　図書館では視覚障害者向けの資料を収集し，提供してきた歴史は長い。障害の種

視覚障害者　　別は多様であるが，視力障害以外に視野障害や色覚障害等が視覚障害と考えられる。
人々の「読む自由」を保障する機関として図書館は，読むことに障害のある人々の
ために配慮し，資料収集・提供が求められている。さらに高齢化社会が進行するに
したがい，読むことに障害をもつようになる年齢層が増加している現状を踏まえ，
視力障害者のみを対象としての資料収集・提供は限定的対応といわざるをえない。
広くインクルーシヴの視点で資料情報収集・提供が求められる。録音資料について
は障害者対応のみならずオーディオ・ブックとして商業的にも拡大しつつある。

　視覚障害数は厚生労働省の実態調査によると，約31万人（平成28年）となってい
る。1969年視覚障害者のグループが日比谷図書館（当時は東京都立日比谷図書館）
晴眼者　　　の門をたたき目の不自由な都民として晴眼者（目の見える人の総称）と同じ読書す
読書権　　　る権利を求めた。それは公立図書館が視覚障害者を市民として受け入れる先駆けと
なった。

　公立図書館の役割は設置自治体の構成員であるすべての市民に必要とされている
資料や情報を提供することである。それは障害のあるなしにかかわらず平等でなけ
ればならない。視覚障害者の「見えない苦痛」を解消するため，何らかのメディア
変換も含め「読む自由」「知る自由」を保障するのが公立図書館である。

　「望ましい基準」（2012年改正）では，「点字資料，大活字本，録音資料，手話や
字幕入りの映像資料等の整備・提供，手話・筆談によるコミュニケーションの確保，
図書館利用の際の解除，図書館資料等の代読サービスの実施」に努めるものとある。
だが，目の不自由な市民が利用可能な点字資料・録音資料の刊行は，全体の出版点
数に比べ数が少なく，弱視者向けの大活字本も少ない。この状況を踏まえ，2019年
には「視覚障害者等の読書環境の整備の推進に関する法律」（読書バリアフリー法）
が成立し施行されている。

### ● ……… 著作権法の改正と障害者向け資料の提供

　2009（平成21）年6月19日に「著作権法の一部を改正する法律」（法律第53号）

が制定され2010年1月1日から施行された。この法改正で第37条第3項にもとづく著作物の複製等は、これまで視聴覚障害者情報提供施設（点字図書館等）に限定されていた適用対象となる施設等の範囲が公立図書館（司書等の配置に限定）や学校図書館、大学図書館等も含まれることとなった。これを受ける形で日本図書館協会をはじめ図書館関連団体が「図書館の障害者サービスにおける著作権法第37条第3項に基づく著作物の複製等に関するガイドライン」（option F）を2010年2月18日に公表している。さらに2019年から「著作権法の一部を改正する法律」（法律第52号）が議論され、2021年に制定・公布されている。この動きに連動して、ガイドラインも2019年11月に一部改正されている。

視覚障害者等のための複製

### ●‥‥‥‥‥視覚障害者向け図書館資料

　上記の「著作権法第37条第3項に基づく著作物の複製等に関するガイドライン」では、著作権法37条第3項により複製された資料を利用できる「視覚障害者その他視覚による表現の認識に障害のある者」を例示している。図書館資料の利用に障害がある状態として「視覚障害、聴覚障害、肢体障害、精神障害、知的障害、内部障害、発達障害、学習障害、いわゆる「寝たきり」の状態、一過性の障害、入院患者、その他図書館が認めた障害」としている。「当該視覚障害者等が利用するために必要な方式」と例示している資料方式には以下のようなものがある。「録音、拡大文字、テキストデータ、マルチメディアデイジー、布の絵本、触図・触地図、ピクトグラム、リライト（録音に伴うもの。拡大に伴うもの）、各種コード化（SPコードなど）、映像資料のサウンドを映像の音声解説とともに録音すること等」としている。点字資料とあわせ、これらの方式で図書館利用に障害をもつ人々への資料収集・提供を図書館がおこなうこととなる。

著作権法第37条第3項に基づく著作物の複製等に関するガイドライン

### ●‥‥‥‥‥点字図書

　点字資料は著作権法第37条第1項で示されており、図書館等の施設以外でも作成され利用可能である。点字資料は狭義では点字図書となるが、点字雑誌や点訳絵本等も含まれる。墨字（ふつうの文字の総称）の図書を点訳化したものを点字図書としている。

墨字

　点字は1829年フランスのL. ブライユ（Luis Braille, 1809-1852）が考案し、日本では1890（明治23）年に石川倉次がこれを翻案し、東京盲唖学校で正式に採用された。その11月1日は「日本点字制定の日」となっている。

点字

　全盲障害者が自分で読んだり書いたりする文字が「点字」である。仮名遣いやアルファベット、数字、記号類などが6点式の点字の組み合わせによって表される。墨字の図書や資料等を点字化することを点訳といい、点字を墨字の漢字かな交じり

文にすることを墨訳という。日本語や英語などを点訳しているため点字は世界共通ではない。

点字図書

　点字図書作成では，点字器や点字用紙（90kg または110kg の上質紙）が使われる。標準点字器や点字タイプライター，コンピュータ点訳などの方法があるが，いずれも点字の知識が必要である。現在は多くがコンピュータによる点訳となっている。コンピュータ点訳では点訳ソフトを導入し，点字記号を入力して点訳していく。データは点字プリンターで打ち出したり，ピンディスプレイで出力したりする。点字資料の出版社は少なく，製作販売されているものの新刊書やベストセラーが晴眼者向けと同時に出版されるわけではない。基本的には利用者の要望に応じて製作されるので，選択の自由の幅が非常に狭い。

　これらの点字図書などの所蔵・所在情報については，日本点字図書館がシステムを管理し，全国視覚障害者資料提供施設協会が運営している視覚障害者総合情報ネットワーク（サピエ）が日本最大のデータベースとなっている。2023年現在，80万件の書誌データおよび所在情報が提供されている。

サピエ図書館

### ●………さわる絵本（点字絵本，布の絵本）

　触覚を刺激して情報を得て楽しむことのできる絵本が「さわる絵本」である。「点字絵本」はいくつかのタイプにわけることができる。「一般に市販されている絵本の文章や絵の説明等を透明の点訳シートに書き写し，それをもとの絵本に貼り付けて，健常者と視覚障害者が一緒に楽しめるように工夫したもの」（岩田美津子『点訳絵本のつくり方』）や，絵の部分を特殊なインクで印刷し熱を加えて盛り上げて形を触って把握できるようにしたうえ，おはなしの部分を点訳した市販点字絵本や絵本雑誌がある。「布の絵本」は主として肢体不自由児や情緒障害，発達障害等の晴眼児を対象とする資料である。多くがボランティアによる製作となっている。

布の絵本

### ●………録音図書（オーディオ・ブック）

デイジー（DAISY）

　録音図書にはカセットテープ形態の図書と「デイジー（DAISY：Digital Accessible Information System）」とよばれる CD 形態の図書がある。欧米の図書館ではトーキング・ブックの利用が知られており，最近日本でも商品としてインターネット上で市販されるようになってきた。視覚障害者のなかには中途失明者もおり，点字学習による読書に困難をきたすことも多い。したがって音声による読書に対する要望も強い。市販されているといってもその数は少なく，各図書館現場で製作することが多い。コンピュータに音声読み上げソフト（アプリ）を導入することで，電子図書や電子雑誌等の音声による読書が可能となり，視覚障害者も情報資料にアクセスできるようになってきている。

●·········拡大図書（大活字本，拡大写本）

　市販されている図書の文字を判読できない弱視者や高齢者のために大きな活字で
印刷された図書を「大活字本」という。「拡大写本」は既存の図書や印刷物等を利
用者の視野の幅や視覚障害の度合いなどにあわせて文字を大きくしたり字体を工夫
したりしたものをいう。弱視者のみならず視野障害や学習障害（LD），読字障害
（ディスレクシア）などの読書障害をもつ人々向けにさまざまな福祉団体や図書館
でボランティアの手によって製作されている。

学習障害（LD）

ディスレクシア

●·········点字教科書・拡大教科書等

　2008（平成20）年6月18日「障害のある児童及び生徒のための教科用特定図書等
の普及の促進等に関する法律」（法律第81号）が制定され，検定教科書等を拡大し
たり，点訳したり，あるいは電磁的記録（デジタルデータ）として作成・頒布する
ことが認められるようになった。これに伴い著作権法第33条の2が改正された。さ
らに，著作権法第33条第3項の改正により，副教材などの点訳化・拡大化等が可能
になった。

●·········マルチメディアデイジー

　デイジーは，1997年のIFLA（国際図書館連盟）大会で採択された視覚障害者向
けの標準録音図書製作システムであり，読字障害者向け国際デジタル資料製作シス
テムとなっている。カセットテープに代わり，CD1枚に長時間収録可能なデジタ
ル化録音図書であり，視聴するためにコンピュータ機能がある装置が必要となる。
カセットテープ録音図書に比べ，収録時間は長く音質は優れており，検索機能面で
も「項目や頁へのジャンプ」機能や「しおり機能」などを付加でき利便性に優れて
いる。音声情報とテキスト情報を同期させイメージ画像や動画も組み込むマルチメ
ディア対応となっている。

マルチメディアデ
イジー

デジタル資料製作
システム

●·········触図・触地図

　図書館で入口付近に図書館案内として館内図を設置するが，点字で位置を示す触
図をあわせているところは多い。地図以外にも学習教材として多様な図面を触覚資
料として所蔵している特別支援学校図書館もある。

●·········ピクトグラム（ピクトグラフ）・リライト資料（LLブックなど）

　発達障害や知的障害あるいは何らかの理由で障害を負った人々に，わかりやすく
情報伝達する資料として，絵文字で伝えるピクトグラムや易しい言語表現で伝える
リライト資料（LLブックなど）がある。多くはボランティアにより製作されるが，

リライト資料（LL
ブックなど）

野口武悟監修『タカとハルの江の島のたび：小田急ロマンスカーにのって』（専修大学アクセシブルメディア研究会　2013）

市販資料もわずかながらある。ピクトグラムは図書館内のサイン資料として，日本語が読めない外国人利用者や乳幼児を対象として利用されている。

### ●⋯⋯⋯郵送貸出

郵送貸出

　目が不自由で来館が困難な障害者には，宅配や郵送貸出が必要である。宅配は，図書館職員やボランティアによって資料を自宅に届けるものであるが，郵送貸出は郵便法第27条により第4種郵便物として，「盲人用点字のみを掲げたものを内容とするもの」と，「盲人用の録音物又は点字用紙を内容とする郵便物」で「郵便約款の定めるところにより，点字図書館，点字出版施設等盲人の福祉を増進する施設から差し出し，又はこれらの施設にあてて差し出されるもの」と定められている。この施設は郵便法施行規則第8条（2011（平成23）年8月30日改正　総務省令第125号）により「総務省令で定める基準は，盲人用の録音物又は点字用紙の発受の業務を継続的に行っている施設である」とされ，図書館は郵便事業会社に指定してもらうことが必要となる。

　郵便約款によると，点字郵便物及び特定録音物等郵便物は無料となっているが，ほかの障害者向けの資料については何ら規定がない。したがって，拡大図書や布の

絵本，リライト資料等は一般扱いで有料となる。

●⋯⋯⋯**課題**

　著作権法第37条第3項の改正では図書館が視覚障害者等への資料変換を可能としているが，障害者以外の一般利用者への提供との区別をどうつけていくのかが課題となる。2021年の著作権法改正により，公立図書館による電子資料の配信が可能となっており，図書館の権利制限の見直しがなされているが，障害者向けとして対応できるのかどうかも課題となる。また，聴覚障害者向け資料として映画等の字幕や手話通訳つきのキャプション付加が考えられるが，映像資料への補償金制度が確立していない状況では図書館側での製作は著作権者側との交渉に委ねられることになる。

聴覚障害者向け資料

## ◉──── o p t i o n　F

## 図書館の障害者サービスにおける著作権法第37条第3項に基づく著作物の複製等に関するガイドライン

> 2010年2月18日　2013年9月2日別表一部修正　2019年11月1日一部改定
> 国公私立大学図書館協力委員会，（公社）全国学校図書館協議会，全国公共
> 図書館協議会，専門図書館協議会，（公社）日本図書館協会

**（目的）**

1　このガイドラインは，著作権法第37条第3項に規定される権利制限に基づいて，「視覚障害その他の障害により視覚による表現の認識が困難な者」（以下このガイドラインにおいて「視覚障害者等」という）に対して図書館サービスを実施しようとする図書館が，著作物の複製，譲渡，公衆送信を行う場合に，その取り扱いの指針を示すことを目的とする。

**（経緯）**

2　2009（平成21）年6月19日に公布された著作権法の一部を改正する法律（平成21年法律第53号）が，一部を除き2010（平成22）年1月1日から施行された。図書館が，法律改正の目的を達成し，法の的確な運用を行うためには，「図書館における著作物の利用に関する当事者協議会」を構成する標記図書館団体（以下「図書館団体」という。）は，ガイドラインの策定が必要であるとの意見でまとまった。そのため，図書館団体は，著作者の権利に留意しつつ図書館利用者の便宜を図るために，同協議会を構成する権利者団体（以下「権利者団体」という。）と協議を行い，権利者団体の理解の下にこのガイドラインを策定することとした。

**（本ガイドラインの対象となる図書館）**

3　このガイドラインにおいて，図書館とは，著作権法施行令第2条第1項各号に定める図書館をいう。

**（資料を利用できる者）**

4　著作権法第37条第3項により複製された資料（以下「視覚障害者等用資料」という。）を利用できる「視覚障害者等」とは，別表1［略］に例示する状態にあって，視覚著作物をそのままの方式では利用することが困難な者をいう。

5　前項に該当する者が，図書館において視覚障害者等用資料を利用しようとする場合は，一般の利用者登録とは別の登録を行う。その際，図書館は別表2「利用登録確認項目リスト」［略］を用いて，前項に該当することについて確認する。当該図書館に登録を行っていない者に対しては，図書館は視覚障害者等用資料を利用に供さない。

**（図書館が行う複製（等）の種類）**

6　著作権法第37条第3項にいう「当該視覚障害者等が利用するために必要な方式」とは，次に掲げる方式等，視覚障害者等が利用しようとする当該視覚著作物にアクセスすることを保障する方式をいう。

　　録音，拡大文字，テキストデータ，マルチメディアデイジー，布の絵本，触図・触地図，ピクトグラム，リライト（録音に伴うもの，拡大に伴うもの），各種コード化（SPコードなど），映像資料のサウンドを映像の音声解説とともに録音すること等

**（図書館間協力）**

7　視覚障害者等のための複製（等）が重複することのむだを省くため，視覚障害者等用資料の図書館間の相互貸借は積極的に行われるものとする。また，それを円滑に行うための体制の整備を図る。

**（複製の品質）**

8　図書館は第6項に示す複製（等）の質の向上に努める。そのために図書館は担当者の研修を行い，技術水準の維持を確保する。図書館団体は，研修に関して積極的に支援する。

**（市販される資料との関係）**

9　著作権法第37条第3項ただし書に関して，図書館は次のように取り扱う。

　⑴　市販されるもので，次のa)～d)に示すものは，著作権法第37条第3項ただし書に該当しないものとする。
　　a)　当該視覚著作物の一部分を提供するもの
　　b)　録音資料において，朗読する者が演劇のように読んだり，個々の独特の表現方法で読んでいるもの
　　c)　利用者の要求がデイジー形式の場合，それ以外の方式によるもの
　　d)　インターネットのみでの販売などで，視覚障害者等が入手しにくい状態にあるもの（ただし，当面の間に限る。また，図書館が入手し障害者等に提供できるものはこの

限りでない。)

(2)　図書館は，第6項に示す複製（等）を行おうとする方式と同様の方式による市販資料の存在を確認するため，別に定める「著作権法第37条第3項ただし書該当資料確認リスト」［略］を参照する。当該方式によるオンデマンド出版もこれに含む。なお，個々の情報については，以下に例示するように具体的にどのような配慮がなされているかが示されていることを要件とする。

　　また，販売予定（販売日を示したもの）も同様に扱う。

(資料種別と具体的配慮内容)
　例：音声デイジー，マルチメディアデイジー（収録データ形式），大活字図書（字体とポイント数），テキストデータ，触ってわかる絵本，リライト

(3)　前記(2)の「著作権法第37条第3項ただし書該当資料確認リスト」は日本図書館協会のサイト内に置く。日本図書館協会は，その情報を適時確認し更新を行う。出版社などが新たに販売を開始した場合は日本図書館協会に連絡することにより，このリストに掲載することができる。

(4)　前記(2)の販売予定の場合，販売予告提示からその販売予定日が1か月以内までのものを「提供または提示された資料」として扱う。ただし，予定販売日を1か月超えても販売されていない場合は，図書館は第6項に示す複製（等）を開始することができる。

(5)　図書館が視覚障害者等用資料の複製（等）を開始した後に販売情報が出された場合であっても，図書館は引き続き当該複製（等）を継続し，かつ複製物の提供を行うことができる。ただし，公衆送信は中止する。

## （ガイドラインの見直し）

10　本ガイドラインは，社会状況の変化等に応じて随時見直し，改訂を行う。その際は，「図書館における著作物の利用に関する当事者協議会」における検討を尊重する。

## （附則）

1　2018（平成30）年5月25日に公布された著作権法の一部を改正する法律（平成30年法律第30号）（平成31年1月1日施行）に合わせ，ガイドラインの一部を修正することとした。

以上

(https://www.jla.or.jp/library/guideline/tabid/865/Default.aspx)

**● 非印刷資料**

# マイクロ資料

**●⋯⋯⋯マイクロ資料とは**

　マイクロ資料とは，「図書その他の資料を，写真技術によって，肉眼では読めないほど小さく縮小した複製資料」(『図書館用語集』四訂版) をいう。「マイクロリール (ロール)」「マイクロフィッシュ」「スライド」「フィルムストリップ」などがある。

　マイクロ資料には，ネガフィルムを反転させたものとポジフィルムに印刷資料を縮小して複写したものの二つの方式がある。図書館等で主に所蔵・利用されているマイクロリールは一定の幅のマイクロフィルム (銀・ゼラチンマイクロフィルム) に資料情報を縮小して焼き付けたものである。このフィルムはセルロースエステルをベースとする TAC フィルムとポリエステルをベースとする PET フィルムとがある。PET フィルムは規格にもとづいて適切に製作し保存すれば期待寿命は500年といわれている。ネガもポジも再生専用機器が必要である。

　資料をスキャニングしてデジタル化することが多いが，再生機器であるコンピュータ等の急激な変化などの課題があり，マイクロ化したほうが保存方法としては確実といえる。

マイクロフィルム　　マイクロフィルムにはロールフィルムとシートフィルムがある。35mm あるいは16mm 幅で100フィートの長さのリール (ロール) 形式では大量の情報保存に適している。雑誌や新聞，テクニカルレポート等が保存されてきた。新聞はデータベース化されていることも多いが，昭和以前の地方新聞等はマイクロ資料として保存されていることがある。新聞は 1 コマに 1 ページ分，雑誌や図書等では見開き 2 ページ分が収められている。連続しているため検索に手間がかかるので，フィルムを切断しマウントに入れアパチュアカード化したり，10コマ程度に収めたフィルムストリップにしたりするなど過去におこなわれていた。これらの資料の多くはデジタル化されるか廃棄対象となっているようである。

マイクロフィッシュ　　マイクロフィッシュは105×148mm が標準サイズで碁盤の目のように複数ページを 1 枚のフィルムシートに収めたものである。A4判の雑誌や図書なら60ページ分くらいが収められる。大学図書館では過去に卒論をこの形式にメディア転換し保存していたこともある。フィルムシートなのでかさばらず保存できる。

S-T Imaging 社　ST200X Digital Film Viewer/Scanner System

　スライドは35mm のポジフィルムを１枚ずつマウントにはめ込み利用する資料でスライドある。個人で見るほか，集団対象では拡大しスクリーンに投影して見る。拡大投影には限界がある。博物館や美術館，資料館など図書館以外でも不可欠の資料である。公開展示できない収蔵品や関連資料の画像情報の提供に利用されてきた。デジタル化してインターネット上に公開されることが一般的になっている。

　マイクロ資料を１〜８コマくらいに分断し横長のカードにはさみこみ余白に必要情報を書き込んで，整理保存・検索しやすくしたものがアパチュアカードである。過去には地図や設計図，特許資料，工業関係資料などを収めていたが，現在ではデジタル化が一般的である。

### ●……⋯⋯利点と課題

(1)　縮小性

マイクロ資料の長所

　印刷資料が増大するにしたがい，保存・検索・利用に困難が生じマイクロ化されてきた。図書館内で製作したり，市販資料を購入したりしてきた。かさばる原資料に比べ縮小率が面積比で原資料の100分の１から2,500分の１といわれ，図書館内のスペースの節約に有効である。

(2)　再生

　再生にはマイクロリーダーやスライドプロジェクターといった再生専用機器が必要である。プリンターと接続し紙媒体に印刷したり，コンピュータ経由で PDF ファイル等に転換して USB などに保存することも可能である。課題は図書館利用者がこれらの再生機器を十分に使いこなせないことも多く，図書館スタッフの支援あるいは利用者教育が求められる。

(3)　耐久性

　適切に保存すればマイクロ資料は長期保存が保証されているが，アクセスや検索の簡便性に欠ける点がある。一方，デジタル資料はメディア転換がたやすく，利用の簡便性・拡張性は高いが資料媒体としての長期保存は保証されていない。情報資料の保存を重視する図書館では，マイクロ資料の所蔵はデジタル資料に比べると減

少傾向だが，保存面ではマイクロ化されることもある。PETフィルムは期待寿命
が長いが，1950年から80年代に使用されたフィルムはTACベースのフィルムであり，

ビネガーシンドローム

保存環境等の影響により酢酸臭が発生し（ビネガーシンドローム），劣化する可能
性が高く，セピア色に変色することもある。劣化が始まる前に保管しているマイク
ロフィルムをチェックして新しいフィルムに変換していく必要がある。

(4)　定型性

　マイクロ資料は一定化しており保管が容易で管理しやすいが，アクセス手段とし
ての再生機器の使い方やマイクロ資料の検索に手間取ることも多い。索引などを作
成し，総合目録に組み込んでOPACから検索を容易にしておくことが必要である。

●…………収集

(1)　購入

　雑誌や新聞，論文などはマイクロ資料販売専門業者や新聞社などから購入する。

自館製作

(2)　自館製作

　都道府県立図書館や大規模図書館，大学図書館では館内にマイクロ資料製作作業
室があり，過去には視聴覚資料を扱う訓練研修を受けた専門スタッフが自館内で作
業をおこなっていた。地域資料や公文書，古文書などを資料保存面からマイクロ化
は重要な意味をもつ。デジタル化する作業もこの延長と考えてよいだろう。保存と
利活用を考えマイクロ化するのかデジタル化するのか，あるいは双方の形態にメ
ディア転換するのか図書館で検討して実施すべきである。

(3)　外部専門業者への委託

　数は少なくなったものの資料をマイクロ化する業者がおり，資料をまとめて外注
して製作してもらったり，あるいは自館内で作業をしてもらったり，と図書館で対
応は異なる。

(4)　寄贈・交換

　図書館や多様な団体が作成したマイクロ資料を交換あるいは受寄贈で入手するこ
とがある。地域資料として個人から寄贈してもらい受け入れることもある。受入選
択については他の資料と同じ扱いとする。整理や管理が難しいという理由で受入を
拒否するのではなく，静止画像情報資料としての資料価値を認識して検討すべきだ
ろう。

●…………所蔵

　マイクロ資料を所蔵しているのは大規模大学図書館が多いが，公立図書館でも所
蔵している。たとえば長野県立長野図書館では，プランゲ文庫目録をマイクロ
フィッシュで所蔵しているほか，2015（平成27）年現在，マイクロ資料所蔵点数は

9,923点である。その内容は明治からの新聞の長野版や郷土資料である。大学図書館以外でもアジア経済研究所図書室のような専門図書館でも所蔵されている。

## ●………利用と保存

　マイクロ資料は一般開架に排架すると散逸・破損の可能性があるので，図書館では閉架で保存していることが多い。保存環境として温度・湿度管理は必須である。ISO/JIS で規定されているマイクロフィルムの保存条件は，温度25度以下相対湿度は20〜50％とされている。これらの条件は24時間維持しなければならない。資料そのものは中性紙でできたケースにいれ，シリカゲルなど乾燥剤を入れてカビが付かないようにしておき，専用のキャビネットに整理保存しておく。

マイクロフィルムの保存条件

　フィルムは上記のように酢酸臭が発生して劣化するリスクがあり，さらにセピア色などへの変色や褪色，カビの発生，フィルム本体のくっつきや剥離，クラックやひび割れ，斑点（マイクロ・スコピック・ブレミッシュ）の発生，などの問題がある。TAC ベースのフィルムの場合，期待寿命は100年，PET ベースの場合は500年とされている。開架でマイクロ資料を提供する場合にも温度湿度管理は必要であり，2年ごとに取り出し臭気などをチェックして異常があれば適切な処理をおこなう。

　詳しくは国立国会図書館 Web 内にある"マイクロ資料への対策"や日本図書館協会資料保存委員会のページなどを参照するとよい。

## UNIT 11

●非印刷資料

# 映像資料

### ●⋯⋯⋯映像資料とは

動画資料

静止画資料

　映像資料には，動画資料と静止画資料があり，再生機器を必要とする資料と必要としない資料がある。動画資料とは視聴覚再生機器やコンピュータなど再生機器を必要とする映像資料である。静止画資料にはトランスペアレンシー（TP）やスライド，マイクロ資料（UNIT 10 参照）などがある。LD や CD，DVD 等に収められた静止画資料は電子資料として UNIT 13 で扱う。

### ●⋯⋯⋯再生機器を必要としない画像資料

簡易視覚資料

　「簡易視覚資料」ともいう。写真や絵ハガキ，複製絵画，ポスター，紙芝居等は再生機器を必要としない画像資料である。都道府県立図書館といった歴史の長い図書館では，継続して収集・保存・提供されてきた資料である。写真や絵ハガキなどは100年以上の歴史をもち，地域の明治・大正・昭和初期などの風俗習慣などを伝える地域資料として保存提供されている。保存状態が悪いと変色・褪色するので，デジタル化し地域のデータベースあるいは「デジタル・アーカイブ」として公開が進んでいる。

複製絵画

　複製絵画やポスター，紙芝居等は市町村立図書館を中心に収集・提供されている資料である。絵画やポスター等はフレームに入れたり裏打ちしたりして貸出提供されている。

紙芝居

　紙芝居は乳幼児・児童サービスのひとつとして，図書館プログラム（図書館行事）で利用されるだけでなく個人貸出も盛んである。昭和初期から日本の子どもたち向けの娯楽文化として紙芝居が街頭で演じられてきたが，現在では幼稚園や保育園，小学校などでも利用されている。フランス語や英語など外国語訳版も製作されている。図書館から貸し出された紙芝居は子どもたち自身が声にだして楽しめる資料として活用されている。

### ●⋯⋯⋯再生機器を必要とする静止画資料

トランスペアレンシー

　マイクロ資料（UNIT 10 参照）やトランスペアレンシー（TP），スライド等で画像資料を扱っている資料である。LD や CD 等も再生機器が必要である。トランス

ペアレンシーは透明のシートに文字や画像を印刷しオーバーヘッドプロジェクター（OHP）でスクリーンに拡大投影して利用する資料である。1枚ずつマウントにいれ保存する。公立図書館では収集保存，提供していないが，かっては学校教育教材として利用されることも多く，学校図書館で所蔵資料としていた。

### ●⋯⋯⋯映像資料

映像資料には映画・記録フィルム（16mmが多い）やビデオカセット，DVDといった形態がある。再生機器が必要な資料である。フィルムは映写機を使って再生する。図書館で所蔵している映像資料の内容は商業映画やTVドラマ，ドキュメンタリー，アニメなど幅広い。収集方法としては市販されているものを購入することが多いが，著作権法上映像資料は例外扱いとなっており，貸出提供するためには補償金を支払うなどの措置が必要となる。ほかに観光協会や博物館などが製作したものを地域資料として受入することも多い。教育用資料（教材）となっているフィルムは「視聴覚ライブラリー」あるいは「フィルムライブラリー」と呼ばれるところで収集・保存されていることが多く，学校や地域活動団体などが貸出利用しており個人貸出はおこなわれていない。図書館によっては視聴覚ライブラリーを兼ねて運営しているところもある。大阪市立図書館のように外国人利用者のために海外のビデオなど映像資料を収集提供しているところもあるが，機種によっては視聴できないものがあるので注意が必要である。

ビデオカセットは扱いが適切であれば300回程度は再生可能であるが，利用頻度が高いものは劣化が早い。DVDはコンパクトで再生性も高いが傷がつくと補修が難しい場合もある。DVD補修専用機器を備えておくべきだろう。

### ●⋯⋯⋯利用状況

公立図書館では視聴覚資料が盛んに導入されている。図書館資料費のなかで視聴覚資料費の割合はおおよそ3～4％前後である。ただ，インターネット上で映像資

視聴覚ライブラリー

アムステルダム中央図書館（すべてDVD）

大阪市東成図書館

料を個人で有料でダウンロードできるようになってから，図書館までわざわざやってきて借りていく人の割合は減少傾向にある。

### ●⋯⋯⋯映像資料と頒布権

頒布権

動画資料は著作権法では頒布権の適用を受ける。つまり映画製作者などの権利者が映画館で上映するための貸与にかかわる権利をもち，利用するには許諾を得る必要がある。ただ著作権法第38条第5項により「営利を目的とせず」「貸与を受ける者から料金を受けない」場合には権利者に補償金を支払う形で貸与による頒布が可能となる。公立図書館では無料利用を図書館法で定めているので，図書館では権利者に対して補償金を支払えば，利用者に貸出提供ができることになっている。

館内上映

図書館行事としての映像資料の上映会は，以下に掲げる著作権法第38条第1項の条件を満たしているので，権利者の許諾をとらず可能となっているが，権利者側に不利益をもたらすとの指摘があり2001年12月に日本図書館協会と日本映像ソフト協会の間で映像資料上映に関する合意がなされている。合意事項によれば公立図書館での上映は「映画館やビデオレンタルショップなどがなし得ない教育機関としての独自な資料提供の使命と義務を自覚して実施するように努める」としている。

（著作権法）

（営利を目的としない上演等）

著作権法第38条

第38条　公表された著作物は，営利を目的とせず，かつ，聴衆又は観衆から料金を受けない場合には，公に上演し，演奏し，上映し，又は口述することができる。ただし，当該上演，演奏，上映又は口述について実演家又は口述を行う者に対し報酬が支払われる場合は，この限りでない。

［第2〜3項　略］

4　公表された著作物（映画の著作物を除く。）は，営利を目的とせず，かつ，その複製物の貸与を受ける者から料金を受けない場合には，その複製物（映画の著作物において複製されている著作物にあっては，当該映画の著作物の複製物を除く。）の貸与により公衆に提供することができる。

5　映画フィルムその他の視聴覚資料を公衆の利用に供することを目的とする視聴覚教育施設その他の施設（営利を目的として設置されているものを除く。）で政令で定めるもの及び聴覚障害者等の福祉に関する事業を行う者で前条の政令で定めるもの（同条第2号に係るものに限り，営利を目的として当該事業を行うものを除く。）は，公表された映画の著作物を，その複製物の貸与を受ける者から料金を受けない場合には，その複製物の貸与により頒布することができる。この場合において，当該頒布を行う者は，当該映画の著作物又は当該映

画の著作物において複製されている著作物につき第26条に規定する権利を有する者（第28条の規定により第26条に規定する権利と同一の権利を有する者を含む。）に相当な額の補償金を支払わなければならない。

　公立図書館の映像資料は他の資料と同じ著作権法第31条に定める「図書館における複製」の規定ではバックアップのための複製は認められていない。貸出には必ず原資料が対象となる。つまり，フィルム等からDVD等デジタル化へというメディア変換し，貸出提供などをおこなうには権利者の許諾が必要となる。無断で複製したりメディア変換したりして利用に供すると権利侵害になる。
　テレビ番組などの録画資料も図書館が利用に供しようとするなら，著作権者の許諾が必要である。学校の授業の教材として教師自身や学習者である児童生徒が複製することは著作権法第35条第1項により著作権者の許諾を得ることなく可能となっている。

（著作権法施行令）
（映画の著作物の複製物の貸与が認められる施設）　　　　　　　　　　　　　　著作権法施行令
第2条の3　法第38条第5項の政令で定める施設は，次に掲げるものとする。
　　1　国又は地方公共団体が設置する視聴覚教育施設
　　2　図書館法第2条第1項の図書館
　　3　前二号に掲げるもののほか，国，地方公共団体又は一般社団法人等が設置する施設で，映画フィルムその他の視聴覚資料を収集し，整理し，保存して公衆の利用に供する業務を行うもののうち，文化庁長官が指定するもの

　また，著作物の保護期間は2023年時点で公表後70年となっている。海外ではさら　　公表後70年
に延長することが議論されており注目しておきたい。

（著作権法）
（映画の著作物の保護期間）
第54条　映画の著作物の著作権は，その著作物の公表後70年（その著作物がその創作後70年以内に公表されなかつたときは，その創作後70年）を経過するまでの間，存続する。
　2　映画の著作物の著作権がその存続期間の満了により消滅したときは，当該映画の著作物の利用に関するその原著作物の著作権は，当該映画の著作物の著作権とともに消滅したものとする。
　3　前二条の規定は，映画の著作物の著作権については，適用しない。

## ●……… 課題

　公立図書館は博物館・美術館や専門図書館等と連携をとって活動しているが，さらに密接に行う必要がある。人々の関心は印刷資料のみならず視聴覚資料のニーズは高い。市販されている視聴覚資料のみならず，市販されていない地域資料としての視聴覚資料も積極的な資料収集範囲としたい。さらにデジタルカメラ等の画像製作・編集機器が高品質高性能となり簡便化しているので，地域住民自身が製作した資料を受入することも考えられる。岡山県立図書館や新発田市立図書館など図書館内にスタジオや編集工房を備えているところも増えつつある。

字幕スーパー

　また障害者・児のための字幕キャプションつきの映像資料の製作も考えられる。高齢者や外国人利用者のニーズにも対応することも考えるべきだろう。

　こうした映像資料の利用には再生機器が不可欠である。機器のメンタナンスの手段確保のみならず，利用者自身の機器の使い方講習なども必要である。

　また全国での映像資料所在の総合目録化や相互貸借の可能性などの整備が求められる。

# UNIT 12

## ●非印刷資料

# 音 声 資 料

●‥‥‥‥**音声資料とは**

　公立図書館で所蔵する音声資料はカセットやリールのテープ形態からディスク形 カセットテープ
態へと移行している。カセットテープは国際的に規格が統一されており，再生（録
音）時間や様式が異なる。市販カセットテープは激減しており新規購入は少ないが，
図書館所蔵資料としては図書館行事や職員研修，地域での催しなどを過去に記録さ
れたものも保存されていることがある。障害者（児）向けも盛んに製作されてきた
が，デイジーなどディスク形態が主流となっている。ディスク形態のものは語学教
材として雑誌等の付属資料として原資料の印刷媒体とともに受入され保存・利用さ
れている。過去にはオープンリール形態で録音された地域資料もあり，メディア変
換して利用をはかるか専用再生機器を維持することが求められる。

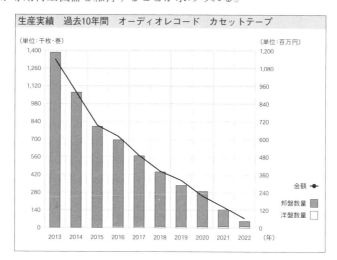

出典：日本レコード協会
https://www.riaj.or.jp/f/
data/annual/ar_tape.html

　ディスク形態はレコードやCD等がある。レコードはヴァイナル（Vinyl）ともよ ディスク形態
ばれ，市販点数は増加している。レコードにはSP盤やEP盤，LP盤がある。内容
は音楽を始めとして語学教材や落語，朗読等幅広い。再生解析度は高く保存性も優
れている。一方では傷がつきやすく，簡易な場合には専門機器で修復可能だが，扱
いには注意を要する。動画を含むCDやDVDは映像資料として扱う。音声資料と
してのデータベースを契約して図書館で提供することは増加している。インター
ネット上の音声資料は著作権法上ダウンロードして図書館として提供することはで

きない。音源の品質は資料形態によって異なる場合があり，音楽図書館など専門図書館では扱いに注意している。

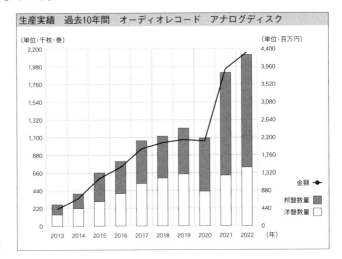

出典：日本レコード協会
https://www.riaj.or.jp/f/
data/annual/ar_anlg.html

●‥‥‥‥**オンライン上の音源**

　インターネット上には多様な音源が流通している。著作権法の範囲内にある音源やオープンデータとなっている音源，そうでないものが混在しており図書館のWeb上でリンクを張る場合には注意を要する。

歴史的音源　　国立国会図書館は2011（平成23）年1月から歴史的音源の提供を実施している。歴史的音源（通称れきおん）とは1900年初頭から1950年頃までに国内で製作された初期のレコード（SP盤）等を歴史的音源アーカイブ推進協議会（HiRAC）がデジタル化したものであり，2022年2月現在48,732点を公開している。著作権法上隣接権保護期間が満了した音源を主に，国会図書館および配信提供手続きをおこなっている国内外の図書館で提供しているほか，インターネット上でも提供している音源もある。

●‥‥‥‥**収集**

　次のような方法がある。

（1）購入

オーディオブック　　音楽のみならず，音声のみを朗読記録したオーディオブックや電子図書など購入可能となっているタイトル数は増加している。多様なジャンルの音楽や語り，落語，伝統芸能等利用者の要求に応じて収集する。印刷資料と異なり収集源が多岐にわたるので注意する。

（2）自館製作

　障害者（児）向け朗読資料の製作は多い。対面朗読室を兼ねた録音編集機能を備

えたスタジオを併設する公立図書館もあり，そこでは地域の小中学校の教材開発を始めヤングアダルト世代の図書館活用の場として利用されている。図書館主催の図書館行事や講演会，職員研修等を記録保存し提供する資料を製作することもある。大阪市立図書館のように地域資料をデジタル化（音声化・画像化）しダウンロードする形で貸出提供している図書館もある。

(3) 寄贈

地域での昔話の語りや民謡等，個人や団体が製作したオーラル資料としての歴史的聴き語りや講演会等の記録を保存した音源を資料として受入する。特に地域資料として資料価値があるものは積極的に受け入れる。

オーラル資料

(4) 交換，その他

図書館で製作，あるいは個人や団体が製作した音源資料を複製化して他館や機関・団体と交換することもある。視聴覚ライブラリー等から資料移管により音声資料の受入をおこなうこともある。

視覚障害者（児）等向け朗読資料制作は著作権法第37条第3項により，あらかじめ著作権者の許諾を得ることなく図書館でおこなえるので積極的に資料増加をはかる。その際には「図書館の障害者サービスにおける著作権法第37条第3項に基づく著作物の複製等に関するガイドライン」（option F）を参考にする。


●⋯⋯⋯利活用

映像資料と同じく音声資料の個人貸出は公立図書館では増加傾向である。年間20万点以上を個人貸出している公立図書館がある一方で，視聴覚資料を所蔵していない図書館もある。依然として視聴覚資料の利用を障害者（児）に限定したり，館内利用のみにとどめたりと制限を掛けている図書館も少なくない。図書館法第3条に定められているように印刷資料と同じ図書館資料として受け入れ，個人貸出を積極的におこなうべきである。

貸出と返却

再生機器を所有しない利用者に配慮し館内に視聴エリア等を設けておく。館内では市販されにくくなった再生機器を備えておく。国立国会図書館提供の歴史的音源にアクセスするために専用のPCを設置しておくことも必要である。

ビデオカセットと同じく音声カセットテープも再生可能な回数に限界があるので品質の良いものを選び利用に供する。貸出の際には必ず巻き戻してある状態で提供する。視聴覚資料専任担当者を配置することが望ましいが，そうでない場合にはテープ資料に視聴状況を示すチェックカードをつけて利用者に協力を求め記載してもらうとよい。テープ途中の音声が消去されていたり飛んでしまったり，とあるので可能な限り定期的に音声状況を調査する。

市販の音声資料には歌詞カード等印刷資料が付属している。あるは語学教材の場

合テキスト等印刷資料とセットになっている。これらの印刷資料と共に貸出返却されることが重要である。返却の際に紛失が多くなるので注意しなければならないが，あらかじめこれらの印刷資料を複製保存しておくことは著作権法の複製権侵害になるので注意が必要である。

　レコードやCD等は傷や破損があると再生利用に不適となるので，貸出の際の資料の状況と返却の際の状況とをカウンターでこまめに目視してチェックする。音声資料にそれを記載するチェックシートをつけておく。印刷媒体の有無を含め判断し利用者に責任を求めることも規則に決めておく。

　所蔵点数が少ない図書館ではケースのみ開架に出し，利用者がケースをカウンターにもってきて本体を入れて貸出をおこなっている図書館もあるが，人的配置（人件費）を考えると効率的ではない。海外ではカギのかかるケースにいれて保存しカウンターで開錠して貸出をおこなう図書館もある。

　利用者の満足度を高める利用可能なタイトル数は，利用者の要求に基づいて構築していく。所蔵タイトル数が少ないと利用者の選択の幅は狭まり利用頻度が減少する。予約サービス等は音声資料についてもおこなうことが望ましい。貸出数が増加すると作業量も増大するので，視聴覚資料担当スタッフが必要となる。音声資料は流通経路や製作手段などが印刷資料とは異なるので，担当者の視聴覚資料分野での専門知識や技術等が要求される。フランスの公立図書館のようにメディアテックとして独立部門にするなど配慮すべきである。

メディアテック

### ●⋯⋯⋯課題

　印刷資料以上に視聴覚資料の利用は増大している。音声・映像資料も予約サービス等収集提供に力をいれるべきであるが，単価が高く複雑で煩雑な収集手段を理由として利用者の要求に応じないのは問題である。

　単館で利用者の要求を満たす視聴覚資料収集には財政的困難がともなう。したがって，視聴覚資料の所在を示す総合目録整備や相互貸出（ILL）の手段確保などが課題となる。担当となる司書の知識・技術面での専門的能力向上も必要である。視聴覚資料の特質や機器の扱いに習熟し，内容分野について適格な選択判断ができ，資料流通について知識があり，資料提供・保存やメディア変換などの技術を知り，図書館だけでなく多様な場での集会行事の企画・実施ができる力をもつ司書が必要である。さらにデジタル化することも多くコンピュータなど情報関連機器技術やメディア編集のソフトや著作権法等についても知っていることが必要である。

　印刷資料しかない，と思われてきた図書館に地域社会の人々が視聴覚資料や電子資料提供を期待し要求する傾向は強い。図書館の基本業務の一環として，視聴覚資料を多様な情報資料として提供することが肝要である。

# UNIT 13

●電子資料

# 電 子 資 料

●⋯⋯⋯⋯電子資料の種別

　図書館法の一部改正（2008年9月）により「電磁的記録（電子的方式，磁気的方式その他人の知覚によっては認識することができない方式で作られた記録をいう。）」を「図書館資料」とされて以来，公立・大学・学校図書館では電子書籍 E-Book や電子雑誌 E-journal などを収集・提供するところが増加している。また，2021（令和3）年の「著作権法の一部を改正する法律」成立により，国立国会図書館による絶版等資料のインターネット送信および各図書館等による図書館資料の公衆送信について定められ，運用も進みつつあるなか電子資料の点数や内容についても変化が見込まれる。

　市販される電子資料とは別に，図書館や博物館，文書館等では，所蔵している著作権法上の保護対象になっていない資料や保護期間を経過した資料，地域資料などをデジタル化し，電子資料のデジタルアーカイブとして提供している。

(1)　パッケージ系電子資料

　最初の CD-ROM 形態である『最新科学技術用語辞典』（三修社，1985年）や『CD-ROM 広辞苑（第三版）』（岩波書店，1987年）等が初期の頃に市販されていた資料である。語学教育雑誌や図書等に付属資料として出版流通している。

(2)　オンライン系電子資料

　専用電子書籍端末（電子書籍リーダー）やモバイル端末（スマードフォンやタブレット），PC 端末などにダウンロードあるいはサーバーにアクセスすることで読むことができる電子資料。利用者が希望するコンテンツとその利用者が所有している端末等が一致しないとアクセスできなかったり，ダウンロードできなかったりするため，図書館では同じコンテンツだが，異なるフォーマット等で提供を求められる。

　電子コンテンツについては UNIT 16 で，電子書籍を含む出版流通については UNIT 17 で扱う。

(3)　ネットリソース

　デジタル化された学術論文のデータベースや，古文書や古絵図等をデジタル化したアーカイブ等を図書館で提供している。学術論文は掲載雑誌の価格高騰もあり，データベースをオープンデータ化する傾向が国際的に拡大している。

*（欄外）*
パッケージ系電子資料

電子書籍

モバイル端末

ネットリソース

デジタルアーカイブについては UNIT 15 で詳しく扱う。

(4) 個人作成の電子資料

　個人作成サイトやブログ，あるいは小説などを投稿するサイト等の電子資料。プロの作家が起業して直接作品をネット上で公表・販売する場合もあれば，一般個人が投稿するサイトもある。後者は印刷媒体となり Web 小説等とよばれ市販されることもある。

(5) デジタルマスター（電子原版）

　出版社の編集段階や印刷会社の編集工程では電子化されている。版面権がどの時点で生じるかにより電子書籍として市販の是非が決まってくる。

(6) 電子教科書

　2018（平成30）年に「学校教育法の一部を改正する法律」が改正され，「学習者用デジタル教科書」の作成が認められた。あわせて「学習者用デジタル教科書の効率的な活用の在り方等に関するガイドライン」（文部科学省）も公表された。2023年時点で，小中学校ではほぼ100％，高校でもかなりの割合で，児童生徒が 1 人ずつタブレットあるいはノート PC を保有して授業を受けるようになっている状況下で電子教科書や関連する電子資料の利用は広まっている。公立図書館では小中高での学習支援として電子資料を提供するようになりつつある。


●⋯⋯⋯⋯**電子資料の作成・流通**

　図書館で電子資料の収集や提供，その利活用を促す要素として以下のことに留意する必要がある。

(1) コンテンツ

　コンテンツについては UNIT 16 で詳しく述べるが，印刷媒体をスキャニングして簡易な電子形態に変換したものから，電子資料として検索等機能を備えた電子コンテンツなどへと幅広く作成されている。

(2) ハードウェア

　ハードウェア（電子読書端末）では専用端末と汎用端末に分かれる。専用端末である電子書籍リーダーには Kindle paperwhite（Amazon）や PRS-T3S（Sony），Quaderno（富士通），Kobo（楽天）等がある。これらの電子書籍端末は電子書籍ストアやサイトと直結していることが多く連動していない場合には電子書籍へのアクセスができない。汎用端末はスマートフォンやタブレット，PC などである。これら電子書籍読書端末の多様性はフォーマットの多様性である。

(3) フォーマット

　日本語資料は EPUB（Electronic PUBlication3）という電子書籍用ファイルのオープンフォーマット規格で作成されている。専用読書端末では電子資料をそのまま読

む設定になっているが，ソフトやアプリを活用すれば専用端末でなくても読める電子資料もある。図書館で提供する場合，利用者の持つ端末が多様なことを鑑みたようなフォーマットで提供していることが多い。

(4) デリバリー

デリバリーは通信業者（キャリア）によって配信される過程をさし，NTT ドコモや au，ソフトバンクなどが主流である。これらのキャリアが公認しているサイトを利用して電子書籍販売業者（コンテンツプロバイダー）が電子資料を個人に市販している。BookLive（トッパングループ；凸版印刷，CCC，テレビ朝日など）や honto（丸善，ジュンク堂など）などがある。

キャリア

これらの電子資料提供サイトでは，不正コピーや改竄を防ぐため「デジタル著作権管理」（DRM：Digital Rights Management）を施し，大手印刷会社を中心として複数の出版社，取次会社，書店などがグループとなって販売をおこなっている。

デジタル著作権管理（DRM）

## ●……… 電子資料をめぐる議論と課題

日本国内外で図書館と電子資料をめぐる議論で大きいのは，電子書籍を提供するプラットフォームでの寡占的市場管理である。著作権にかかわるところだが，買取あるいは契約の形となることが多く，契約の場合米国の出版社がおこなっている一般価格よりはるかに高額な図書館価格を設定したり，利用回数や利用期間に制限を設けたりしている。図書館側からすると，かなりの高額で選択の幅がほとんどない状態で契約せざるをえないことから図書館の財政を逼迫する要因ともなっている。司書がタイトルを選択するのではなく，プラットフォーム側が選択しており，過去の古いタイトルや利用が見込めないタイトルとの抱き合わせで契約を迫られることもある。

利用者側からみると多様なフォーマットでの電子書籍では，アクセスしにくい，あるいはまったくアクセスできない状況もあり，知的自由の面から問題といえる。特に大学図書館において，学術的内容の電子書籍や電子論文などはオープンデータで提供し，オープンアクセス可能にしようという動きが欧州を中心として広がりつつある。

また，学校図書館では児童生徒一人ひとりがタブレットないしは PC を所有している現状で，学習効果向上に資することができる電子書籍や資料を提供できるかどうかがこれからの学校司書に求められる。GIGA スクール構想で学校図書館がどのような役割を果たせるかは電子資料の提供如何にも委ねられている。

GIGA スクール構想

司書の側にも電子資料についての知識・技術習得が求められている。DRM や著作権の国際動向，業者との契約にともなう知識等が必須であり，既存の司書資格養成では不足しており，高度な継続的研修が求められる。

●電子資料

# ネットワーク情報資源

●⋯⋯⋯⋯ネットワーク情報資源の環境

図書館情報技術論

　このUNITは省令科目「図書館情報技術論」と関連している。図書館業務に必要なコンピュータやデータベース，検索エンジン，コンピュータシステムの基礎的知識を習得し理解を深めておく必要がある。ここでは図書館における資料と情報・知識のネットッワークにより共有される情報資源を扱う。UNIT 13で概観したように，物理形態のCD-ROMやUSB，メモリーカード等での電子資料以外での情報資料はすべてオンラインで供給される。独自に光ケーブルを敷設したりケーブルテレビのラインを利用したりする以外，多くは公衆電話回線通信業者（キャリア）を経ることになる。無線LANの公衆アクセスポイントが増加しアクセス環境は拡大している。アクセスするためにはスマートフォンやタブレット等のモバイル端末，読書専用端末，PC等が必要である。これらの設備入手や管理維持のための経費，接続料金，インターネット経由でのネットワーク資源アクセス課金等の経費は決して安くはない。子どもや高齢者，失業者等ネットワーク情報資源利用に関して障害のある人々のために公立図書館がネットワーク情報資源へのアクセスのための環境を整えることは必須である。

図書館における
コンピュータ導入状
況

　「図書館におけるコンピュータ導入状況」（「社会教育調査／図書館調査」文部科学省，2023年3月29日公表）によれば，2021（令和3）年10月1日現在，図書館においてコンピュータを導入している公共図書館は3,394館のうち3,357館であり，うち館外から図書館の閲覧目録（OPAC）検索可としている図書館はそのうち3,130館である。これはインターネット接続により可能となっているだろう。中央館では1,803館であり，地域館では1,336館である。多くの図書館で資料の所蔵情報検索はオンラインで可能になっている。利用者用コンピュータ設置館は2,342館，外部データベースにアクセス可能となっているのは1,546館，外部データベース以外に利用可能なのは662館である。外部データベース利用可能なのは中央館では1,031館，地域館では515館となっている。OPACを館外から検索できるようになっていても，外部データベース利用については来館をもとめているところも多く，生活に身近な地域館でネットワーク情報資源に自由にアクセスできる環境が整っているとはいいがたい。この環境下で「著作権法の一部を改正する法律」（2021（令和3）年法律

52号）にもとづく各図書館等による図書館資料の公衆送信を用いた情報資料提供が始まりつつある。

## ●⋯⋯⋯ネットワーク情報資源

　情報資源は図書館や博物館等公的機関が蓄積したものや民間の出版社や書店等が作品や情報資源を提供しているもの，個人がWebやブログ等で提供しているものなど多岐にわたる。これらの情報資源はインターネットを経由してアクセスする国内外の情報資源をさしている。

　「国立国会図書館法」では国や地方公共団体，独立行政法人等のインターネット資料の記録の収集を定めている。その第25条の３において，インターネット資料を「電子的方法，磁気的方法その他の人の知覚によっては認識することができない方法により記録された文字，映像，音又はプログラムであつて，インターネットを通じて公衆に利用可能とされたものをいう」と規定している。また第24条の２に規定する国，地方公共団体，独立行政法人，国立大学法人等が「自らが公衆に利用可能とし，又は自らがインターネットを通じて提供する役務により公衆に利用可能とされているインターネット資料」（第25条の３）を収集・提供している。収集方法はクローリングでウェブサイト上の情報資源を自動収集し，整理し運用している。自動収集できない情報資料は許諾をえたうえ "納本"（「オンライン資料収集制度」（愛称：ｅデポ））してもらう。こうして収集した情報資源を国立国会図書館がゲートウェイになって横断検索可能な総合目録化することでネットワーク情報資源としている。国会図書館内で閲覧に供し，許諾が得られたもの等はインターネット上で公開している。

　ネットワーク情報資源は情報資源作成機関が所有するコンピュータサーバーに蓄積・提供される状況からクラウドとよばれる大規模容量のコンピュータサーバーをいくつも連携させて蓄積・提供していく状況へと移行しつつある。これらの情報資源内容は多岐にわたるが，図書館資料としてのネットワーク情報資源は以下のようなものが多い。

⑴　印刷媒体や視聴覚資料の所蔵情報等のメタデータとしての書誌情報

⑵　地域情報としての新聞記事索引データベース

⑶　古文書や貴重書等を全文デジタル情報化した資料

⑷　地域資料・郷土資料等を全文デジタル情報化した資料及びその所在情報

⑸　議会や委員会の会議録や法令資料，公文書等の行政資料

⑹　レファレンスの質問と回答等の事例

⑺　学術論文や研究報告，学会会議録等の学術情報

⑻　地域の記録写真や古地図・絵図，絵ハガキ，ポスター等の画像デジタル情報

国立国会図書館法

ネットワーク情報
資源の内容

⑼　著作権保護期間経過後の作品等の全文デジタル化資料

⑽　出版社や取次等業者から DRM 処理を施した契約した電子書籍や電子雑誌


### ●⋯⋯⋯⋯ネットワーク情報資源の探索

　2023年現在，全国の都道府県立図書館や政令指定都市立中央図書館69館と，国立
国会図書館が所蔵する主に和図書を検索できる「相互目録ネットワーク（ゆにか
ねっと）」が運用されており，「国立国会図書館サーチ」で検索できるようになって
いる。約4,700万件のデータを提供している。また，全国の図書館等で製作された，
または製作中の障害者用資料の書誌・所蔵情報を検索できる総合目録「愛称：みな
サーチ」が運用されている。

　ほかに，国立国会図書館では外部インターフェース（API；Application Program-
ming Interface）を利用して，「国立国会図書館サーチ」「国会会議録システム」「リ
サーチ・ナビ」「レファレンス協同データベース事業」「国立国会図書館東日本大震
災アーカイブ」の検索を可能としている。さらに「国立国会図書館デジタルコレク
ション」「歴史的音源（れきおん）」「国立国会図書館インターネット資料収集保存
事業（WARP）」「ジャパンサーチ」「東日本大震災アーカイブ（ひなぎく）」「電子
展示会」「NDL イメージバンク」「次世代デジタルライブラリー」他といった多様
なネットワーク情報資源を提供している。

*（左欄外）*
ゆにかねっと

国立国会図書館
サーチ

API（外部提供イ
ンタフェース）

（国立国会図書館　https://iss.ndl.go.jp/）

　ネットワーク化して総合目録になっているインターネット上の情報資源について
は，検索エンジンを利用して検索せざるをえない。貧困家庭では 1 台のスマホを家
族で使いまわしていることもある。公共図書館では利用者がアクセス環境を個人で
有していなくてもアクセスできるような環境を整えたうえ，インターネット上で適
格で有用な情報資源を検索し許諾を得たうえ整理してリンクをはって，利用者がア
クセスしやすいように情報提供する。さらに利用者自身が検索し活用できるような
研修やワークショップ等利用者支援体制を整えることも重要である。

●‥‥‥‥ネットワーク情報資源へのアクセス環境に関する運用方針

　印刷媒体資源を図書館所蔵資料にするかどうかは資料構築方針や基準を定めたう
え選定していくように，各図書館はネットワーク情報資源や電子資料等の収集・選
択・提供・保存・廃棄・更新にかかわる方針や基準を定めておく。図書館内にイン
ターネットにアクセスできる端末を設置している場合は運用ガイドラインを定めて
おく。

　富山県立図書館では「富山県立図書館電子図書館サービス提供方針」「電子情報
利用規約」「無線 LAN インターネットサービス利用規約」を規定している。図書館
内の利用者端末や館内で指定する場所での無線 LAN 利用についてであり，「イン
ターネット，図書館が契約する有料データベース，図書館が所蔵する CD-ROM,
DVD 等パッケージ系電子出版物」を利用する際の規定である。公共図書館の使命
に鑑みて，「(1)年齢による利用制限は行わない。(2)利用は無料とする。」と明記して
あるのは特筆される。利用者自身の利用に関する責任も「不正操作などによって接
続先の機器やデータなどに損害を与えた場合は，利用者がその責任を負うものとす
る。(図書館は端末ごとの厳密な通信記録をとっており，画面をチェックさせてい
ただく場合もありますが，利用者のプライバシーは厳守します。利用終了ごとに端
末を再起動し，履歴等が残らないようにします。)」としている。これは「図書館の
自由に関する宣言」で年齢による差別をおこなわない，利用者の秘密を守るという
考え方に則ったものである。

富山県立図書館

●‥‥‥‥ネットワーク情報資源導入運用に関する議論と課題

　2023年7月1日現在，全国電子出版製作・流通協議会が調査した結果では電子図
書館（電子書籍サービス）導入自治体は508，電子図書館数は403，広域電子図書館
が9であったという。多くはプラットフォームとなるパッケージとしての導入であ
り，ネットワーク情報資源を導入したり，図書館 Web にリンク集を設定したり，
などといった資源選定・提供等に関する方針や基準を定め公開している図書館はほ
とんど見受けられない。図書館主体ではなく業者まかせになっている。これでは図
書館としての組織的資料選択・収集がなされていないことになる。電子書籍を含め
ネットワーク情報資源を選択・収集・提供していくためには，情報資源構築方針を
決め，選択基準や更新基準，運用方針等を明記し公開していくことが重要である。
図書館の使命や目的等をふまえ，資料構築はデジタル情報資源も同じプロセスをふ
まえるべきである。

　さらに通信事業者（キャリア）ではアプリやサイトに自動的に利用者の個人情報
を収集する機能が組み込まれている。しかし図書館をゲートウェイとして多様な
ネットワーク上の情報資源を利用する利用者の「知る自由」を保障するための個人

個人情報保護指針

情報保護の指針を明記している図書館はほとんどないのは問題である。誰がどのような情報を図書館サイト経由で閲覧したのか，どの電子書籍を貸出閲覧したのかなどシステム上記録・保存が可能であり，プラットフォーム提供業者がベストリーダーとして数値をフィードバックして Web に表示していることでわかる。つまり自動的に流出しているのである。限定的に運用されるように個人情報保護指針を定めておき，業者との契約にもりこむことが肝要である。

　図書館では地域資料・郷土資料や歴史史料等をデジタルアーカイブとして保存し提供している。現在の地域社会での生活情報や地方自治体等が発信する情報，ハザードマップなど災害に関する情報等は Web やブログ，YouTube や X（Twitter），LINE など多様な形態であるが，気がついてもらえない場合も多々あるので，図書館がそういった情報提供のゲートウェイとして提供していくこともネットワーク情報資源提供になる。

# 電子図書館サービス提供方針

## 富山県立図書館電子図書館サービス提供方針

1　目的

　富山県立図書館（以下図書館という）は，電子化された情報の量と有用性の増大に伴い，利用者の調査研究に資するため，従来の紙媒体による資料・情報に加え，電子化された情報の利用環境を提供する。

　なお，インターネットの情報には正確性や妥当性に欠けるものもあり，そのことと上記目的を踏まえ，以下のとおり提供方針を定める。

2　提供するサービス

⑴　利用者用端末（情報プラザ及び新聞雑誌閲覧室）

　　インターネット，図書館が契約する有料データベース，図書館が所蔵するCD-ROM，DVD 等パッケージ系電子出版物

⑵　無線 LAN 環境（2階コレクションルーム）

　　無線 LAN 利用によるインターネット

3　サービスにあたって

⑴　年齢による利用制限は行わない。

⑵　利用は無料とする。

⑶　各種サービスの取扱いについては「富山県立図書館電子情報利用規約」及び「富山県立図書館無線 LAN インターネットサービス規約」に定める。

4　職員の責務

⑴　職員は，紙媒体の資料・情報に加えて，有用な電子情報の提供に努めるものとする。

⑵　サービス利用は原則自由とするが，公序良俗に反する行為には厳しく対応するものとする。

（出典　https://www.lib.pref.toyama.jp/reiki/10densi.htm（2023年11月現在））

● 電子資料

# 図書館資料のデジタル化

●‥‥‥‥‥**図書館資料のデジタル化とは**

図書館に所蔵している資料をデジタルデータに変換することを，図書館資料のデジタル化という。デジタル化する資料は，図書・雑誌・地図・マイクロ資料・SP盤レコードなどのアナログ資料群である。デジタル化によって，それらの資料は電子資料として複製される。その結果，物体としての取り扱いしかできなかった資料群が，電子的にも取り扱える状態になる。

スキャニング

図書館資料のうちで最も量の多いのは紙媒体の資料である。紙媒体資料をデジタル化するときは，専用機器で資料をスキャニングするのが普通である。奥行や凹凸が資料にあってスキャニングが困難な場合などには，デジタルカメラで撮影することもある。スキャニングやデジタルカメラ撮影が可能な場合であっても，アナログカメラで写真フィルムを作製し，そのフィルムをスキャニングすることで，フィルム資料とデジタル資料の両方を保持する場合もある。

デジタル化したデータは通常，館内で自由に利用できるようにするとともに，図書館のホームページでも一般公開する。また，DVDなどパッケージ系電子資料としての複製物を作製し，他の図書館などへ配布することもある。また，データからのプリントアウトによってアナログ資料を作製し，オリジナル資料の代替物として利用することもある。

●‥‥‥‥‥**デジタル化の目的**

図書館資料のデジタル化は，図書館資料の利用を増大させることを目的に行う。資料をデジタル化してホームページで公開することによって，利用者にとっては，資料利用についての距離的・時間的な制約がなくなり，利用がしやすくなる。また，デジタル化した資料は複製が容易なので，引用や転載などによる活用もしやすい。加工や編集も容易であり，個々の資料に解説文を挿入したり，多数の資料を魅力的に編集するなど，原資料に付加価値を加えることも可能である。さらには，視覚障害などの理由で原資料が利用しにくい人にとっても，デジタル化によって資料の利用が容易になる可能性がある。

保存状態の悪い資料については，利用と保存の両立という問題が常につきまとう

ものである。そのとき，デジタル化した資料を利用に供し，オリジナル資料を保存するという方法を採用すれば，利用と保存の両立が，ある程度は可能になる。また，デジタル資料からアナログ複製物を作製することは比較的容易なので，プリントアウト等によって複製物を作製しておき，それらを原資料の代替物として提供することも可能である。

このように，図書館資料のデジタル化の主要な目的は「利用の増大」と「資料の保存」の2点であるが，『国立国会図書館資料デジタル化の手引 2017年版』は，さらに三つを加えて，以下の5点をあげている。

デジタルアーカイブ
国立国会図書館資料デジタル化の手引

(1) 原資料の代わりにデジタル化した資料を提供することにより，原資料をより良い状態のまま保存すること。
(2) 遠隔利用を含めた，所蔵資料のデジタルデータが閲覧できる電子図書館サービスを実現すること。
(3) デジタル化に伴うメタデータの充実等を通じて，資料の発見可能性を高めること。
(4) 作成されたデジタル化データをオープンに提供する場合は，教育，観光，ビジネスの現場において利活用することができ，新しいコンテンツやサービスの創出につながること。
(5) 大規模災害の発生により原資料が散逸・破損するおそれに備え，デジタル化データを複数箇所で保存することによって，災害対策の一環としての役割を果たすこと。

そのほか，デジタル化した資料を公開することは，図書館の広報活動の一環としてもとらえられる。利用者の興味を引くような資料をデジタル化して公開することで，オリジナル資料への関心も高まるとともに，図書館に対するイメージの向上にもつながるからである。そのような結果として，図書館の所蔵する資料全体の利用が増大することにもなる。

●………どのような資料をデジタル化するか

図書館に所蔵している資料は，何でも自由にデジタル化できるわけではない。デジタル化にあたって考慮しなければならない問題が2点ある。

1点目は，資料の著作権の問題である。現行の著作権法では，スキャニングや撮影によるデジタル化は複製（第21条）にあたり，著作権者が権利を専有することになっている。図書館における複製を認めた同法第31条においても，公立図書館における自由なデジタル化は認められていない。また，ホームページへの掲載は公衆送

信（第23条）にあたり，これも著作権者が権利を専有することになっている。その
ため，著作物をホームページに自由に掲載することは，障害者等へのサービス（第
37条）を除けば，公立図書館には認められていない。もちろん，権利者の了解が得
られれば可能ではあるが，特別な理由がない限り，その可能性は低いと思われる。
また，個々の著作権者の所在地を把握して交渉することは容易ではない。

　このため，公立図書館でデジタル化の対象となるのは，著作権の保護期間の過ぎ
た資料か，当該自治体に著作権があって図書館が自由に複製できる資料が中心と
なっている。なお，著作権の保護期間は著作者の死後70年であり，団体名義の資料
や映画資料の場合は公表後70年である。

著作権の保護期間
死後70年

　2点目の課題は，資料のデジタル化と公開には人員と経費が必要なことである。
スキャニングや撮影，ホームページ上での利用の仕組みなど，デジタル化から利用
に至るプロセスは簡単ではない。そのような理由から，専門業者にデジタル化と登
載を委託することも多く，そのための経費が必要になる。予算の獲得が可能か，資
料費を流用してまで実施する価値があるか，経費に見合う効果が期待できるかなど，
図書館の運営方針全体を踏まえたうえでの検討が必要になる。

　このため，当該図書館にしかない珍しいもの，歴史的文献として価値の高いもの，
人の興味をひく美しいもの，保存状態が悪くて早急に複製物を作製しなければなら
ないものなどが，実際のデジタル化の対象として選ばれる傾向にある。具体的には，
古地図・古文書・錦絵・古い絵葉書・古写真・古い地域行政資料などである。

### ●⋯⋯⋯国立国会図書館資料のデジタル化

　市販図書のデジタル化については，所蔵している各図書館が別々に取り組むのは
合理的ではない。その役割は，納本制によって全出版物を収集している国立国会図
書館が担うべきものである。このため，国立国会図書館は，明治期以降の国内出版
物をデジタル化・公開する事業を2002年から開始した。

　2009年には著作権法が改正（第31条第2項）され，国立国会図書館に限っては，
著作権の保護期間中であっても，原資料の代わりに提供するためであれば，著作者
の許諾なく所蔵資料をデジタル化することができることになった。その結果，国立
国会図書館における資料のデジタル化は急速に進み，2023年現在，159万点の図書
がデジタル化され，著作権の処理が済んだ36万点が，同館ウェブサイト上の「国立
国会図書館デジタルコレクション」（http://dl.ndl.go.jp）で全文公開されている。

国立国会図書館デ
ジタルコレクショ
ン

　国立国会図書館所蔵資料のデジタル化は，そのような明治期以降に刊行された図
書だけを対象としているわけではない。「古典籍資料（9万点）」「雑誌（136万点）」
「官報（2万点）」「歴史的音源（5万点）」などもデジタル化されている。それらの
うちで著作権処理が済んでいるものについては「国立国会図書館デジタルコレク

ション」で検索・閲覧できる。

　著作権処理が済んでいないものについても，2012年に著作権法が改正（第31条第
3項）され，書店等で売られていない「絶版等資料」に限っては，公立図書館や大
学図書館から閲覧できることになった。2021年には，さらに同法が改正（第31条
4-7項）され，あらかじめ国立国会図書館に登録しておけば，自宅からでも，それ
らの資料を閲覧することができるようになった。


● ⋯⋯⋯⋯デジタルアーカイブ

　所蔵資料をデジタル化して保存・整理するとともにホームページで公開すること
は，図書館だけでなく，博物館や公文書館などでもおこなっている。図書館も含め
て，そのような各種の施設で作製・公開されている電子資料群のことをデジタル
アーカイブという。デジタルライブラリーや電子図書館は幅広い意味を持つ語であ
るが，デジタルアーカイブのことを指して，デジタルライブラリーや電子図書館と
呼んでいる図書館もある。（option H）

デジタルアーカイブ

　デジタルアーカイブとして公開されている資料のなかには，図書館などの公共施
設が所蔵している資料だけでなく，地域の人びとが個人的に所蔵している資料まで
も含まれていることがある。また，民謡や祭りなどに関することを音声や動画を
使って公開しているものや，図書館と博物館などの異なる施設が協力して公開して
いるもの，異なる自治体の図書館が共同して作製しているものなど，さまざまな取
り組みがなされている。

　公開されているデジタルアーカイブの資料を一括して検索するためには，「国立
国会図書館サーチ」（http://iss.ndl.go.jp）が使える。「国立国会図書館サーチ」で，資
料種別をデジタル資料に限定して検索すれば，国立国会図書館の公開するデジタル
アーカイブと，いくつかの公共図書館・大学図書館・専門図書館・文書館などによ
るデジタルアーカイブの資料が一括して検索できる。また2020年からは，多様な分
野のデジタルアーカイブをまとめて検索する「ジャパンサーチ」（https://jpsearch.
go.jp）の運用も始まった。

国立国会図書館サ
ーチ

ジャパンサーチ

　なお，『我が国が目指すデジタルアーカイブ社会の実現に向けて』（デジタルアー
カイブジャパン推進委員会・実務者検討委員会，事務局・内閣府知的財産戦略推進
事務局2020年）によれば，デジタルアーカイブとは「様々なデジタル情報資源を収
集・保存・提供する仕組みの総体」のことであるという。また，デジタルアーカイ
ブが扱うデジタル情報資源には，「デジタルコンテンツ」だけでなく，コンテンツ
の縮小版や部分表示である「サムネイル／プレビュー」や，コンテンツの内容や所
在に関する情報を記述した「メタデータ」も含まれるという。同委員会による方針
のもとで国立国会図書館が開発したのが「ジャパンサーチ」である。

## 都道府県立図書館のデジタルアーカイブの名称

| | 名　称 | | 名　称 |
|---|---|---|---|
| 北海道立図書館 | 北方資料デジタル・ライブラリー | 滋賀県立図書館 | 近江デジタル歴史街道 |
| 青森県立図書館 | デジタルアーカイブ | 京都府立図書館 | デジタルアーカイブ |
| 岩手県立図書館 | デジタルライブラリーいわて | 大阪府立図書館 | おおさかeコレクション |
| 宮城県立図書館 | 叡智の杜 Web | 兵庫県立図書館 | ふるさとひょうごデジタルライブラリ |
| 秋田県立図書館 | デジタルアーカイブ | 奈良県立図書館 | まほろばデジタルライブラリー |
| 山形県立図書館 | デジタルライブラリー | 和歌山県立図書館 | 南葵音楽文庫デジタルアーカイブ |
| 福島県立図書館 | デジタルライブラリー | 鳥取県立図書館 | 所蔵絵図 |
| 茨城県立図書館 | デジタルライブラリー | 島根県立図書館 | しまねデジタル百科 |
| 栃木県立図書館 | デジタルコレクション | 岡山県立図書館 | デジタル岡山大百科 |
| 群馬県立図書館 | デジタルライブラリー | 広島県立図書館 | 貴重資料コレクション |
| 埼玉県立図書館 | デジタルライブラリー | 山口県立山口図書館 | WEB版明治維新資料室 |
| 千葉県立図書館 | 菜の花ライブラリー | 徳島県立図書館 | とくしまデジタルアーカイブ |
| 東京都立図書館 | TOKYOアーカイブ | 香川県立図書館 | デジタルライブラリー |
| 神奈川県立図書館 | 神奈川デジタルアーカイブ | 愛媛県立図書館 | デジタルアーカイブ |
| 新潟県立図書館 | 越後佐渡デジタルライブラリー | オーテピア高知図書館 | デジタルギャラリー |
| 富山県立図書館 | 古絵図・貴重書ギャラリー | 福岡県立図書館 | デジタルライブラリ |
| 石川県立図書館 | 貴重資料ギャラリー | 佐賀県立図書館 | データベース |
| 福井県立図書館 | デジタルアーカイブ | ミライON図書館（長崎県） | 長崎県の郷土資料 |
| 山梨県立図書館 | 山梨デジタルアーカイブ | 熊本県立図書館 | 貴重資料デジタルアーカイブ |
| 長野県立図書館 | 信州デジタルコモンズ | 大分県立図書館 | おおいたデジタル資料室について |
| 岐阜県立図書館 | デジタルコレクション | 宮崎県立図書館 | 貴重書デジタルアーカイブ |
| 静岡県立中央図書館 | ふじのくにアーカイブ | 鹿児島県立図書館 | デジタルアーカイブ検索 |
| 愛知県図書館 | 愛知県のデジタルアーカイブ | 沖縄県立図書館 | 貴重書デジタル書庫 |
| 三重県立図書館 | デジタルライブラリー | | |

# 電子コンテンツ

●⋯⋯⋯⋯電子コンテンツとは

映画・音楽・文芸・マンガ・アニメ・ゲームなどの創作物の内容のことをコンテ                      コンテンツ
ンツという。コンテンツのうち，物体ではなく電子（デジタル）情報の形態である
ものを，電子コンテンツあるいはデジタルコンテンツという。コンテンツや電子コ
ンテンツという語は，産業界で多用される言葉なので，売買の対象となり得るもの
を指して用いられることが多い。

コンテンツ・ビジネスの振興を目的として，2004年に制定された「コンテンツの
創造，保護及び活用の促進に関する法律」（コンテンツ振興法）では，コンテンツ
のことを次のように規定している。

　映画，音楽，演劇，文芸，写真，漫画，アニメーション，コンピュータゲーム
その他の文字，図形，色彩，音声，動作若しくは映像若しくはこれらを組み合わ
せたもの又はこれらに係る情報を電子計算機を介して提供するためのプログラム
であって，人間の創造的活動により生み出されるもののうち，教養又は娯楽の範
囲に属するものをいう。

同法で規定するコンテンツのうち，電子（デジタル）形式で作られているものが
電子コンテンツあるいはデジタルコンテンツということになる。なお，著作権法で
は著作物のことを「思想又は感情を創作的に表現したものであつて，文芸，学術，
美術又は音楽の範囲に属するものをいう」（第2条）と規定しているので，コンテ
ンツを制作すれば通常は著作権が発生する。

●⋯⋯⋯⋯電子書籍

図書館が取り扱う電子コンテンツとしては，これまでは，映画や音楽の分野のも
のがほとんどであった。しかし電子書籍の普及によって，文芸・写真・マンガなど
の電子コンテンツが，図書館資料として注目されるようになっている。

電子書籍とは，文章や画像がデジタル形式で作製されていて，コンピュータや携
帯電話の画面に表示して読むタイプの本のことであり，電子ブック，Eブック，電

子本などとも呼ばれる。デジタル形式で作製された雑誌は，通常は電子ジャーナルといわれるが，電子書籍という語で電子ジャーナルを含む場合もある。CD-ROMなどのパッケージ型のものもあるが，現在の電子書籍のほとんどは，インターネット経由でデータをダウンロードまたはデータにアクセスするタイプのものである。インターネットの普及と，軽量な読書専用端末・タブレット型パソコン・スマートフォンなどの機器の登場，コンテンツ販売サイトの増加などによって，日本では2010年頃から普及しつつある。

　市場における普及に応じて，電子書籍提供サービスを提供する公立図書館も増えている。電子出版制作・流通協議会の調査によると，2023年7月現在，全国1,788自治体のうち508（28.4%）が電子書籍サービスを提供している。ただし，サービス提供館が急増したのは2020年以降である。新型コロナウイルス禍の中にあって，来館を伴わない図書館サービスが求められたことが理由である。サービスの開始にあたって多くの図書館は，「新型コロナウイルス感染症対応地方創生臨時交付金」を活用したのである。

電子書籍サービス　　電子書籍サービスを提供する館が増えているとはいえ，現在のところ，公立図書館の一般利用者にとっては，必ずしも魅力的なものとなっているわけではない。所蔵タイトル数が少なすぎるためである。

　たとえば2007年にサービスを開始した千代田区立図書館では2023年現在でも，所蔵タイトル数が約1万タイトル（青空文庫を含む）であり，年間貸出数も約2万回にすぎない。同様に2011年にサービスを開始した堺市立図書館では，2022年現在，所蔵タイトル数が約1万1千（青空文庫を含む），年間貸出数は1万8千回にすぎない。2018年にサービスを開始した八王子市立図書館でも，所蔵タイトル数1万6千（青空文庫を含む），年間貸出数は4万9千回である。なかには，所蔵数が100タイトルを下回るような図書館もある。

　図書館の電子書籍サービスは，以下のように利点がある。

⑴　図書館まで行かなくても，いつでも，どこからでも図書館サービスが受けられる。
⑵　音声読み上げ機能や，文字拡大機能を用いれば，視覚障害者や高齢者にとって，読書が容易になる。
⑶　スペースを取らないので在庫管理が容易である。
⑷　貸出返却の手続き，汚破損や延滞への対処など，職員による作業が不要となる。

　一方で，図書館における電子書籍の提供サービスについては，以下のような課題

が存在している。

(1)　サービスの開始にともなう初期コストや，開始後のシステム維持費が，図書館にとって負担となる。
(2)　資料費が減少するなかで図書館は，紙の書籍と電子書籍の両方を購入しなければならない。
(3)　電子書籍のデータを送信する権利は公衆送信権に該当するので，提供するコンテンツを図書館は自由には選べない。
(4)　図書館に対して出版社が利用を許諾するコンテンツの種類（分野・タイトル）が少ない。
(5)　許諾されたコンテンツの価格が，非常に高額に設定されている。（紙の書籍の定価の数倍）
(6)　数年間とか数十回の貸出をもって契約が終了するコンテンツが多い。（たとえば2年契約かつ貸出回数52回まで）

なお，書籍ではなく音楽コンテンツの貸出については，図書館から市民への音楽配信システム（「ナクソス・ミュージック・ライブラリー」）を導入している公立図書館がある。同システムには，クラシック音楽を中心に180万曲が用意されている。

### ●⋯⋯⋯国立国会図書館による電子書籍の配信

　出版社等が作製し続けている新刊電子書籍とは別に，図書館資料のデジタル化によって生まれる電子書籍もある。UNIT 15に記述したように，国立国会図書館は2023年現在で159万点の図書をデジタル化していて，その数も急速に増えつつある。そのようにして作製された「電子書籍」の活用方法が，図書館界にとっても産業界にとっても重要な課題となっている。このため，2012年および2021年に著作権法が改正され（第31条第3-7項），書店等で売られていない「絶版等資料」に限っては，身近な図書館または自宅から閲覧可能となった。

　図書館の蔵書からテキスト形式の電子書籍を作製する試みは，インターネットの検索エンジンを運営するグーグル社もおこなっている。グーグル社は，世界各国の図書館と協力し，2011年までに1,200万点以上の書籍をスキャニングした。作製された電子書籍のデータはテキスト形式なので全文検索が可能であり，英語圏の出版物で著作権の保護期間が過ぎているものについては「Google ブックス」（https://books.google.com）で全文を読むこともできる。

グーグル社

## ●………ボーンデジタル資料の保存

　現実世界に存在する電子コンテンツをみたとき，生産された時から電子コンテンツであるものと，紙媒体などのアナログ資料をデジタル化することで生まれたものとの2通りが考えられる。前者のことを，ボーンデジタル（Born Digital）という。ボーンデジタル資料（Born Digital Material），ボーンデジタルコンテンツ（Born Digital Content），ボーンデジタル情報などともいう。

ボーンデジタル資料

　電子書籍についていえば，同じ内容の紙の本が存在しないような電子書籍はボーンデジタルであり，図書館の蔵書をデジタル化して作成される電子書籍はボーンデジタルではない。現在のインターネット上で流通している情報についていえば，ほとんどがボーンデジタルである。

　ユネスコは2003年の総会で，「デジタル遺産の保護に関する憲章」（Charter on the Preservation of Digital Heritage）を採択している。このなかでボーンデジタル資料について，デジタル形式以外では存在しない資料（第1条）であり，保存対象としては優先されるべきもの（第7条）であるとしている。

　ボーンデジタル資料（ボーンデジタルコンテンツ）としての電子書籍を，国としてどのように保存するかについては，国立国会図書館内の納本制度審議会によって検討がなされた。その結果，2012年に国立国会図書館法が改正され，「オンライン資料」（電子書籍・電子ジャーナル）の納本が義務化された。ただし，有償の「オンライン資料」については，当分の間は義務が免除されることになっている。なお，CD-ROM などパッケージ系の電子書籍については，2000年4月の国立国会図書館法改正（第24条）によって納本の義務化が規定されている。

　ボーンデジタル資料の保存という点からは，電子書籍とならんで，インターネットで公開された資料（インターネット資料）の保存も課題である。現在の公立図書館は，インターネット資料を自ら作製し公開するとともに，他者の作成したインターネット情報を業務の中でよく利用している。しかし，それらの資料を自館で保存することは，今のところほとんど実施していない。つまり，ボーンデジタル資料の保存の機能を果たしているとはいえない。

　この点についても，国立国会図書館が作業を始めている。国立国会図書館法が2009年に改正（同法第25条の3）され，国・地方自治体・独立行政法人などがインターネットで公開した資料を，国立国会図書館が自由に収集することができるようになった。収集した資料は同館内で利用できるようにし，そのうちで許諾が得られたものについては「WARP 国立国会図書館インターネット資料収集保存事業」（https://warp.ndl.go.jp）で一般に公開している。

# UNIT 17

● 電子資料

# 電 子 出 版

●⋯⋯⋯**電子書籍と図書館**

　2022年１月現在，電子出版制作・流通協議会がアンケートを実施，その調査結果によると，日本図書館協会が「日本の図書館」（2020年）で公表している公共図書館数3,306館のうち電子図書館サービスをおこなっている図書館数は917館（27.7％）となっている。2020年頃からのコロナ禍のため公共図書館の休館が相次ぐなか，増加したものと分析している。また８自治体が図書館を設置していないにもかかわらず電子書籍提供サービスを実施している。（option I 参照）

　図書館で扱う電子書籍 E-Books や電子雑誌 E-Journal 等は従来 CD-ROM など物理形態の有無によって収集対象となってきた。しかし，エンドユーザーが使う読書端末の種別を問わないオンライン電子資料を中心として受入・提供するようになってきた。商業電子出版の場合，買取もあるが，多くは契約期間の利用権を購入する。

　インターネット上では著作物の適正な再利用を目指す国際的非営利団体クリエイティブ・コモンズ（CC：Creative Commons）のライセンス契約をあらかじめかわした電子資料（主に学術出版が多い）も数多く存在する。また，著作権保護期間が切れた著作物あるいは許諾を得た資料を入力し蓄積し提供している英語資料の「グーテンベルク・プロジェクト Gutenberg Project」や米国 NPO Internet Archive が立ち上げ運営している「Open Library」，日本語資料の「青空文庫」，米国大学図書館団体が運営している「HathiTrust Digital Library」，グーグルが提供している Google Books，などもある。

　ここでは有料で消費者（図書館や個人）が購入し利活用できる電子書籍について，その現状と図書館での受入・利活用の際に考えておくべきこと，課題などについてふれていく。動向が早い分野なので常に電子出版動向を確認しておく必要がある。

●⋯⋯⋯**電子書籍出版**

　『電子書籍ビジネス調査報告書2022』（インプレス，2023）によると，電子書籍の市場規模は前年比9.4％増の6,026億円になった。それまで２ケタの伸び率であったのが，2022年にいたって１ケタになってきた。電子出版のジャンルは電子コミックが多くを占めており，図書館で積極的に選択し受入・提供しようという電子書籍の

電子図書館サービス

幅は小さい。電子文芸書で購買数が多いものは印刷媒体でもベストセラーになって
いたり，映画やメディアの原作であったりするので，必ずしも電子書籍だからとい
う市場ではない。ただ，電子書籍は専用読書端末や読書のためのソフトやアプリを
必須とするものやPCのみで読書可能であったものから，スマホやタブレットなど
幅広い端末を利用し，ジャンルも多様なものに拡大する傾向にある。(option I参照)

●………**電子書籍のジャンル**

　電子書籍には，既存の印刷媒体等をスキャニングしてデジタル化した電子書籍
（図書館等で製作されたデジタルアーカイブに多い）と，最初から電子書籍にする
ことを意図して編集され制作された電子書籍がある。電子コミックは前者のように
既存の漫画本をスキャニングしたものが主流であったものが，最近ではスマホで縦
に移動させて読むことを想定して制作された韓国発のWebtoon（Webとcartoonコ
ミックの造語）が登場してきているので，必ずしも区別が明確とはいえない。後者
の場合マルチメディア機能を十分に生かして検索機能や栞機能，ジャンプ機能など
を付加したレファレンス・ツールとして活用できる電子書籍が多い。

　米国の図書館，たとえばニューヨーク図書館（NYPL）では独自にシステム開発
して個々の電子資料の選択・受入・提供をおこなっているが，各図書館ではそこま
でシステム構築できるプログラマーがいるわけでないので，図書館で利用する場合，
貸出返却機能等を連動したプラットフォームと契約することが多い。図書館で「電
子図書館」と称しているのはほとんどが貸出返却システムとプラットフォーム側が
提供してきたパッケージのリスト内の電子書籍が抱き合わせで契約したものであり，
図書館司書が選書に関与していない場合も多々ある。

電子ジャーナル　　大学図書館で多く受け入れている学術論文を主体とする電子ジャーナルもパッ
ケージとして利用期間を契約する形で受け入れている場合が多い。また利用期間を
契約購入する形がほとんどで買取は少数である。発行元の出版社によっては印刷媒
体の学術雑誌の刊行を中止し電子媒体のみにするところもある。加えて，海外の
DBの場合，価格上昇に加え外貨交換レート等の状況もふまえ，印刷媒体でも電子
媒体でも受入して利用者（研究者）に提供できなくなっている大学図書館も増加傾
向にある。したがって利益収入よりも学術成果としての学術論文を公表する，ある
いはアクセスできる方を優先して，オープンデータ化に移行するところが増加して
いる。つまり，学術論文ジャーナルの場合，研究者自身が電子情報として研究論文
等を作成しているところから，デジタルマスター段階から電子ジャーナルとして制
作しやすい。そのため欧米を中心として学術出版社や大学，研究機関等が執筆者に
オープンデータとして提供してもらい，オープンアクセス可能に移行するところが
増えている。

小学校から大学まで教育機関では学習者が1人1台ずつタブレットあるいはノートPCを保有する割合が増加している。特に小中学校では政府のGIGAスクール構想の一環としてすべての児童生徒に1人1台ずつ配布している。コロナ禍で配布が急速に進みほぼ100％に達している。2018（平成30）年の「学校教育法の一部改正する法律」により教科用図書，電子教科書の併用が可能となった。さらに文部科学省は小中学生の読書振興を目的として電子書籍の読書利用を進めているが学校での電子書籍提供は学校図書館に専門担当者がいない，あるいは不明確な位置づけであることから小中学校ではすすんでいない。高校でも専門担当者がいて運用している例外を除き，すべての高校で電子学校図書館を提供しているわけではない。したがって電子教科書がどの程度利用されているかは不明である。

電子教科書

### ●⋯⋯⋯電子出版界と図書館関連の動向

電子出版をすでに手がけている出版社や取り組んでいる出版社の数は増加している。電子書籍刊行に関心を寄せる出版社も多い。出版市場として注目されているのは確かである。しかしDRM（Digital Rights Management　電子書籍著作権管理）やデジタル技術，電子書籍の特性を生かした本づくりなどは今までの編集とは異なる部分があり，実際の制作を外部に委託している出版社もある。

DRM（Digital Rights Management）

図書館で貸出返却システムとあわせて電子書籍を提供しているプラットフォームとしては，LibrariE（丸善提供），Kinoden（紀伊國屋書店提供），Ebook Library（丸善雄松堂提供），OverDriveJapan（OverDrive社提供），TRC-DL（図書館流通センター提供），ELCIELO（京セラコミュニケーションズ提供）などがある。海外でもHooplaやLibby，Kanopy等のプラットフォームを公共図書館が契約し運営している。ほかに学校図書館を対象としてSchool E-Library（児童向け出版6社共同運営）やELCIELO for School Library（京セラ提供），Yomokka（ポプラ社提供）などが販路を広げている。

また上記のように，学校図書館として読書振興を目的とした電子書籍提供に技術的にも財政的にも人員的にも困難をきたしている自治体によっては，広島県立図書館が提供する「青少年のための電子図書」や大阪市立図書館が提供する「小学生，中学生，高校生におすすめ！ 電子書籍EBSCO eBooks」，習志野市のように各学校ではなく自治体として児童向けに「ナラシドライブラリ　習志野市学校電子図書館」を立ち上げ提供しているところもある。ほかにも進研ゼミや学研，ECCジュニアなどの塾が独自に塾に通う児童向けに電子書籍が読めるサイトを提供している。

●………課題

(1) 著作権保護と読む自由・知る自由

　Google が提供している Google Books が全米作家同盟から，また米国の非営利団体 Internet Archive は出版社（ハチェット社）から訴訟をおこされるなど著作権者の権利保護について議論の場は司法の場へと移動している。それは著作権保護の観点からのみならず，消費者（読者）の電子情報資料への自由なアクセスとのバランスについての議論でもある。著作権者の権利を守り電子印税などをどう設定していくのかは電子書籍出版界では大きな課題である。

海賊版　　　　　また，著作権者の許諾を得ずスキャニングして公開し利益をとる “海賊版” の問題もある。著作権法の一部を改正する法律として「著作権法及びプログラムの著作物に係る登録の特例に関する法律の一部を改正する法律」（2020（令和 2）年成立，2021（令和 3）年施行）で「侵害コンテンツのダウンロード違法化及びアクセスコントロールに関する保護の強化など著作権の適切な保護を図るための措置」がとられることとなったが，どれだけ国際的なレベルで有効なのかは不明である。実際に漫画村運営者がフィリピンで逮捕された事例はあり，“海賊版” を利用しないように図書館利用者に周知するべきである。一方で，法的に保護するばかりでは電子情報に自由にアクセスできる範囲が狭くなり，利用者の「知る自由」を保障できかねる事態となる。図書館ではどこまで電子情報資料を提供していくのか，技術的・財政的な条件を加味しつつ考えねばならない。

(2) 電子出版の内容と図書館による選択の自由

　現状ではプラットフォーム側が契約期間を設定したり利用回数を制限したり等と米国でのやり方を踏襲する形でビジネスをすすめているが，その根拠はまったく存在しない。『図書館の自由に関する宣言』では「図書館には資料収集の自由がある」「図書館には提供の自由がある」としており，電子情報資料についても適用できるように図書館界としてプラットフォーム側に交渉すべきである。米国では独占禁止法違反ではないかと米国図書館協会が出版社を相手取って訴訟をおこしている。

(3) 読書・読字弱者対象の出版

　読書弱者として障害者（児）や高齢者，図書館のない地域の居住者等への読書機会の提供がどれくらいなされているのだろうか。文字拡大や音声読み上げ機能等を付加できる電子書籍は障害者（児）や高齢者等に対応できる資料だが，市場として認識されているかどうかは疑問である。「視覚障害者等の読書環境の整備の推進に
読書バリアフリー　　関する法律」（読書バリアフリー法，2019（令和 1）年成立・施行）で電子書籍出
法　　　　　　　　版界や図書館界での対応が求められている。

**◉──── o p t i o n Ⅰ**

# 電子出版と電子図書館サービス

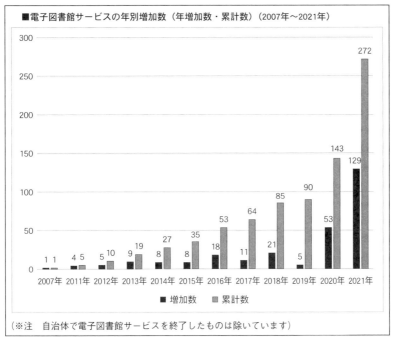

■電子図書館サービスの年別増加数（年増加数・累計数）（2007年〜2021年）

（※注　自治体で電子図書館サービスを終了したものは除いています）

電子出版制作・流通協議会 電子図書館・コンテンツ教育利用部会
https://aebs.or.jp/pdf/E-library_introduction_press_release20220101.pdf

電子出版の市場規模

※取次ルート／出典『出版指標年報 2022年版』

● 資料特論

# 灰色文献

●‥‥‥‥‥灰色文献（gray literature）とは

グレイ・リテラチャー

　日本の図書館界において，「灰色文献」や「グレイ・リテラチャー」という用語がはじめて紹介されたのは，1984年の花田岳美による「灰色文献：グレイ・リテラチャー：その種類と問題」（『情報管理』v.27, no.7）という論文である。そこでは，「グレイ・リテラチャー」は「通常の出版物の流通経路を通らず，配布が限定されていたりして入手困難な資料」と定義されている。

　館界の「灰色文献」の概念規定については，当初から近年までそのほとんどが花田論文に依拠している。たとえば，日本図書館協会発行の『図書館用語集』四訂版では，「通常の出版物の流通ルートに乗らない資料で，容易に購入できず，その存在すら確認しにくい，入手の困難な文献のこと」と定義されているから，基本的にはあまり変わっていない。

　さらに，灰色文献にあたるものとして，政府文書，政府関係機関等の研究調査報告や意見書等の資料，学会等の会議録，市場動向調査報告，テクニカルレポート，学位論文など，具体的資料名をあげている。

　また，『図書館情報学用語辞典』第4版（丸善）でも，定義については，「書誌コントロールがなされず，流通の体制が整っていないために，刊行や所在の確認，入手が困難な資料」としたうえで，政府や地方自治体などの審議会資料および報告書，テクニカルレポート，プレプリント，会議資料，学位論文などを灰色文献と呼ぶとしている。

灰色文献の定義

　なぜ，これらの資料を灰色文献と呼ぶかについては，『最新図書館用語大辞典』（柏書房）の説明が参考になる。灰色文献を「流通経路が不明確で，通常の出版物のルートにのらず，入手が難しい資料の総称」とし，「規制を受けている情報（black）」と「入手が容易な情報（white）」の中間に位置づけられるところから，「gray literature」といわれるようになったとする。

　このように，灰色文献の定義は，少なからず花田論文の影響をうけているが，いまや，インターネットの普及や電子化の進展により，かなりの資料群や情報源がアクセス（入手）可能になっているので，灰色文献の概念や対象については，あらためてこれまでどおりでいいのかどうか検討してみる必要がある。

## ●⋯⋯⋯灰色文献の種類と特性

さしあたって，1980年代から2000年代前半にかけて灰色文献の対象として論じられてきた代表的な資料とその特性について考えてみよう。

(1) テクニカルレポート（技術文献：technical report）：テクニカルレポートとは，もともと，アメリカが第二次大戦以降に国家的規模の研究計画にたいして，その研究成果を一定の形式で研究助成機関に報告する義務を課したことからはじまった技術情報の伝達手段である。代表的なものとして PB レポート（研究開発）や AD レポート（国防）などがよく知られている。

テクニカルレポート

日本でも政府機関や専門研究機関において，さまざまな調査研究や委託研究がおこなわれ，成果報告書が刊行されるが，それは，研究成果としての技術情報を組織内に伝達する形式のひとつとしてテクニカルレポートとみなされる。

また，政府によるわが国最大規模の研究助成制度である科学研究費補助金は，先駆的な「学術研究」を対象に交付されるが，これによった研究成果は報告が義務づけられているので，広い意味で，日本の学術研究の最先端に位置する，きわめて重要なテクニカルレポートといえる。

テクニカルレポートの特徴は，雑誌のような査読制度はなく，内容に応じて長さや形式が自由な1件1論文の報告書となっている。そのぶん速報性はあるが，質的には差異がある。配布は組織内に限定されているため，中小の公立図書館では，ほとんど収集，利用することはないだろう。

(2) 学位論文（博士論文）：「灰色文献」のなかでも，もっとも典型的な資料といわれる。学位を取得するために書かれた論文をいい，提出された大学で審査をうける。学位制度は，国によって異なるが，日本では，学位論文は独創性や先行研究，重要文献のレビューなどを踏まえた新しい知見がえられるので，分野によっては，一次資料として価値が高い。流通を目的としていないので，利用する機会に恵まれないが，提出先の大学と国立国会図書館が所蔵しているので，閲覧可能である。また，国立国会図書館では，1991（平成3）年から2000（平成12）年までの収集した博士論文（国内）のうち著者の許諾を得てデジタル化した学位論文をインターネットで公開している。

学位論文

なお，学位規則改正により，2013（平成25）年以降，学位授与された博士論文は原則として学位授与大学がインターネットで全文公開することになっているが，機関リポジトリ（大学等）で公開しているところは，すでに200機関を超えており，検索については以前より容易になっている。

(3) 会議資料（会議録）：会議には，国内外の学会，大会，研究集会，シンポジウム，講演会などさまざまな形式がある。参加者だけに配布されるプログラムや予稿集（プレプリント），発表などは速報性があり，学術動向などを知るう

えで貴重な情報源となる。一般に配布されないので，情報の入手は難しい。後日，発表論文等を掲載した会議録が公刊されることもある。これらを総称して会議資料という。

(4) 紀要：大学や研究機関から主として学術論文や研究発表を掲載し，年1回程度刊行される機関誌をいう。また，1大学・1研究機関で何種類もの紀要がでていることもある。多くは学内の研究成果の発表の「場」と化している。とくに人文・社会科学分野や専門学会未成立の学問分野の研究者には存在意義がある。公立図書館では，地域の大学紀要などを収集しているが，読者が限定されているので利用は少ない。

政府刊行物

(5) 政府刊行物：ここでは，国および地方自治体の公文書，調査報告書，審議会資料をはじめ政府や助成金による研究調査・報告書などを総称して政府刊行物という。これらは政策方針の決定や動向に大きな影響を与える資料として，市民の注目を集めているが，当局や発行者側には，情報公開の意識が脆弱なため，市販されているものはともかく，行政的な判断での裁量的開示による入手は困難さを増している。電子政府の総合窓口 e-Gov（イーガブ）を含めて，くわしくは UNIT 19（政府刊行物）にゆずることにする。

(6) 企業文献：企業が社内や消費者を対象にイメージを高めるために刊行する資料群の総称。社史，広報誌，製品カタログなどは，レファレンス・ツールとして役立つ。

(7) 翻訳文献：いわゆる難解な言語で書かれた図書や雑誌論文の翻訳文献は，どこでどのように翻訳され，発表され，保存されているのか見えにくい。

(8) 特許資料：日本では特許資料として利用対象となるのは，出願人が作成した特許明細書，特許庁が発行する公開公報と公告公報などである。

(9) 規格資料：規格資料は，品質の向上，製造の効率化などのための標準化された技術仕様書であり，国際規格とか社内規格などといった種類がある。

このようにみてくると，「灰色文献」は学術図書館や専門図書館だけでなく，情報公開制度の一翼を担う公立図書館にとっても，資料的価値の高い資料群だけに，市民の「知る権利」を保障するうえで貴重な資料であることが理解できるだろう。

灰色文献の特徴

しかし，これらの資料は入手したくても多くが①未公刊資料であったり，②入手方法が不透明だったりして，③一般の出版流通経路を経由しないため，容易に現物を入手することができない。しかも，④内容的に読者の範囲が限られているので，⑤配布先，発行部数も少ない。そのうえ，⑥出版情報も十分であるとはいえず，刊行状態を確認する手段に乏しい。

ただし，いずれもこれまでの「灰色文献」の特徴とされるが，前述の資料がすべて「灰色文献」にあたるかといえば，必ずしもそうではない。政府文書といえども

商業的な流通経路を通して入手可能な資料もある。また，目録情報の管理によって所在確認が可能な資料も数多い。つまり，「灰色文献」は個々の資料を指すのではなく，書誌的情報の不安定さや資料の入手方法の不透明さをともなう資料群のことを指示しているので，前述の資料以外にもその存在が認められる。

### ●∙∙∙∙∙∙∙∙∙∙インターネット環境下における「灰色文献」と課題

　「灰色文献」は，一般的に「通常の流通経路にのらない入手困難な資料」と定義されてきたが，インターネット環境下においては，情報公開法の成立とともに，総務省の総合的行政ポータルサイトであるe-Govの稼働や，さまざまな資料の電子化をみており，市民にとっては，かつて「入手困難な資料」もアクセスが可能になっている。

　このため，池田貴儀は，「問題提起：灰色文献定義の再考」（『情報の科学と技術』v.62, no.2, p.50-54.）のなかで，「近年は，機関リポジトリの普及等により，灰色文献もWeb上に全文が公開され，容易にアクセスが可能になりつつある。」として，「灰色文献」の再定義をおこなう必要があると述べている。　　　　　　　　灰色文献再定義

　つまり，最近の「灰色文献」は，記録形式が印刷媒体であろうと電子媒体であろうと，政府や大学，ビジネスなどのあらゆる分野で生まれる「情報」で，商業出版によるコントロールを受けないものということになる。これまでの「灰色文献」の概念とは異なり，「灰色文献」の種類が著しく広範囲に及ぶことになる。

　たしかに，インターネット環境下において，資料・情報の質量的発展とその形態や流通が変化し，入手可能性が高くなったことは喜ばしいことであるが，一方でネット上に公開される文献情報の入手には，あらたな問題が発生している。

　池田は，公開されたからといって，「灰色文献のアクセシビリティの問題が解消されたわけではない」とし，サーバーの変更に伴うURLのデッドリンク，サイト閉鎖など「発信側の都合により公開が取りやめになる」可能性を指摘している。逆にいえば，図書館側がそれをコントロールができないという問題である。

　けっきょく，「灰色文献」の多くは，入手経路や刊行情報に隘路があるのだが，根本的な問題点は，あらゆる情報の流れが妨げられることなく，自由に平等に利用できる制度が確立していないところにある。それだけに，新「灰色文献」の収集と提供は，大学図書館や専門図書館だけではなく，情報公開制度の一翼を担う公立図　　　情報公開制度
書館にとっても重要で等閑にはできない。

　もっとも，インターネット上には，質量性をもたない雑多な情報が流通しているので，これまでの物理的形態をもつ印刷媒体のような収集，保存が可能かどうかについては疑問が残る。とはいえ，市民の「知る権利」を制度として保障する「情報公開法」にもとづけば，公立図書館は主体的に新「灰色文献」を収集すべきであろうし，それが市民にたいする責務をはたしていくことになる。

● 資料特論

# 政府刊行物

●‥‥‥‥政府刊行物とは

国や地方公共団体および独立行政法人等の出版物を「政府刊行物」と称する。「官
公庁出版物」ともいう。図書や新聞や雑誌等の逐次刊行物，パンフレットやリーフ
レットのような小冊子，『官報』や『県報』『特許公報』などの公報，『有価証券報
告書』，ポスターなどの広報等といった印刷媒体から，映像などの視聴覚資料，と
いった幅広い形態で作成され公表されている。電子政府化の政策により電子化され
Web上で公開されることが多くなっている。

たとえば各省庁の年次報告書である「白書」等も電子資料として公開されている。
「○○白書」は数多く刊行されており，独立行政法人国立印刷局から出版されてい
る。国立印刷局は「日本銀行券をはじめ，法令等の政府情報の公的な伝達手段であ
る官報，外国渡航時の身分証明書となる旅券，加えて郵便切手，証券製品など，国
民生活に密着した公共性の高い製品や情報サービスを社会に提供」している。民間
団体もタイトルに白書と称している出版物を出している。海外向けに英語等外国語
でも刊行されている。日本国内のみならず海外の司法行政機関や国連等国際機関の
作成・出版資料も政府刊行物に含めて考えることもある。

政府刊行物は，広義では地方公共団体やその外郭団体，地方公営企業等の発行す
る「地方行政資料」も含めて「行政資料」と称することもある。地方行政資料は地
域資料として他の郷土資料等とともにまとめて提供されることが多い。政府刊行物
を大きく分けると以下のようになる。

(1) 議会資料：国会や地方議会，審議会等の会議録（議事録）や議会に提出され
た資料等
(2) 司法資料：日本国憲法や各種法令，施行規則，通達や裁判記録・関連資料等
(3) 行政資料：行政が作成する公文書や都市計画等，関連するコンペに提出され
た資料記録，各省庁や部局等の調査研究結果報告等

さらに2009（平成21）年に「公文書等の管理に関する法律」（公文書管理法），
2010（平成22）年に「公文書等の管理に関する法律施行令」が定められ，国立公文

*（欄外）* 官公庁刊行物

*（欄外）* 行政資料

*（欄外）* 公文書管理法

書館の運営について定めた。この法律で行政資料としての「公文書」が明確化され 公文書とは
た。この法律によると公文書とは以下のようになる。

⑴　行政文書：行政機関の職員が職務上作成し，または取得した文書であって，
　　　　　　　当該行政機関の職員が組織的に用いるものとして当該行政機関が
　　　　　　　保有しているもの

⑵　法人文書：独立行政法人等の役員又は職員が職務上作成し，又は取得した文
　　　　　　　書であって，当該独立行政法人等の役員又は職員が組織的に用い
　　　　　　　るものとして，当該独立行政法人等が保有しているもの

⑶　歴史公文書等：歴史資料として重要な公文書その他の文書

⑷　特定歴史公文書等：歴史公文書等のうち，国立公文書館等に移管されたもの
　　　　　　　や国立公文書館の設置する公文書館に移管されたもの，さらに法
　　　　　　　人その他の団体又は個人から国立公文書館等に寄贈され，又は寄
　　　　　　　託されたもの

電子政府の窓口 E-Gov　https://www.e-gov.go.jp/

　民主主義社会の基本である市民の「知る自由」の保障手段のひとつが政府刊行物
経由による情報の入手である。日本国憲法第21条で「知る権利」が保障されている 「知る権利」
ものの明確な表現とはいいがたい。「行政機関の保有する情報の公開に関する法律」
（1999（平成11）年法律第42号，2001（平成13）年施行）（「行政機関情報公開法」）
と「独立行政法人等の保有する情報の公開に関する法律」（2001（平成13）年法律
第140号，2002（平成14）年施行）（「独立行政法人等情報公開法」）の二つの法律に
より「情報公開法制度」が整い，不開示情報と記録されている資料を除き請求に基 情報公開法制度

づき公開されるようになったものの，情報公開請求する以前に，もっと行政情報を得やすくする方策として，2001年からの「e-Japan 戦略」から本格的にその試みがなされてきた。2023年現在，国の情報はインターネット上から入手できるものが多いが，一方では電子情報のみで紙媒体で印刷発行されない情報資料も増えているので，図書館にはどこでどのような国の情報資料が入手できるかを利用者にわかりやすい形で提供する義務がある。

情報公開条例 　　2023年現在すべての都道府県に「情報公開条例」があるものの，市町村も含めすべての自治体の Web から条例や行政情報等がわかりやすく検索して入手できるというわけではない。地方自治体向けには「公文書館法」（1987（昭和62）年法律第115号）があるものの，47都道府県のうち公文書館を設置運営しているのは30館程度であり，市町村での設置は 5 館にとどまっている。財政的理由もさることながら，専門的人員の配置がなされず地方自治体からは管理者委託にすべきとの考えが強く充実されていない。

## ●…………行政資料と図書館

公の出版物の収集
（図書館法第 9 条）
　　「公の出版物の収集」として図書館法第 9 条第 1 項に「政府は，都道府県の設置する図書館に対し，官報その他一般公衆に対する広報の用に供せられる独立行政法人国立印刷局の刊行物を二部提供するものとする」とあり，また第 2 項に「国及び地方公共団体の機関は，公立図書館の求めに応じ，これに対して，それぞれの発行する刊行物その他の資料を無償で提供することができる」と定められているが，十分に履行されていない。

　　日本図書館協会は，2009年と2011年に「都道府県立図書館への無償提供を求める政府刊行資料に関するアンケート調査」を実施した。2011年調査によると，「無償提供を求める政府刊行物資料は県立図書館 1 館あたりの平均所蔵点数は97.3点である。また，「無償提供」を受けているだろうと思われる政府刊行物143点をリストアップし，その所蔵の有無を問うている。その結果，所蔵していたのはリストのうち97.3点（68%）で，内訳は「省庁が提供した資料」が45.0点で「購入したもの」が52.3点となっている。2009年調査と比較すると公立図書館の資料費減少を受け購入しなくなった資料も少なくない。市販資料をある一定程度所蔵しているが，非市販資料については少ない傾向がある。また，2011年調査時点以降どれだけが印刷媒体から電子情報資料へと移行したのか，どれだけ両方の形態で発行維持されているのか，全体像は把握できていない。

　　市町村立図書館の場合，同じ図書館法第 9 条第 2 項の記載にあるように公の出版物の提供を求めて国や地方公共団体に対して積極的に依頼して収集する働きかけをおこなわなければならない。

政府刊行物は一般商業出版物と異なり刊行情報は取次や TRC が発行する出版情報刊行目録には記載されない。全国官報販売協同組合の Web で確認するほか，政府刊行物センター（東京霞が関，仙台）で現物を手に取って確かめる。「政府刊行物月報」は政府広報オンラインの Web 上で検索可能である。地方自治体の出版物も掲載されることもあるが網羅的ではない。埼玉県のように県庁にある県政資料コーナーで有償の行政資料を販売しているところもあるが，田原市のように図書館条例第 5 条で「第 5 条　市の機関が，刊行物その他の資料を発行したときは，図書館の求めに応じ，その刊行物等を無償で図書館に納入するものとする」と規定しているところもある。政府刊行物センター

図書館条例

国立国会図書館の納本は出版流通されている電子書籍や視聴覚資料を含む出版物の93〜99％の納入率（「令和 4 年度国立国会図書館活動実績評価」）であるが，公立図書館への納本の充足度は不明である。公立図書館の場合，行政資料の収集に関して日常的に関連部局に対して図書館への納本の周知徹底をおこなっておく必要がある。図書館条例や図書館管理規則や運営規則のなかで明文化しておくと請求する場合の法的裏付けになる。

●…………**政府刊行物情報資料の収集・提供**

刊行情報を入手したら，市販資料の場合購入を，非市販資料の場合速やかに寄贈依頼を行う。継続依頼もあわせておこなうとよい。また電子情報資料となっている場合，図書館 Web がゲートウェイとなってリンクできるようにデザインしておく。利用者個人が情報にアクセスできる端末を所有していない場合を想定して，館内にインターネットに接続し利用できる PC 端末を設置しておく。図書館ですべての政府刊行物を収集保存提供できるとは限らないので地方議会図書館（資料室）や公文書館，情報公開室等の所蔵目録をネットワークでつなぎ，総合目録化して所蔵と所在を検索できるようにしておく。大学図書館や学校図書館等もネットワーク内にあればさらに検索範囲が拡大する。レフェラルサービスとしてのゲートウェイとなる。

このように政府刊行物の収集提供は利用者の求めに応じて，レファレンスサービスおよびレフェラルサービスをおこなうツールとなるが，存在自体を知らない利用者もいることを想定してわかりやすい情報資料提供を心掛ける。

●…………**情報公開と個人情報保護**

上記のように情報公開については二つの法律があるが，個人情報保護については「個人情報保護に関する法律」（2003（平成15）年法律第57号）があり，2015（平成27）年改正・2017（平成29）年全面施行，2020（令和 2 ）年改正・2022（令和 4 ）年全面施行，2021（令和 3 ）年改正・2022（令和 4 ）年一部施行・2023（令和 5 ）個人情報保護

年地方公共団体部分施行と3回の改正を踏まえてきた。「個人情報保護法において「個人情報」とは，生存する個人に関する情報で，氏名，生年月日，住所，顔写真などにより特定の個人を識別できる情報をいい」，「他の情報と容易に照合することができ，それにより特定の個人を識別することができることとなるものも含まれ」ている。「例えば，生年月日や電話番号などは，それ単体では特定の個人を識別できないような情報ですが，氏名などと組み合わせることで特定の個人を識別できるため，個人情報に該当する場合があり」，「番号，記号，符号などで，その情報単体から特定の個人を識別できる情報で，政令・規則で定められたものを「個人識別符号」といい，個人識別符号が含まれる情報は個人情報とな」る。

　具体的には「身体の一部の特徴を電子処理のために変換した符号で，顔認証データ，指紋認証データ，虹彩，声紋，歩行の態様，手指の静脈，掌紋などのデータ」や「サービス利用や書類において利用者ごとに割り振られる符号で，パスポート番号，基礎年金番号，運転免許証番号，住民票コード，マイナンバー，保険者番号など」（政府広報オンラインより）があげられる。国としては個人情報保護法で示す個人情報とそれと紐づけられないデータを活用する政策をかかげ，「官民データ活用推進基本法」（2016（平成28）年公布，2021（令和3）年改正・施行）を施行することでビッグデータ活用を推進していこうとしている。

　図書館では「図書館の自由に関する宣言」や「図書館員の倫理綱領」で，すでに個人情報保護を唱えていたが，国の個人情報保護法や地方自治体の個人情報保護条例の制定・施行にともない，利用者の読書の秘密を守るため，図書館条例や図書館規則に再検討を加え改正した図書館もある。個人識別番号と図書館での個人名など個人を識別できる情報とが紐づけされると図書館外に利用者の利用記録が流出する危険性があるので注意を要する。

●⋯⋯⋯⋯課題

　政府刊行物や行政資料，公文書等は図書館が収集対象にするのか，それとも公文書館等関連機関がおこなうのか，類似機関での調整が求められる。「公文書管理法」の考えはあくまでも＜文書作成＞⇒＜文書整理＞⇒＜文書保存＞⇒＜行政文書ファイル管理簿への記載・公表＞⇒＜文書の移管・廃棄＞といった文書管理の流れを確立することであり，文書移管の段階で公文書館に歴史文書の移管を定めたものである。それは将来の国民のためのものであり，現在の国民の「知る権利」は「情報公開法」で保障するという考え方になる。

　国や地方公共団体，独立行政法人，外郭団体等が作成した記録（record）は，収集・整理・保存・提供され，一定の期間と評価を経て史料（archives）となって，政府刊行物や公文書等の評価が求められる。そのアーカイブをデジタル化し公開し

て利活用していくことが国民の「知る権利」の保障になる。そのために専門知識と技術をもつアーキビストの養成も必要である。

　だいじなことは，国民が情報公開請求をする前に，政府や地方公共団体等の情報資料にアクセスできる場としての公立図書館の存在と役割を広報することである。

## ◉───option J

## 情報公開条例

**大阪府情報公開条例（抄）**〔大阪府条例第2号　昭和59年改正　平成11年10月29日大阪府条例第39号〕

（前文）

　情報の公開は，府民の府政への信頼を確保し，生活の向上をめざす基礎的な条件であり，民主主義の活性化のためには不可欠なものである。

　府が保有する情報は，本来は府民のものであり，これを共有することにより，府民の生活と人権を守り，豊かな地域社会の形成に役立てるべきものであって，府は，その諸活動を府民に説明する責務が全うされるようにすることを求められている。

　このような精神のもとに，府の保有する情報は公開を原則とし，個人のプライバシーに関する情報は最大限に保護しつつ，行政文書等の公開を求める権利を明らかにし，併せて府が自ら進んで情報の公開を促進することにより，「知る権利」の保障と個人の尊厳の確保に資するとともに，地方自治の健全な発展に寄与するため，この条例を制定する。

（https://www.pref.osaka.lg.jp/houbun/reiki/reiki_honbun/K201RG00000008.html）

**千葉県情報公開条例（抄）**〔平成12年千葉県条例第65号　改正令和5年千葉県条例第7号〕

　地方分権の進展により，県民の福祉の増進を図ることを基本とする県の役割が重要性を増し，さらに，県民の県政に対する期待が多様化している中で，県は，地方自治の本旨にのっとった県政を運営していくために，県民の県政に対する理解と参加を促進し，開かれた県政を更に推進していくことが求められている。

　これにこたえるためには，県民一人ひとりが県政に関する情報を適正に評価し，的確な意見を形成することが可能となるよう，県の保有する情報を広く県民に公開していくことが重要であり，県は，県民がひとしく享有する「知る権利」を尊重し，その保有する情報を県民のだれもが適切に知ることができるよう，ここに千葉県情報公開条例を制定し，情報公開制度の一層の充実を図っていくものとする。

（http://www.pref.chiba.lg.jp/shinjo/jouhoukoukai/seido/jourei/jouhou.html）

UNIT
20

● 資料特論

# 地 域 資 料

●‥‥‥‥‥地域資料の定義

　図書館法第3条で公立図書館は「土地の事情及び一般公衆の希望に沿い」図書館
サービスを実施するために,「郷土資料,地方行政資料」の収集にも十分留意する
よう明記されている。また「望ましい基準」(2012年改正)では,市町村立図書館
の「図書館資料の収集等」において「郷土資料及び地方行政資料,新聞の全国紙及
び主要な地方紙並びに視聴覚資料等多様な資料の整備にも努めるものとする。」(第
2の一の2の(一)の②)とある。

郷土資料

地方行政資料

　地域資料は現在「郷土資料」と「地方行政資料」を含めた概念になっているが,
戦前は文部省訓令の「図書館設置ニ関スル注意事項」(1910)で,「其ノ所在地方ニ
関スル図書記録類並其ノ地方人士ノ著述ヲ蒐集スルコト最肝要ナリトス」という考
え方により,古文書などの郷土史の原資料と捉えられ,郷土資料とよばれ収集・保
存に力点がおかれていた。佐野友三郎も「一地方の文献を収集して広く公衆の参考
に資し,長くこれを後世に伝えるは地方図書館の任務である。」と説いている。

　以来,日本の図書館は近世文書や郷土資料の散逸を防ぐという背景もあって,図
書館で収集・整理・保存を行い,アーカイブとしての機能を果たしていたのである。

　1963年,日本図書館協会が公刊した『中小都市における公共図書館の運営』(通
称“中小レポート”)は,古記録や近世資料(史料)のみを指すような考え方の強
い「趣味的な,後ろ向きの郷土資料の取扱は,社会の誤解と,図書館員の評価を固
定してしまい,図書館の貧しさを恒常化する危険性をもつ」として批判した。

郷土資料批判

　同書では,郷土資料とは「郷土の資料」であるが,「現在の市民に直接結びつい
た市民生活に有用な資料」が主力であると概念規定した。さらに「図書館意識の中
では,地方行政資料,農工水産関係等今日的な資料収集を重視」するべきだと主張
したのである。

　一方,1964年から1966年にかけて,文書館設立運動が起こり,図書館としてはど
のような資料を収集・整理・提供していくかが問われた。「地域資料」という表現
がなされるようになったのはその頃からである。2010年以降「公文書管理法」が制
定・施行されるようになり,公文書の収集・受入・整理・保存が求められるように
なった。2020年現在,総務省による「地方行政サービス改革の取組状況等に関する

調査等」で，地方自治体での「公文書管理条例」の制定状況を調査しているが，都道府県47団体（100.0％），市区町村1,695団体（97.4％）において「公文書管理条例等」が制定済とされている。

　こうして地域資料は住民のための図書館活動を進めていく中で，自治体が実施する行政サービスを知るための資料や刊行物だけでなく，住民運動や労働組合運動の刊行物など地域行政と住民の生活を結ぶ資料等を含めた捉え方がなされるようになった。

　近年，"情報公開法"や情報公開条例の制定や電子政府と電子自治体が設定されるようになり，公立図書館は地域資料をどの範囲で収集し，住民の情報要求にどれだけ対応できるのかが問われている。県庁や市役所等内に設置されている情報公開室（コーナー）や議会図書室，公文書館にすべて任せてしまうのは問題がある。

## ●⋯⋯⋯収集・提供範囲

　＜UNIT 19 政府刊行物＞で述べたように図書館法第9条「公の出版物の収集について」は，市区町村の場合第2項で「国及び地方公共団体の機関は，公立図書館の求めに応じ，これに対して，それぞれの発行する刊行物その他の資料を無償で提供することができる」としているので，何らかの積極的な資料収集対策という「求め」をとらないと十分な収集がむずかしい。現在，収集・提供されている資料範囲として以下のようなものが考えられる。 地域資料の範囲

(1)　地方行政資料：地方自治体やその部局，外郭団体等が刊行あるいは作成した資料。議会や審議会等の議事録や討議資料，法令・条例，都道府県市区町村の公報や雑誌等の刊行物，年次報告書や統計など。 地方行政資料

(2)　地域内刊行資料：当該公立図書館の所在地域で活動する個人や団体が刊行した資料。商工会議所や農協等，学校などが刊行する報告書や雑誌，図書，調査研究，統計書なども含まれる。

(3)　地域関係資料：地域に関連する商業出版物など。その地域を舞台とした小説や出身の作家の作品といったフィクションや，自然環境やビジネス関連等のドキュメント資料など多岐にわたり，地域をテーマとしてとらえている資料全般を含む。

(4)　郷土資料（歴史史料）：古文書や古地図や絵図など歴史的資料を中心とする資料群。昔話や伝説などを再話し収集したものなど人文科学系資料が重点的に収集されてきたが，さらに社会科学系や自然科学系など多角的に地域資料の一分野。小中学生の地域学習資料も含まれる。 郷土資料

(5)　そのほか：国内や海外の友好都市（姉妹都市）やその地域関係資料などの国

際的資料なども含まれる。たとえば大田区立図書館では姉妹都市関係にある
セーラム（米国）コーナーを設置し資料を提供している。福井県立図書館では
環日本海コーナーを設置している。

### ●‥‥‥‥資料の種類と内容

　印刷資料としては商業出版物や地方行政機関，公営企業，外郭団体などの出版物，
地方新聞や地元のコミュニティペーパー，地域の中小出版社の発行する雑誌，美術
館や博物館等の社会教育施設や観光施設の案内書や解説書，地域の住宅地図や刊行
地図，その他地域の催しなどのビラやチラシ，ポスターなどが考えられる。

　非印刷資料として地域の街並みや祭礼，風俗習慣などを記録した写真や絵ハガキ，
絵画などやその動画資料等を収めた記録フィルム，民謡や童謡，語りなどを録音し
た音声資料（参照：UNIT 12）などがある。この地域資料としての映像資料（参照：
UNIT 11）や音声資料は都道府県市区町村の視聴覚ライブラリーやフィルムライブ
ラリーで収集・保存されることが多い。視聴覚ライブラリーでは教育目的の団体貸
出利用が基本であるので，個人利用のために図書館に資料移管し継続して収集・提
供することが求められる。印刷資料を含めてこれらの資料をデジタル化しアーカイ
ブとして公開する動きも盛んである。移管したりデジタル化したりする際には著作
権に注意する必要がある。

　地方史（誌）や古文書，古地図など歴史的記録資料，民俗資料なども地域資料に
含まれるが，"公文書管理法"や"公文書管理条例（規則）"制定にともない，文書
館（アーカイブ）で収集することになり，図書館での収集範囲・提供など利活用も
含めた審議が求められる。歴史資料についてはプライバシー問題等を考慮して公
開・提供について配慮する必要があるが，公文書館での専門員（アーキビスト）配
アーキビスト
置が求められる。専門知識や技術を有するだけでなく，各自治体での個人情報保護
条例や「ICAアーキビスト倫理綱領」等について理解し運用できる人を養成する。

　英米の地方小図書館や移動図書館では必ずその他地域資料の記録管理が行われて
いる。地域に暮らす人々の文化や記憶を保存し伝承していくのである。地方行政資
料や地方新聞，雑誌，コミュニティペーパーやニュースレター，地域の学校の卒業
生名簿や出版物，社会教育施設や宗教施設での団体活動の記録などを収集・保存・
提供している。新聞地方欄に掲載される結婚・出産・死亡公告をクリッピングし，
索引を作成するなど整理しデータベース化して提供している。クリッピング等ファ
イル資料を作成することは地域資料コレクション構築の基本である。

　地域資料は地域の過去・現在，将来予測などに関する人文・社会・自然科学分野
主題分野の地域資料
の資料を対象に，網羅的に収集・保存していく。人文科学分野では地域を舞台にし
た文学作品や地域出身の作家や芸術家の作品，地域在住の人々の作品や関連資料を

収集する。調布市立図書館では地域在住者であった水木しげる氏の資料や漫画本等を収集してコーナーを設定している。ときにはこういった作家や芸術家本人や遺族から資料を寄贈されることもある。台東区立中央図書館では江戸時代の歴史小説などを執筆した池波正太郎氏の書斎を復元してコーナーをつくり展示している。

　社会科学分野では地域産業に関する基礎調査報告や地方公共機関，外郭団体などの発行した資料を収集する。地域の商工会議所資料室や行政公文書館，議会図書館（室），統計資料室などとの協力が必要である。鳥取県立図書館ではこういった地域資料を含むビジネス資料コレクションを情報源として司書や商工会議所のスタッフが支援体制を整え地域産業の活性化のためのビジネス支援サービスを実施している。

　自然科学分野では環境問題に関連した統計調査資料や自然地理資料としての地図等の資料も考えられる。自然災害に備えて作成されているハザードマップも市民生活にかかわる地域資料である。デジタル化されているが，それを知らない市民への周知が必要である。

　こういった地域資料を公立図書館が網羅的に収集することは限られた費用と機能等から困難である。地域内の都道府県立図書館や大学・専門図書館と主題分野を分担収集する。時間や手間がかかるが，公立図書館は非公刊資料やクリッピング資料などの収集に力をいれるべきだろう。

### ●⋯⋯⋯市政図書室としての地方議会図書館

　都道府県市区町村に設置義務の地方議会図書館（室）は「公の出版物の収集」をおこなっているが市民にはその存在が知られておらず，利活用は活発とはいえない。地方自治法第100条には地方公共団体の刊行物についての規定がある。

議会図書館（室）

地方自治法第100条

　　⑯　政府は，都道府県の議会に官報及び政府の刊行物を，市町村の議会に官報及び市町村に特に関係があると認める政府の刊行物を送付しなければならない。
　　⑰　都道府県は，当該都道府県の区域内の市町村の議会及び他の都道府県の議会に，公報及び適当と認める刊行物を送付しなければならない。
　　⑱　議会は，議員の調査研究に資するため，図書室を附置し前二項の規定により送付を受けた官報，公報及び刊行物を保管して置かなければならない。
　　⑲　前項の図書室は，一般にこれを利用させることができる。

　公報および地方行政資料は議会図書室に送付され，市民も利用できるが都道府県庁や市区町村の役所が閉まっている時間帯には利用できない。公文書館も神奈川県や埼玉県のように月曜日を休館にし，土・日曜日を開館しているところ以外では開館時間が限られているのでやはり平日に仕事をしている市民は利用できない。また公文書館は歴史的文書である行政資料を基本的に収集しているので最新の資料な

ど網羅性に欠ける。市役所内に図書館分室として設置し，議員や行政職員，市民への情報提供活動をおこなってきた日野市立図書館の例がある以外には見当たらない。こういたことから公立図書館は公的機関として責任をもって体系的地域資料の収集・整理・提供をおこなうべきである。

日野市立図書館

●⋯⋯⋯**課題**

地域資料の位置づけ

公立図書館における地域資料の位置づけについて課題が山積している。いくつか挙げてみると以下のようなことが考えられる。

(1)　地域資料の組織化：一般に公立図書館資料の組織化についてはMARCに依存しがちであるが，非市販資料が多い地域資料ではできない。利活用では組織化や抄録・索引作成，デジタル化さらに情報検索の制度をあげるなどがポイントになってくる。行政資料も含めて地域資料のデジタルアーカイブ化がすすみ，インターネット上で電子図書館資料として提供している現状では市民にとって必要な地域資料への情報アクセスの簡便性・的確性などが重要になってくる。

(2)　地域資料の分類：地域資料はその形態（映像資料や音声資料，古文書等印刷資料）や内容（行政資料や歴史資料）により収集・選択されることが多く利用者からすれば一般書と同じ主題分野ではわかりにくい。小平市立図書館や市川市立図書館などでは地域資料として独自の分類体系を作成している。

地域書誌

(3)　地域書誌の作成：誰でもわかりやすくアクセスできる状況をつくりだすのは公立図書館の役割である。そのためには資料種別に捕らわれず，網羅的に地域資料の書誌作成が必要である。解題がつけてあるとさらにわかりやすい。印刷資料としての地域書誌やインターネット上での書誌，調査研究の入門としてのパスファインダーの作成などを作成しておく。

(4)　専門職としての司書（アーキビスト）の配置：上記の仕事をこなすための担当者の配置が求められる。その担当者には資料収集・整理・提供等についての幅広い知識以外に，古文書を読み解きデジタル化技術を有することが求められる。レファレンス・サービスとして利用者の調査研究の支援が可能な専門職員の養成や研修訓練が必要である。

(5)　資料保存：地方公共団体により，図書館条例や資料運営規則等で地域資料の納本制度（option K）を明文化し，行政文書等が保存期間にそって廃棄されないようにしておく。こういった地域資料を収集・整理・保存し提供することで利活用を促進するためにデジタルアーカイブ化が求められる。

## 野洲市図書館管理運営規則（抄）〔平成16年10月1日　教育委員会規則第38号〕

（蒐集資料の受入れ及び出版物等の納本）

第21条　館長は，図書館の資料として，図書その他の図書館資料を購入，納本，寄贈，遺贈若しくは交換によって，行政，諸機関等から受入れすることができる。また，行政及び諸機関等の各部門の長は，その部門においては必ずしも必要としないが，館長が図書館においての使用に充て得ると認める図書その他の資料を図書館に移管することができる。

2　市及び関係諸機関が発行する出版物で，次に該当する出版物（機密扱いのもの及び書式，ひな形その他簡易なものを除く。）が発行されたときは，当該機関は，発行部数の内から，直ちに図書館に各2部以上を納入しなければならない。

(1)　図書

(2)　小冊子

(3)　逐次刊行物

(4)　楽譜

(5)　地図

(6)　映画技術によって製作した著作物

(7)　録音盤その他音を機械的に複製する用に供する機器に写調した著作物

(8)　前各号に掲げるもののほか，印刷術その他の電子的，機械的又は化学的方法によって，文書又は図画として複製した，若しくは複製しうる著作物

（https://www.city.yasu.lg.jp/section/reiki_int/reiki_honbun/r042RG00000300.html）

● 資料特論

# 人文・社会科学分野の情報資源

## ●⋯⋯⋯人文・社会科学分野とは

　古代ギリシャの偉大な哲学者アリストテレスは，さまざまな分野で学術用語を発案・定義し，学問的基礎をつくったとされるが，また，それらの「知識の分類」に意識的であったと考えられる。かの有名な学問的知識としての「真・善・美」の三大分類がそれである。

　　「真」：理論的「知」— 　自然学，数学，第一哲学（形而上学）　←自然科学

　　「善」：実践的「知」— 　倫理学，政治学，法律学，経済学　　　←社会科学

　　「美」：制作的「知」— 　詩，修辞学，美術　　　　　　　　　　←人文科学

　この古代の学問的知識の分類にみる「知」の制度は，客観的真理を発見するというよりも，人格形成のための基礎的な教養やものの見方・考え方をめざす人間教育に重点がおかれていたといわれる。戦後日本の新制大学の一般教育および教養課程におけるカリキュラムのようなものとおもえばよいかもしれない。いわば，知識の分類は学問分野の体系の根拠となっているということである。

知識の分類体系　　だが，学問の進歩によって，当然のことながら知識の分類体系も変わってくるが，それを支えていたのが，「知識の容れ物」としての「書物の秩序」である。つまり，図書館の分類体系である。

　たとえば，日本十進分類法（NDC）という「知識の体系的分類」は，知識の全分野を基礎10部門（主類表）にわけて体系化したものである。

　　0総記，1哲学・宗教，2歴史・地理，3社会科学，4自然科学，

　　5技術・工学，6産業，7芸術・美術，8言語，9文学

　この主類を学問分野別にグループ化すると，0〜2，7〜9類が人文科学，3類が社会科学部門で政治，法律，経済など専門化・細分化され，4〜6類が科学・技術部門とされる。国立国会図書館や大都市圏の大規模図書館などにみる主題別部門制や，大学における学部図書館などは，その具現化でもある。

日本学術会議　　ちなみに，「科学者の国会」といわれる日本学術会議では，人文・社会科学には，以下のような10分野の学問領域（言語・文学，哲学，心理学・教育学，社会学，史学，地域研究，法学，政治学，経済学，経営学）が統合されている。

　このUNITでは，主に学問分野別の特性と利用する情報源について考える。

●⋯⋯⋯人文・社会科学の特性

　人文・社会科学という学問は，人間の思索または感情を創作的に表現したもの，あるいは社会的な現象や社会的行為の分析・考察をとおして，人間の心的能力の基盤を築き，社会とのかかわりのなかで生きる意味を問いかけるところに特徴がある。

　しかし，その学問は，主として大学における教育・研究体制の確立とともに発展してきているので，理論に頼るだけでは人間社会とのかかわりにおいて，かならずしも，現実的な問題解決に役立っているとはいえない。

　もっとも，学問が進化するにつれ，学術研究活動は，人間の営為やさまざまな社会現象にたいする学問的省察や批判的観察にもとづく新しい知見を積み重ねてきている。とくに，科学技術の加速度的進展にともない，当面の価値観が多様化し，人間の生き方にかかわる諸問題に直面している現代では，その果たす役割は等閑にはできない。

　数年前から，高等教育機関における人文・社会科学部門の動向が大きな関心の的になっている。この分野の学問領域は，過去から現在にいたる「知」の遺産や社会的な諸現象などの究明において，多岐にわたり，より精緻な研究が進められている。

　また，それぞれの領域を超えて，協働による学際的ないし学融合的な統合的研究や自然科学的手法による連携も深まっている。

　こうした人文・社会科学分野の学問的性格からもとめられる情報資源はかぎりなく幅広い。また，そのアプローチの仕方には，人文科学と社会科学とでは多少異なり，それぞれ以下のような特徴がある。

　　人文科学分野：⑴原典　　　⑵遡及性　　　⑶累積性

　　社会科学分野：⑴実用的　　⑵科学的　　　⑶学際的

　まず，人文科学では，研究対象としての資料は，原典（テクスト）主義である。ここでいう原典とは，オリジナルの文学・芸術作品であり，史料（古文書）や考古資料を指している。楽譜なども含まれる。人文科学では，これら原典をもとに学問的省察がくわえられ，新しい知見が提示されるのである。

　さらに，人文科学は，過去から現代にいたる人類のさまざまな「知」の遺産を研究対象としているので，情報資源へのアプローチは速報性より遡及性が優先される。そのため，検索手段としての目録，書誌，索引，年表，全文データベースなどの充実や作成が欠かせない。累積性とは研究成果の集大成であり，重要視されるのは，研究成果の蓄積性が学術書の刊行によって評価されるからであろう。

　これにたいして，社会科学は絶えず変動する社会環境や人間の社会生活におけるもろもろの事象や行動を対象にして，実証と一般理論を基礎に社会の原理やルールを考察する学問である。人文科学に比べると，その学問領域は，政治，法律，経済・経営，財政，統計，社会問題，教育，風俗・習慣，民俗学など広範囲に及び，

また，視点によっては複合的要因が密接に絡み合ってくるので，ときには研究者の立場，学説，思想が重要視されることが多い。

　もっとも，人文・社会科学は，いずれも歴史的な人間社会の継続的変化を研究対象としつつ，現代社会の事象一般に深い関心と問題意識をもって実証研究と理論構築に取り組む学問的態度は共通している。

　利用する情報源は，社会科学も人文科学とおなじように過去の文献資料を必要とするが，基本的には学術書，雑誌論文よりも「生きた」情報源が大きな比重を占めているといってよい。「生きた」情報源とは，いいかえれば「実用的」な情報のことである。

実用的な情報源　　実用的な情報源としては，新聞記事，インタビュー，調査報告，観察記録，議事録，行政資料，法令・判例などがあげられる。また，数量化できないような社会現象と密接な相互関連にある学問領域においては，自然科学的手法を採り入れた統計データ，経済指標，市場調査，世論調査，観察記録などは，客観的な情報源として少なからず有効である。同時にそれらは社会科学の領域において，学問の性格上，すべてが学際的な情報源となりうることを示している。

### ●⋯⋯⋯公立図書館における人文・社会科学の情報資源

　人文科学・社会科学の情報資源のうち，一般的な出版流通市場にでている多彩な内容の図書や雑誌などは，不特定多数の読者に向けて刊行された身近な情報源として，だれもが日常的な暮らしのなかで親しんでいる。

　公立図書館における人文・社会科学の情報資源は，およそ，一般向けの新刊書で占められている。新刊書の発行点数（2021年度）は69,052点で，そのうち人文・社会科学部門47,155点（人文32,996点，社会14,159点），自然科学部門10,980点である。構成比でいえば4対1となる。

　市販雑誌でいえば，発行種類数2,536種であるが，そのうち人文・社会科学部門1,106種，自然科学部門561種。構成比は2対1である。

岡山県立図書館　　たとえば，岡山県立図書館のその対応状況と構成比をみてみよう。（2021年度）

| 部門別 | 蔵書（受入）（冊） | 貸出（冊） | 雑誌（種） | 貸出（冊） |
|---|---|---|---|---|
| 人文科学 | 619,770（9,381） | 459,002 | 168 | 21,868 |
| 社会科学 | 272,865（5,318） | 110,590 | 75 | 4,276 |

　同館は，その基本的性格を「県民の参加でつくる開かれた図書館」であるとし，「県民が必要とする資料・情報を利用できる機能と蔵書構成を整備する」と謳う。

　2022年度の来館者アンケート調査結果によれば，来館目的（複数回答可）は，①教養51.6%　②娯楽47.5%　③情報収集39.3%　④調査・研究18.1%　⑤仕事13.0%，

となっている。さまざまな目的で利用されている。

　このように，市民が日常の暮らしのなかで必要な資料や情報を求めて来館してくるから，多くの図書館では，相談窓口となるレファレンスサービスを充実させている。ちなみに，岡山県立図書館では，受け付けたレファレンス件数を主題別に表している。（2021年）

　　利用案内 11,599　　0 総記 3,271　　1 哲学 2,933　　2 歴史 5,240　　3 社会科学 6,157
　　4 自然科学 5,720　　5 技術 4,291　　6 産業 2,168　　7 芸術 17,496　　8 言語 1,118
　　9 文学 14,456　　　AV 他 2,625

　ひとくちに，人文・社会科学の情報資源といっても，利用者ひとりひとりの情報要求の質量に応じて，その対象となる情報源を提供するには，いろいろな創意と工夫が必要なってくる。

　日野市立図書館から「市民の図書館」革命を導いた前川恒雄は，人文・社会科学の本を選択するにあたって，「人文・社会科学関係の本については，非科学的な本以外は，どんな本でも選択していいと思います。」と述べている。ただ，すべての図書館が何でも買えるわけではないので，本を選ぶ四つの基準を示している。

人文・社会科学の<br>本の選択

　1)　読者が本を読んで何かを発見する本
　2)　正確な本：理論を通して著者の人間性がいきいきと読者に迫ってくる本
　3)　美しい本：気持ちが爽やかになるような美しい本
　4)　著者が一生懸命に書いている本

　いずれも抽象的な基準のように映るが，人文・社会科学の分野には，ものを書くときや考えたりするとき，「ひとつの拠り所となるような本」を逃していけないという。じっさい，公共図書館における人文・社会科学の情報資源は，たいへん身近な教養や娯楽絡みの情報から，ビジネスや暮らしにかかわる法律，経済，政治のような社会問題まで幅広く多種多様であるから，傾聴に値する。

　もっとも，近年，地域の情報拠点としての役割をはたすために，豊かな「生きた」「実用的」な資料情報資源の収集に力が注がれている。くわえて，利用者の情報検索に便利な百科事典をはじめとする事典・辞典，図鑑，年鑑，年表，二次資料や，目録・書誌，索引などのレファレンス・データベースの配備を踏まえて，情報資源の利活用を見直していくべきであろう。

### ●⋯⋯⋯人文・社会科学分野における主な二次情報資源
　これまで人文・社会科学分野の学問的性格と情報源の特徴をみてきたが，ここで

自然科学分野の情報源の特徴と比べてみると，情報サイクルに大きな違いがあることがわかる。情報サイクルとは情報の発生（生産）から検索，収集，利用までの流れとタイムラグ（時間的ズレ）である。つまり，情報検索にあって，レトロスペクティブ（遡及検索）かカレントアウェアネス（最新性）かのタイムラグとのかかわりにより，二次情報資源の種類やタイプが変わってくる。

一般に，人文・社会科学がどちらかといえば，印刷形態（図書，雑誌など）を中心に歴史的な重みをもって情報サイクルが形成されている。それにたいし，自然科学分野では，ネットワーク情報資源がきわめて重要な役割を果たす。

たとえば，学術図書館研究委員会（SCREA）の「電子情報資源の利用調査」（2014年）によれば，教員・院生が「論文の発見手段」として利用している情報源の形態は，「ブラウジング」のときには，人文・社会科学分野の教員34.0％，院生21.3％が「印刷体の雑誌」を見ている。それに反して，自然科学分野の教員21.9％，院生18.7％が電子版である。また，「オンライン検索」（①索引／抄録DB　②ウェブ上検索エンジン　③電子ジャーナルサイト）では，人文・社会科学の教員25.5％，院生38.1％の利用でしかないが，自然科学分野では教員，院生とも45.0％，57.5％と利用頻度が高い。

そのことは，人文，社会科学分野の情報サイクルが自然科学分野のそれと比べてタイムラグがあり，ネットワーク情報資源の構築を難しくしているため，いまだ印刷形態の二次情報資源に頼らざるをえない証左でもある。

さいごに，公立図書館における人文・社会科学分野で比較的利用頻度の高い二次情報資源（★印刷体，☆データベース）を挙げておくことにする。

★日本国語大辞典（小学館）：語彙が豊富。語釈，用例，出典など幅広く活用可。

★国史大辞典（吉川弘文館）：歴史的な事項全般，参考文献，隣接諸分野も含む。

★角川日本地名大辞典（角川書店）：地名の由来・変遷，郷土史的調査に役立つ。

★国書総目録（岩波書店）：類書のDBもあるが，古典籍の所在調査には必須。

★日本統計年鑑（日本統計協会）：基本的な統計情報を収録。出典付。信頼できる。

☆CiNii Articles，CiNii Books（国立情報学研究所）：前者は国内の論文検索，後者は大学図書館所蔵資料の検索に有用。

☆ジャパンナレッジ（ネットアドバンス）：百科事典的，有用コンテンツが多数。

☆日経テレコン（日本経済新聞デジタルメディア）：新聞記事検索に便利。

☆D1-Law.com（第一法規）：法令・判例検索だけでなく，文献検索にも対応。

☆e-Stat（統計センター）：政府統計等をキーワード検索，ダウンロード可。

情報サイクル

電子情報資源の利用調査

利用頻度の高い二次情報資源

# 自然科学・技術分野の情報資源

●⋯⋯⋯**自然科学・技術分野の資料の特徴**

　自然科学・技術分野の資料には三つの特徴がある。1点目の特徴は，専門書と一般書，あるいは知識の最先端を扱う本と基礎的な知識を扱う本との間で，記述内容の格差が大きいことである。たとえば，量子コンピュータの開発については，専門書がいくらか出版されている。しかし一般の人が，それらの内容を理解することは難しい。一方で，ネットやテレビで話題になることで，量子コンピュータについて興味を持つ人は多い。そのために，専門書とともに，一般向けの解説書がたくさん出版されることになる。

　2点目の特徴は，自然科学・技術分野の資料の取り扱うテーマが，日常生活のあらゆる分野にわたる点である。私たちの生活は，飛行機・車・スマホ・電子レンジ・冷暖房機器・ペットボトルなど，さまざまな科学技術製品によって覆われている。また，栄養・健康・美容・インテリア・動物の飼育・植物の栽培など，科学技術製品によって解決される日常的な課題も多い。そのために，出版される資料のテーマが多岐にわたることになる。

　3点目の特徴は，自然科学・技術分野の資料では，書かれている内容の陳腐化する率が高いことである。たとえば，病気の治療法のなかには，10年前とは考え方が大きく変わっているものがある。あるいは情報通信技術の進歩は著しいので，5年前には一般的であった知識でさえ，今では古く感じることがある。そのために，同様のテーマで内容の新しい本が次々と出版されることになる。

●⋯⋯⋯**公立図書館の収集する資料**

　最先端部分の研究を支援するための資料を，公共図書館で多数所蔵することは困難である。それらの多くは，非常に専門的な図書や雑誌であって，利用する人は限られている。しかも価格が非常に高い。たとえば，学術誌『Nature』（Nature Japan 刊）の購読料は2023年現在，年間200万円近くもする。一方，日本の一般向け科学誌『Newton（ニュートン)』（ニュートンプレス刊）なら年間1万2千円程度である。また最先端部分を研究する人は，大学図書館や研究所図書室など，資料を入手する手段をすでに持っている。こうした理由で，自然科学・技術分野におい

て公共図書館が収集する資料は，研究者向けではなく，一般向けの資料が中心となる。

　出版されるテーマが多岐にわたるとはいえ，公共図書館は，自然科学・技術分野の資料のすべてを収集するわけではない。『出版指標年報2022』（出版科学研究所）によると，2021年の新刊書点数は，自然科学（NDC4）4,972点，技術（NDC5）5,568点，産業（NDC6）2,177点であり，3分野の合計は12,717点にもなる。当然ながら，すべてを購入することはできない。また，12,717点は，児童書・学習参考書を含めた全新刊書66,885点のうちの19.1％にあたる。だからといって，図書購入費全体の19.1％を自然科学・技術分野の資料購入にあてるということにはならない。利用数のことを考える必要がある。たとえば名古屋市立図書館の利用統計（児童書を含む）では，自然科学分野・技術分野・産業分野の貸出数合計は全体の10.4％である。そういう観点からは，自然科学・技術分野の選択基準は，文学分野などと比べるとやや厳しいものになる。

　なお，一般に，自然科学分野のうちで利用が多いのは医学・健康（NDC49）分野であり，技術分野のうちで利用の多いのは家事・美容・育児（NDC59）分野，産業分野のうちで利用の多いのは園芸（NDC62）分野である。こうした市民の暮らしに役立つ実用書や専門書は，たとえば，子育てや健康・福祉，予防医学，環境問題などの悩みや相談をかかえてくる利用者にとっては，生活分野の情報源として強い味方となっている。それだけに，生活分野の情報源の収集と提供については，多様な市民のニーズに対応できる専門職員の配置が望まれている。

　また，書かれている内容の陳腐化する率が高いことから，他の分野の資料と全く同じ扱いを公共図書館員がしていると，既にすたれた知識を利用者が得てしまったり，蔵書に対する信頼感が損なわれてしまったりする可能性がある。そのため，陳腐化しているものを早く見つけて，それを書架から取り除くという作業が，他の分野よりも高頻度で必要になってくる。もちろん，取り除いた本が要望の多いテーマの本であれば，同一のテーマの新しい本を買い直すことが必要になる。

### ●…………自然科学・技術分野の情報源

　特定のテーマに関する文献を網羅的に調べたいときや，多数の文献のなかから自分に適した文献を見つけ出したいときには，書誌を用いる。自然科学・技術分野においては，知識の最先端部分を知りたいとの要求が強いので，冊子形態の書誌で利用頻度の高いものは少ない。比較的利用の多いものを一つ例示する。

書誌

　『原子力問題図書・雑誌記事全情報』（3冊，日外アソシエーツ）は，1985年から2020年にかけて発行された図書と雑誌記事をもとに作られた書誌である。3冊目（2011-2020年版）の場合，図書2,041点と雑誌記事14,258点が，原子力政策・原発事

故・核兵器・放射能汚染などのテーマごとに配列されている。

　一般的に，冊子体の書誌を探すときは，図書館の蔵書目録を検索するか，「書誌の書誌」を参照する。それらの探し方は，自然科学・技術分野に限らず，どの分野でも共通である。

　図書館の蔵書目録で探す場合としては，自館の蔵書目録以外では，たとえば「国立国会図書館サーチ」（https://iss.ndl.go.jp）を使う。蝶に関する書誌を探したければ，「蝶－書目」で件名検索することによって，『日本産蝶類文献目録』（北隆館，1985年刊）など蝶に関する書誌が表示される。量子コンピュータに関する書誌は表示されないが，キーワードに「量子コンピュータ」を入力して検索することで，結果として，量子コンピュータに関する雑誌記事も含めた書誌が表示されることになる。国立国会図書館サーチ

　「書誌の書誌」から探す場合には次のようなものを使う。『日本書誌総覧』（日外アソシエーツ，2004年刊）は，1945年から2003年にかけて刊行された書誌24,772点を分類順に配列したものである。『書誌年鑑』（日外アソシエーツ，毎年刊）は，前年に刊行された1年分の書誌を件名の五十音順に配列したものである。後者は図書の一部分や雑誌に掲載された書誌をも対象としていることが特徴であり，年代は1980年以降が対象である。このほか，前近代から2006年までの書誌を収録する『日本書誌の書誌』（日外アソシエーツ他，4冊）や，1966年から2021年までの書誌を収録する『主題書誌索引』（日外アソシエーツ，6冊）なども参考になる。

### ●………雑誌記事の索引データベース

　自然科学・技術分野においては，冊子形態の書誌の利用頻度は少ない。その代わりに書誌として頻繁に使うのは，雑誌記事を検索するオンラインデータベースである。ただし，公共図書館においては，自然科学・技術分野に特化したデータベースではなく，一般的なデータベースを利用する。公共図書館の利用者の要求は自然科学・技術の分野に限られるものではないし，自然科学・技術の分野に特化したデータベースは非常に高額だからである。

　公共図書館ではほとんど使われていないが，自然科学・技術に特化した雑誌記事検索データベースとしては，たとえば次のようなものがある。「JDreamⅢ」は科学技術振興機構（JST）が作成するデータベースで，科学技術・医学薬学関係の文献データ7,000万件を検索できる。公共図書館で利用する場合は，同時アクセス数1という条件なら，年間18万円の料金である。「医中誌Web」は，医学中央雑誌刊行会の提供するデータベースで，国内で発行された医学薬学関係の雑誌約7,500誌を対象に，1,500万件の記事情報が検索できる。公共図書館で利用する場合は，同時アクセス数2という条件なら，年間25万円の利用料金である。雑誌記事索引

　公共図書館で最も広く使われているのは，「国立国会図書館雑誌記事索引」であ

る。1948年以降に刊行された和雑誌の掲載記事を採録対象としている。当初は学術誌だけを対象としていたが，徐々に採録誌を増やし，2023年現在では10,856誌が対象となっている。累積採録雑誌数は25,779誌である。当然ながら，利用は無料であり，世界中のだれでも利用できる。

　国立情報学研究所の提供する雑誌記事検索データベース「CiNii Research」は，「国立国会図書館雑誌記事索引」の全データを含み，学術雑誌を中心に2020年現在約2,200万件の記事が検索できる。記事検索だけならだれでも無料で検索でき，一部の記事については無料で全文をダウンロードできる。

　日外アソシエーツの提供する雑誌記事データベース「MagazinePlus」は，「国立国会図書館雑誌記事索引」の全データを含み，2023年現在，雑誌36,671誌に収録された記事2,305万件が検索できる。公共図書館での利用料金は，同時アクセス数１の条件であれば年間126,000円である。

● 出版流通システム

# 出版の意義

●………… 出版の意義

　21世紀初頭，アメリカ出版業界を代表する J. エプスタイン（Epstein, J.）と A. シフレン（Schiffrin, A.）という偉大な出版人の回想録が相次いで刊行された。ふたりは，この半世紀の出版産業が「こぢんまりした家庭的産業」から「巨大なビジネス産業」へと構造的変化を遂げていることに危機感を抱いていた。

出版人の回想録

　それだけに，いずれ新しい情報技術の驚くべき進歩に直面するだろう出版の未来については，ふたりの見解はかならずしも一致しているとはいえないが，経験的な視点からの動向や展望は，たいへん興味深い出版史になっている。

　出版という天職に携わってきたエプスタインは，新しい情報通信技術としてのインターネットを書籍出版に導入することによって，出版の仕事がかつてのような「多様で，創造的な，自立した家庭的産業」（『出版　わが天職』新曜社）に再生する可能性があるとし，一方のシフレンは，新しい技術に過度の期待を寄せる危険性に憂慮しながらも，「本には，主流に逆らい，新しい思想を生み出し，現状に立ち向かい，いつかは読者に受け入れられると期待して待つ力がある」（『理想なき出版』柏書房）として，ともに悲観的にはならず前を向いている。

　ふたりの出版産業にかける想いと姿勢は，人類の三大発明といわれる活字印刷に匹敵するデジタル情報革命の出現においても，なお，すべての出版人にもとめられる倫理や発想，意欲をもたらすものとして忘れてはならないであろう。

　出版の本質は，まず，人類の営みである思想や感情の表現を他者に「伝える」ことであり，その「知」の制度と読者とのあいだに橋を架けることである。したがって，出版の意義は，著者の自由な創作活動を保障することと，読者に内在する知的好奇心に応えていくことにあり，エプスタインが指摘しているように，「ありきたりのビジネス」ではない。

出版の本質

　重要なのは，「出版という行為」が進化するさまざまな情報メディアの「知」の制度とは別に，どのような新しいコンテンツを発掘し，「知」の制度の新たな枠組みを再発見していくことができるかどうかである。また，その努力なしには読者の信頼と支持はえられない。

## ●………第二次出版革命

　この四半世紀，日本の出版界は，押し寄せるデジタル情報化の波と出版市場の変容に戸惑うばかりで，現状をどのように打破するのか，また，どのような構造変動があるのかも予測できずに，いくつかの節目を経験しながら現在に至っている。そうした不確かな出版状況下では，書籍や雑誌の市場価格の低落傾向に歯止めが利かなくなっている。それは，永年，出版活動を支えてきた出版人にとっては，きわめて危機的状況と映っているにちがいない。

　それだけに出版界の現状は，長引く景気の低迷もさることながら，右肩下がりの局面がつづくなかで意識改革がもとめられている。おそらく，ここ数年のうちに，出版，取次，書店という総体としての出版産業は，遅かれ早かれ「巨大なビジネス産業」の方向に大きく舵を切らざるをえないだろう。

第二次出版革命　　　　　いずれにしても，いまや，デジタル情報革命による出版産業の構造的変化は，グーテンベルクの印刷革命を超えて第二次出版革命と呼ばれている。もちろん，すべての出版活動部門がデジタル情報革命によって主導されるわけではないが，少なくとも，出版部門（出版・印刷業），流通部門（取次業），販売部門（書店業）においては，その周囲にさまざまな業種，機関，事業者が存在し，それぞれネットワークを形成しているから，大きな影響をうけることになる。

　そうした現象のなかで，すでに，それまでの枠組みを超えた商品管理や，サービス，物流，あらたな市場を模索した動きが顕在化している。

　　　つまり，人が要らなくなる。
　　　きっと時代はどんどんそういう方向に進んでいるのだと思う。
　　　けれど，ぼくは思う。というか強く感じる。
　　　そんなの，つまらない。
　　　そうやってできあがった本が，デザインが，売場が，はたして人を揺さぶるだ
　　　　ろうか？
　　　本に「魂」は宿るのか？
　　　そんな本，ぼくは絶対読みたくない。
　　　どれだけ時代がそっちに行こうとも，それはぼくたちがめざすべき方向ではな
　　　　いように感じる。すくなくとも，「原点」ではない。
　　　　　　　　　　　　　　（三島邦弘『失われた感覚を求めて』朝日新聞出版，2014.より）

出版社をつくろう　　　　　「出版社をつくろう」と決意した三島邦弘は，2006年10月東京・自由が丘で，ほんとうに「ミシマ社」をつくった。5年後，かれは，京都郊外の城陽という町に移転し，そこで，出版社の「原点」に「少し近づくことができた」とする。

その「原点」とは，「かぎりなくシンプルにいえば，『つくる』から『届ける』までに距離感がないことをさす。」という。（現在は，京都市内に拠点を移している。）

さきにエプスタインが，出版の意義を「ありきたりのビジネスではない」とし，「多様で，創造的な，自立した家庭的産業」に再生する可能性があると展望していたことを地で行っている。

経験ゼロで「ひとり出版社」を立ち上げた「夏葉社」の島田潤一郎もそのひとりだろう。かれらは，日本書籍出版協会（加盟出版社391社，2023年5月現在）の会員ではない。

日本書籍出版協会（小野理事長）は，大小さまざまな規模の出版社で組織されており，各出版社は，多彩な分野で，個性豊かな出版活動をおこなっている。

理事長は，「本は未来を創る媒体そのものです。過去と現在・未来を媒介し，日本と海外を媒介し，老人と若者を媒介し，そして著者と読者を媒介していくのが本である」として，もういちど「出版の原点」にかえり，「出版社が精魂込めて作った本を1冊でも多くの方に届けること」に努めるという挨拶を述べる。


●…………**書籍出版の特性**

数年前から書籍の新刊点数が減少に転じている。新刊点数が6万点を超えた1995年から増加の一途であったが，2013年をピークに右肩下がりの現象がつづいている。書籍出版の前途に暗雲が立ち込めている。

あらためて，変動の要因を考えてみると，大きく分けて三つある。

(1) デジタル情報源の出現によって出版物の役割が見直される

(2) 若年層の人口減少と高齢化による読者層の変化

(3) 景気の不透明感

もちろん，これ以外にもさまざまな要因が重なり，新刊書の長期低落を招いているのだが，書籍出版には他の情報メディアにはない性格・特徴をもっているから，たとえ，市場規模は小さくなったとしても，その存在意義は変わらないだろう。

かつて，出版評論家の小林一博は，出版物（書籍）の特性として，以下の8点をあげている。

出版物の特性

(1) 独自の価値をもつ創作物である。（類似品は軽視され，代替性が少ない）

(2) 価値評価が多様である。（同じ本でも読者によって価値評価は同一でない）

(3) 影響力の測定がしにくい。（読者がどんな影響を受けたか測定しにくい）

(4) 量より質が尊重される。（質を第一とする信仰は衰えていない）

(5) 多品種・少量生産物である。（市場に流通している書籍数が象徴している）

(6) 同一商品を反復購入する例は少ない。（同じ本を次々に買うことはない）

(7) 出版物は文化性と商品性をもつ。（売れ行き良好書＝良書とはいえない）

(8) マスメディアとパーソナルメディアの両面性がある。（読者が手にしたと
　　きはパーソナルメディアとなる）

　この特性において，出版は古くて新しいメディアであり，第二次出版革命にあっ
ても，その存在意義をうしなうことはない。

出版とは　　出版とは，「文書，図画，写真などの著作物を印刷術その他の機械的方法によっ
て複製し，各種の出版物の形態にまとめ，多数の読者に頒布する一連の行為の総
称」（『出版事典』出版ニュース社）である。その本質的機能は，著者の言論・思想
を「伝える」ことにあるというが，それはかならずしも，多数の読者を必要として
いるわけではない。極論すれば，ひとりの読者に向けてであっても成立する。

　つまり，出版それ自体は二つの大きな機能をもつ。ひとつは当然のことながら，
いかに商品（書籍）を効率的に頒布していくか，という出版ビジネスの担い手とし
ての機能である。もう一方は，著者の「言論・出版その他一切の表現の自由」を制
度的に保障し，経済的に支援する文化の担い手としての機能である。

　シフレンのことばを借りれば，前者は「利益を生ずる使命」であり，後者は「価
値ある本を出版する」ことになる。

　いいかえれば，書籍出版は出版の世界にのみ自己完結するのではなく，「言論・
出版の自由」を制度的に保障し，文化の担い手としての機能と深くかかわるところ
に特性があるといえる。「出版倫理綱領」（1957）には，「学術の進歩，文芸の復興，
教育の普及，人心の高揚に資するものでなければならない」と謳われているだけに，
デジタル情報源の追随を許さない独自の「知」の制度化の再生を期待したい。


●………出版界の構造的課題

　現今の出版界の深刻な問題としては，デジタルメディアの多様化や電子書籍の出
現により，紙媒体の書籍や雑誌の実売が低迷していることである。それだけではな
い。出版流通改善に向けての物流の効率化や，著作権法の一部改正にともなう図書
館等「公衆送信補償金制度」への対応など，検討課題は山積している。

海外市場　　あらたな課題解決のひとつとして，海外市場の拡大に目を向けても，日本語とい
う言語の壁が立ちはだかり，翻訳書など輸出先もアメリカ，東南アジアなど限定的
であるので，出版点数は，中国，アメリカ，イギリスに次いで，世界4位の出版王
国にもかかわらず，課題解決の糸口が見えてこないのが現状である。

　もっとも，「紙」世代から「デジタル」世代にバトンタッチされつつある出版業
界において，IT化による多様化した出版プロセスの仕組みの変化は，「出版の原点」
の再発見に大きなはずみをつけるだろう。

# UNIT 24

● 出版流通システム

# 出版・書店・図書館

● ………… 書店との出会い

　作家の古井由吉は，「書店との出会い」のエッセイのなかで，書店ほど「客に熱気のある場所はない」と書いている。たしかに，デジタル情報革命にともない，小説の衰退や活字離れが指摘されているにもかかわらず，書店の客の入りということに限れば活気に充ちている。かれでなくても，なぜだろうと首を傾げたくなる。

　古井によれば，「人は書店に，知識や娯楽だけでなく，救いを求めにくる」のであり，「目的があるわけでなく，なんとなく書店に入ってきて，本を二，三冊手に取っては半ページほど読み，ふっと息をついて出ていく」という。その気分，書店に一度でも立ち寄ったことがあるなら，頷かずにはいられないだろう。

　じっさい，書店には，そういう自分をとり戻すような，ホッとする癒しの場所としての魅力がある。とくに大都市の大型書店の対極にある地域密着型の町の本屋であれば，なおさらその感を深くする。

　ところが近年は，通勤帰りや学校帰りに立ち寄ろうにも町の本屋が消えているのである。ここ十数年間で10,000店以上が廃業に追い込まれている。本を買おうにも買えないし，知的好奇心が刺激されるようなことがないから，けっきょく，郊外の大型書店にいくか，オンライン書店で本を買うことになる。

　読売新聞社の「読書世論調査」（2022年秋）では，「本を読んだ人」は47％，「読まなかった人」は52％で，過去の調査と比べてみても，読書率は，それほど大きく落ち込んでいるわけではない。

読売新聞社「読書世論調査」（2022年）

　いいかえれば，新しいWEBメディアの出現にかかわらず，暦年の読書率の推移に大きな変化がみられないのは，それだけ，読書や，リテラシー（読み書き能力＝識字率）が，市民社会のなかに根付いている，ということである。

　しかしながら，「本が売れない」「本を読まなくなった」という出版・書店業界の声は，いっこうにおさまっていない。それでも，読売の調査では，「本を買う場所？」（複数回答）の問いに，もっとも多かったのは「書店」の70％であるが，オンライン書店（アマゾンなど）でも26％の顧客が購入している。

　このように，地盤沈下が著しいといわれて久しい書店であるが，実態調査などの結果をみるかぎり，読者は読みたい本を「町の本屋さん」というリアル書店で買っ

ていることがよくわかる。一方で，オンライン書店を利用している顧客がいる現象は，読者にとっては，必要な本を手に入れる選択肢が増えたことになり，歓迎すべきことといってよいだろう。

とはいえ，全国的にも知られていた神戸のあの海文堂が，100周年を目前に閉店したニュースは，出版不況の深刻さを痛感し，気が減入った。地域社会なかで，顧客から信頼され，世代を超えて支持されているリアル書店は，まだまだ身近に存在しているはずである。書店へ足を運ぼう。社会的インフラとしての地元の図書館は，読者を媒介にして，書店の未来に心を向けよう。

## ●⋯⋯⋯書店の現状

ふだん，書店は「本屋さん」といって親しまれているが，それは社会通念として新刊書店を指す。一口に書店といっても，小売業として本を販売している業種としては，新刊書店のほかに，古書店やブックオフのような新古書店，それにコンビニエンスストア，キオスクなどの書籍売り場をもつ小売店が存在する。いわゆる実店舗をもつリアル書店である。これにたいし，アマゾン・ドットコムなどに代表されるような WEB 上の書店をオンライン書店と呼ぶ。

リアル書店

しかし，ここでとりあげる書店は，これまでの店舗をもつ書店である。オンライン書店については「電子資料」（UNIT 13～17）のところで触れることになる。

では，リアル書店の店舗数は，日本出版インフラセンター（JPO）の調査によれば，2022年には，11,495店（平均坪数132.7坪）となっている。10年前の16,371店（107.9坪）と比べると，書店数は約5,000店舗の減少である。にもかかわらず，売場面積が300坪以上を有する大型書店が増加し，平均坪数としては，1.2倍の拡がりをみせている。

もうひとつの局面は，書籍の販売不振により，出版社が1タイトルあたりの発行部数を抑制している傾向にある。そのため，書籍によっては，書店への公平性，均等性が保障されるとはいいがたい。じっさい，2022年には 新規書店81店にたいし，477書店が閉店している。リアル書店の現実は厳しい。苦境に陥っている。

ふりかえれば，2010（平成22）年は「電子書籍元年」と呼ばれ，電子書籍の取り組みがはじまっている。翌年には，東日本大震災があり，書店業界の前途が厳しい状況になることが予想された。2010年新規書店数が初めて300店を割り，以降は歯止めがかからず，現在の減少に及んでいる。書店0の自治体がでてきている。

もちろん，この背景には，あいつぐ出版流通上のさしせまった課題が先送りされたツケが回って，重くのしかかっていた。

この時期の話題をいくつかあげておくが，2020年代に入っても，いまだ問題解決には至っていない。実態を調べてみよう。

・返品率：雑誌の返品率が書籍の返品率（40％）を上回る逆転現象が起きる。

・書店の売上げ：書店の売り上げは，雑誌の売り上げが支えていた。

・買切り：紀伊國屋書店が村上春樹の『職業としての小説家』9万部を直接販売。

・アマゾン：オンライン書店による直接取引。「買い切り制度」の導入。

・M&A：Mergers（合併）and Acquisitions（買収）による業界再編の加速。

このように，「業界三者」（出版・取次・書店）のなかで，書店業界の市場規模もまた縮小しつづけている。原因は，電子書籍という黒船の到来に，われを忘れて目先の利益に目が眩んだからであろう。けっきょく，自転車操業のような状態に陥り業界の構造的変化をもとめて，さまざまな生き残り戦略を練りなおすことになる。

そのひとつが書店経営の多角化である。

たとえば，「蔦屋書店」「TSUTAYA」を展開するCCC（カルチュア・コンビニエンス・クラブ）は，図書館，喫茶店，書籍・文具などの複合施設を手がけ，2019年には，東京旭屋書店を子会社化している。

CCCは，複合書店（書籍の販売を主に，文具・音楽映像ソフトを販売する）の売上げトップを走っている。次いで紀伊國屋書店であるが，その紀伊國屋の高井会長がCCC，日本出版販売（日販：取次）と出版物の共同仕入れを担う「書店主導」の出版流通改革にむけて動きだしたという。業界再編のためのM&Aが加速している。

### ●⋯⋯⋯公貸権制度

公貸権（PLR：Public Lending Right）とは，「公共図書館で貸し出された著作物の著者が，財産権の不当な侵害として，貸出によってもたらされる損失の補償を要求する権利」（『図書館情報学用語辞典』第4版）である。

この権利が世界ではじめて立法化されたのは1946年のデンマークである。現在，イギリス，フランス，ドイツ，カナダなど30数か国で導入されているが，日本ではまだ法制化されていない。

制度の概要は，デンマークを例にとると，⑴法的根拠：公貸権法　⑵対象図書館：公共図書館，初等教育機関の図書館　⑶対象資料：自国発行の書籍（録音図書含）⑷財源：国庫（公共図書館の年間予算6％充当）⑸運営：文化省　⑹補償金：対象図書館の所蔵冊数ということになる。

こうした公貸権制度は，それぞれ実施国によって，権利の性格や法制上の位置づけが異なっている。たとえば，デンマーク，イギリスなどは，公貸権を著作権とは別の独立した権利として，公貸権法を制定している。しかし，ドイツ，フランスなど，公貸権を著作権法上に位置づけている国もある。

数年前，日本の作家らが公立図書館における「貸出」が本の売り上げに影響を与えるとして，「著作権上の逸失利益」の補償をもとめて「公共貸与権」の創設を要

書店業界

CCC（カルチュア・コンビニエンス・クラブ）

公貸権制度

デンマークの例

公共貸与権

望していたが，諸外国の公貸権制度については，十分な理解がえられていたとはいえない。けっきょく，著作者側と図書館側の過熱した論争だけを残して，法制化の動きは休止した。

たしかに，著作権法では「著作者は，その著作物（映画の著作物を除く。）をその複製物の貸与により公衆に提供する権利」（第26条の３）として「貸与権」が認められており，この権利は著作者の許諾なしに「貸与」することができない。

ただ，映画の著作物のみに認められている「頒布権」（第26条）は，有償無償を問わず，公衆に対して複製物を譲渡したり，貸与したりする場合には，「相当な額の補償金」を権利者に支払わなければならないとなっている。作家らがこれに準じた「公共貸与権」の法制化を主張したのである。

この主張は，一見「作家の正当な権利」のように映るが，諸外国の公貸権制度は，著作権法上に位置づけられていても，私権としての著作権とはかならずしもいえない。実施国の多くは，報酬の運用については，自国の作家の保護や育成などを目的に集中管理をおこなっているのである。

このように公貸権論議を深めるためには，実態を踏まえて，公立図書館の果たしている役割や無料原則を考慮に入れながら，権利者と読者との利益の調整という一般的な問題として考えていくことが重要であろう。


### ●⋯⋯⋯⋯出版と図書館

今秋（2023年），国は「公立図書館で同じタイトルの本を過剰に持つことの禁止や，地元書店からの優先仕入れの推奨，新刊本の発売から購入までに一定の期間を空ける」ルール作りが必要かどうか議論する，という。（朝日新聞2023年８月27日）

以前から，出版社や作家から「公共図書館の貸出しが書籍販売を妨げている」という批判をうけているが，その「貸出」への影響を分析した研究者によれば，「大きな影響を与えるものでない」とした結果を報告し，以下のように述べている。

「貸出冊数の増加は販売部数に負の影響を与えるが，その影響は非常に小さく，集計データをみる限り，公共図書館は書籍販売に大きな影響を与えるプレイヤーではないことが判明した。」として，出版関係者は，長期的な視点で公共図書館との関係を模索することも必要であろう，と提言している。（浅井澄子『書籍市場の経済分析』日本評論社）

不況が長引くと，雨後の筍のように「複本批判」論議が繰り返し立ち現れてくる。それも，「社会的インフラとしての図書館」の存在意義をよそに，ビジネス的視点絡みの問題提起でしかない。いってみれば，「無料貸本屋」，「公貸権」論議とおなじで，衣の下に鎧がみえるだけに，論議が噛みあうまでには，いま少し時間を費やさなければならないだろう。新たな地平に立つ世代に期待したい。

● 出版流通システム

# 出版流通経路

## ●⋯⋯⋯出版流通システムの特徴

　日本の出版流通システムとは，出版物（書籍・雑誌）が読者の手元に届くまでにたどる流通経路（流通チャネル）の総体をいうが，大きな特徴が三つある。

　　(1)　書店ルート　　(2)　取次会社　　(3)　委託販売，定価販売

流通経路の特徴

書店ルート

　ひとつは出版物の流通経路の大半が書店ルートによるものである。二つ目は出版物の物流機能等をもつ取次会社の存在である。三つ目が出版物を小売店に委託して，売れ残り商品を返品できる販売制度である。それぞれ出版流通システムにおいて独自の役割を担っており，読書習慣を醸成し，独自な出版文化をもたらしてきた。

　ところが，21世紀に入ってからの情報技術の進展により，出版業界にあらたな手法とシステムの構造改革がもとめられ，電子書籍や電子ジャーナルなどの出版物の制作だけでなく，その流通システムまでが問われはじめている。

　日本の出版物の流通経路（流通チャネル）は，海外の流通システムと異なり，書籍流通のチャンネルひとつとっても，さまざまな形態がある。（option L）

　そのなかで，圧倒的なシェアを占めているのが書店ルートである。通常ルート，新刊ルートとも呼ばれる。

　出版社が新刊書を取次会社に委託して，全国の書店に配送されるシステムだが，新刊書は取次のPOS（販売時点情報管理）により，大都市中心の大手書店が取引条件等において優遇されるので，刊行部数の一定量が確保されてしまう。そのため地方書店への配本が遅れがちになる。

　近年は，新刊書の販売不振や，リアル書店の減少という書籍市場の規模の縮小にともない，出版社があらかじめ1タイトルあたりの発行部数を抑える動きがでてきているので，地方書店への配本は，一段と遅れることになるだろう。

| 2,907社 * | | 18社 ** | | 11,495店 *** | | 3,239館 **** |
|---|---|---|---|---|---|---|
| 出版社 | → | 取次会社 | → | 書店 | → | 読者（図書館） |

*『出版物販売額の実際2021』より。**「日本出版取次協会」HP（2023）。
*** 日本出版インフラセンター（2022）。****『図書館年鑑2022』より。

## ●⋯⋯⋯書店ルート以外の流通経路

欧米主要国の流通経路は，おおむね出版社→書店の直取引の経路が中心だが，日本では取次経由の書店ルート（教科書ルート，図書館ルート）が幅を利している。

それ以外では CVS ルートが注目される。日本フランチャイズチェーン協会によれば，全国に店舗数が約56,000店（2022年現在）。書籍・雑誌（主力）の販売金額は全体の構成比で書店ルートに次ぐものであったが，2017年以降は，インターネット上のオンライン書店（19.4％）と順列が入れ替わる。それでも8.1％を占めている。

コンビニエンス（Convenience）とは，便利な都合のよいという意味だが，その利便性の要因は何かといえば，次の三要件が充たされていることである。

　(1)　住宅街に隣接している：すぐそこにあり，近いという感覚

　(2)　24時間営業：利用したいときに店が開いている

　(3)　品揃え：顧客の要求度の高いものをそろえている

消費者にとってのこの要件は，いまもむかしも，「町」の図書館としての公立図書館がめざした方向性と重なりあうところがあり興味深い。

これら以外にも，地方出版物と少部数出版物の販売センターとして，地方・小出版流通センター（加盟出版社1,200社）があり，直販，取次経由→書店ルートの流通の仕組みに，新たな購買機会と利便性をもたらした意義は大きい。

このように現在の流通経路は，出版社が取次を経由し書店に配本する「取次ルート」によって支えられてきているが，喫緊の出版流通業界の課題は，インターネット経由のオンライン書店の進出について，どのように対応，連携をしていくかが問われているということである。

じっさい，アマゾンが日本の書籍市場に参入して以降，通販の流通チャンネルは，他の流通経路がいずれも低迷から抜けだせないでいるのに，実に売上高を伸ばし市場を活性化させている。業界として現実から目を逸らすことはできない。

その衝撃から，紀伊國屋書店が村上春樹の『職業としての小説家』初版9万部を出版社との直接取引で「買い切る」という委託販売制度に風穴を開けようとしたのは，その試みのひとつである。

同書店が「買い切り・直仕入れ」に踏み切った理由は，①出版社に対する資金面の支援，②委託制度と返品問題対策，③書店マージンの改善，④ネット書店対策とされる。いってみれば，これまでの出版流通経路の制度疲労の立て直す試みと，発売前に予約できるアマゾンの脅威に対応する戦略の必要性を考えてのものだろう。委託販売制度の改革の試みとしては，少なからず影響を与えたにちがいない。

なお，古書の流通経路については，新刊書の流通経路とはまったく異なる形態なので，ここでは扱わない。

# ●⋯⋯⋯取次会社の機能と役割

日本の出版文化を支える特徴の二つ目が取次会社の存在である。ひと昔前、出版業界においては、「出版社は大名、取次は侍、書店は百姓」といわれた。出版社主導の力学からいえば、取次も書店も大名である出版社に逆らうことはできない。逆に書店は取次に、取次は出版社に頭があがらないということである。

『出版事典』（出版ニュース社）によると、取次は出版物と書店のあいだにあって書籍・雑誌などの卸売を営む問屋と定義したうえで、「出版物の特殊性により卸す機能よりも取次ぐ機能が根源的に強かったため、問屋とは呼ばず、自然に取次または取次店という呼称が定着した」とある。

この記述でわかるように、取次会社は商慣習上取次といわれ、商品を仕入れて売るという問屋的役割よりも、全国の書店に出版物を配送するという物流機能に重点がおかれている。このため、年間7万点近くの新刊書以外に店頭流通書籍を約60万冊擁している業界においては、出版社と書店のあいだにあり、配送・物流機能を担っている取次会社への依存度は大きい。

じっさい、取次会社の機能は多岐にわたっている。その機能は、大きく四つに分けられる。一般的には(1)商流機能、(2)物流機能、(3)金融機能、(4)情報機能とされる。

とくに重要な機能といえば商流機能である。商流機能とは出版社の販売、書店の仕入れの代行業務である。次の物流機能は、取次から書店への送品と取次から出版社への返品、および取次における在庫の処理業務であり、金融機能は、書店に出版物の代金を請求し、出版社に支払うというものである。情報機能は、出版社から届けられるさまざまなデータや書店に関するデータ、書誌情報などを編集・加工し提供する機能である。

商流機能

このように取次会社は、出版社や書店の生命を左右しかねない権能をもっていたが、近年の出版産業の構造的変化にともない、出版社と書店のあいだに位置し、市場競争を支えてきた性格と権能は、著しく相対化されようとしている。

たとえば、日本出版取次協会に加盟している取次会社は18社（2023年現在）でしかない。ただ、取次のシェアの80％近くが、日販、トーハンの大手2社によって占められている。それだけに、アマゾンに代表されるオンライン書店ように「中抜き現象」が増えてくれば、大手2社といえども、不安要素を拭いきれないでいる。

現に栗田出版販売が倒産し、大阪屋との業務提携から楽天ブックスネットワークの子会社になった。取次会社の受難が起きている。

このため取次会社は、新たな方向性として取次間の業務提携をはかりながら、電子取次の可能性をもとめて枠組みの見直しをはかっていかなければならない。

## ●‥‥‥‥定価販売と委託販売制度

　出版流通システムにおける三つ目の特徴は，この制度なくして現在の出版界の成
長はありえないとされる定価販売と委託販売という取引形態である。定価販売とは
出版社の決めた価格で出版物の販売を義務づける制度だが，この制度については，
UNIT 26 再販制度でくわしく述べる。

　一方，委託販売とは，出版社が取次を通して書店に販売を委託し，書店は売れ残
れば，期限内に返品できるという制度である。書店にとっては，仕入れリスクや在
庫リスクを負うことがないので，安定した経営状態がもたらされるとする。

　取引形態は，委託扱いと買切扱いに分かれる。前者には，(1)普通委託（新刊委
託），(2)長期委託，(3)常備寄託がある。後者には，注文品扱い，買い切り，延勘が
ある。（option L）

　この新刊委託の書籍については，取次の送品の約 3 割が委託であるが，読者から
の注文に応じて，書店が返品不可の買切扱いで注文するのが約 5 割とされる。長期
委託は，通常の委託期間より長いものであり，常備寄託については，出版社と書店
等の契約により，年間を通じ店頭に必要な書籍を陳列しておくことで，税法上，出
版社の社外在庫的機能を担わせている。ほかには，買切扱いの大量販売または高額
商品にたいする支払いを 1 か月以上延期する延勘定がある。

　だが，この委託販売制度も出版不況下では，返品率40％超えになっているだけに，
大きな曲がり角に直面している。とくにアマゾンが取次を通さず直接出版社から書
籍を仕入れる「買い切り制度」導入したことは，業界にとっては，まさに衝撃だっ
たろう。もっとも，岩波書店は刊行する出版物を「買い切り制度」で流通させてい
るので，驚くことはないかもしれない。そうはいっても，世界的知名度の高いアマ
ゾン・ビジネスが，仕入れから価格設定や，流通・発送まで展開するとあっては，
気が気でないだろう。

　出版業界では，このように制度疲労の委託販売制度の仕組みの立て直しが喫緊の
課題となっていて，高い返品率の改善をめざして，出版社や取次側が新しい取引制
度として「責任販売制」「買い切り制」を検討する動きもある。

　こうして流通経路の問題をみてくると，制度そのものが出版文化を支えてきてい
ることは認められるが，一方で，出版業界全体が委託・再販制の商慣行に依存しす
ぎて，書店という現場がかかえている構造的問題にたいする対応や改善が立ち遅れ
ているといえる。書店は対読者の最前線であり，制度改革の起点となりうる。

定価販売

返品制度

買切扱い

責任販売制

## 出版物の流通経路

出版物の流通経路図

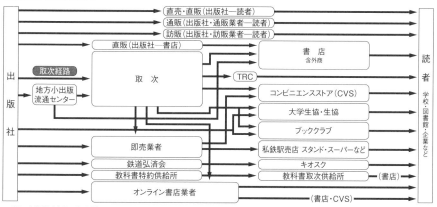

➡ 印は出版物（書籍・雑誌等）の流れである。販売代理，返品はその逆方向であり，情報は双方向の流れである。なお，オンデマンド出版と
オンライン出版の経路はこの図では省略した。
（『白書出版産業 2010』文化通信社より）

### 販売ルート別推定出版物販売額　10年間推移　　　　　（単位：百万円）

| 年 | 書店 | CVS | インターネット[注1] | その他取次経由[注2] | 出版社直販 | 合　計 |
|---|---|---|---|---|---|---|
| 2007 | 1,583,661 | 382,217 | 93,200 | 113,563 | 262,614 | 2,435,255 |
| 2008 | 1,547,779 | 354,654 | 101,200 | 111,143 | 255,184 | 2,369,960 |
| 2009 | 1,504,526 | 312,413 | 113,400 | 107,725 | 245,574 | 2,283,638 |
| 2010 | 1,466,762 | 285,984 | 128,500 | 105,207 | 238,250 | 2,224,703 |
| 2011 | 1,432,577 | 261,737 | 137,100 | 102,188 | 231,342 | 2,164,944 |
| 2012 | 1,360,771 | 245,134 | 144,600 | 97,430 | 220,527 | 2,068,462 |
| 2013 | 1,291,936 | 225,217 | 160,700 | 93,342 | 210,833 | 1,982,028 |
| 2014 | 1,225,463 | 216,536 | 162,600 | 87,203 | 200,367 | 1,892,169 |
| 2015 | 1,159,593 | 190,341 | 172,700 | 81,359 | 191,163 | 1,795,156 |
| 2016 | 1,089,422 | 185,923 | 183,050 | 78,941 | 184,757 | 1,722,113 |

出典：『出版物販売額の実態2017』（日本出版販売株式会社）
注1：インターネット上の書店経由した販売額
注2：その他取次：大学生協，駅，スーパー，スタンド等の二次卸を経由した販売額

### 委託期間と請求期日

| | 出版社 ── 取次会社 | | 取次会社 ── 書店 | |
|---|---|---|---|---|
| | 委託期間 | 請求 | 委託期間 | 請求 |
| 書籍新刊委託 | 6ヵ月間 | 6ヵ月目 | 3ヵ月半（105日） | 翌月請求 |
| 月刊誌委託 | 3ヵ月間 | 3ヵ月目 | 2ヵ月間　（60日） | 翌月請求 |
| 週刊誌委託 | 2ヵ月間 | 3ヵ月目 | 45日間 | 翌月請求 |
| 長期委託<br>（6ヵ月以内） | （例）7ヵ月間<br>（8ヵ月目請求） | 9ヵ月目 | 6ヵ月間<br>（7ヵ月目請求） | 8ヵ月目 |
| 常備寄託<br>（1年以上） | （例）1年1ヵ月<br>（1年2ヵ月目請求） | 約　1年3ヵ月目 | 1年間<br>（1年1ヵ月目請求） | 1年2ヵ月目 |
| 延　勘　定<br>（買切り扱い） | （例）（3ヵ月延勘）<br>（3ヵ月目請求） | 4ヵ月目 | （3ヵ月延勘）<br>（3ヵ月目請求） | 4ヵ月目 |

※常備寄託：出版社と書店との合意により，特定の書籍を常に店頭に商品見本として陳列しておくこと。
　　　　　売れたものについては，出版社に注文して速やかに補充することになっている。税法上は出
　　　　　版社の社外在庫である。
※延　勘　定：勘定（精算）を繰り延べること。取次会社と出版社の間で事前に契約して行う。

出典：「出版社の日常用語集〈第4版〉」（一般社団法人 日本書籍出版協会）

## UNIT 26

### ●出版流通システム

# 再販制度

●⋯⋯⋯**再販制度とは**

再販売価格維持制度

　再販制度とは，正しくは「再販売価格維持」制度のことであり，一般的には定価販売のことと理解されている。この制度によって，書籍や雑誌は全国同一の価格で購入することできる。

　独占禁止法は，メーカーが卸売・小売店業者にたいしてその価格を守らせることを再販価格維持といい，自由競争が制限されるおそれがあることなどから，維持行為を原則として不公正な取引に該当するとして禁止している。だが，書籍や雑誌などの著作物については，例外的に維持行為に関して適用除外となっている。

独占禁止法

　独占禁止法によれば，公正取引委員会（以下「公取委」と称す）の指定する商品であって，生産し，または販売する事業者が「当該商品の販売の相手方たる事業者とその商品の再販売価格を決定し，これを維持するためにする正当な行為については，これを適用しない」（法23条1項），「著作物の発行する事業者又はその発行する物を販売する事業者が，その物の販売の相手方たる事業者とその物の再販売価格を決定し，これを維持するためにする正当な行為についても，第1項と同様する。」（法23条4項）とある。

　いいかえれば，文具や化粧品などのような一般商品については，メーカーが小売価格を決めることを禁じているが，書籍や雑誌などの著作物には，出版社（メーカー）が個々の著作物（商品）の小売価格（定価）を決めて，書店（小売業者）に定価販売できるということである。

著作物

　ここでいう著作物とは，書籍，雑誌，新聞，音楽用CD，音楽用テープ，レコードの6品目となっている。ちなみに電子書籍は，公取委の見解では，「物」ではなく「情報」として流通しているので，独占禁止法の規定上「再販対象外」としている。

　ではなぜ，それらの商品（著作物）だけが適用除外となっているのだろうか。

●⋯⋯⋯**著作物と一般商品とのちがい**

　ここでは，書籍，雑誌等を中心に考えてみよう。

　いわゆる書籍，雑誌などの著作物は，文具や化粧品のような一般商品とは，著し

く異なった特質をもっている。

　たとえば，(1)書籍・雑誌は，他の商品にとって代わることのできない独自の価値をもつ。(2)他の商品に比べてきわめて種類が多い。(3)他の商品のように同じものを反復購入しない。(4)消費者（読者）の嗜好や関心が多様である。(5)法的にも一般商品と明確に区分され，著作権法では文化の所産として「著作物」は保護されている。

　このように著作物の特質は，実用的には化粧品や文具などの一般商品とおなじといえるが，消費者態度としては，たんなる「モノ」を買う気分とはちがう，特有のワクワク感がある。よくいわれることだが，書籍や雑誌は，文字・活字文化の振興のうえで，きわめて基本的な知的共有財産であり，自国の文化水準を維持発展するために重要な役割をはたしている。 一般商品との違い

　したがって書籍や雑誌などが，いつでも，だれでも，どこでもおなじ価格で確実に入手できることは，消費者にとって，たいへん好ましいことである。ここに再販制度における著作物の社会的意義が存在している。いわばそれは，消費者の観点から実現された国の文化保護政策といえる。ことばをかえていえば，文化的配慮説ということだろう。

　しかしこれをもって，著作物の再販価格維持が適用除外された理由とするには，いささか説得力に欠ける。となれば，理由はもっと別のところにあるのかもしれない。たとえば，商行為追認説である。戦前から著作物の定価販売は，消費者にとってなじみ深かったとする説だが，確たる根拠ではない。

　じっさいのところ，さまざまな説が唱えられているが，出版業界的には，明確的とはいえないが文化的配慮説に落ち着いている。


## ●…………再販制度の沿革

　1953年の独占禁止法改正により，再販制度が導入され，書籍や雑誌の再販価格を維持できる適用除外規定が設けられて，出版業界の長い慣行であった定価販売が法制化される。

　そうした再販制度の前史を経て，出版業界はこれまでに公取委によって2度の見直しをうけている。第1次見直しは，1978年に当時の橋口公取委委員長による書籍・雑誌とレコード盤の再販制度見直し発言に端を発したものである。橋口ショックに動揺した出版業界は，公取委と協議のすえ，再販契約書の内容，部分再販，時限再販など弾力的運用の行政指導をうける。1980年，見直しの結果，再販制度は撤廃されず，部分再販，時限再販の条項をくわえた新再販契約が発効する。

　部分再販とは，出版社が書籍などをすべて自動的に再販契約の対象とするのではなく，定価を表示しない非再販本にするかどうかを出版社が決めることができるとしたものである。これにたいして，時限再販とは，出版社が発行後，一定の期間が 部分再販 時限再販

経過した書籍や雑誌を再販契約の対象から外すことができるというものであり，きわめて弾力的な新再販制の運用が図られたことになる。

しかし，おもうようには進展しなかった。理由は，部分再販や時限再販が出版社や取次にとって，それほど利点があるようにはおもえなかったのだろう。新刊書は一部の例外を除いて，ほとんど実施に至らなかった。

それが1990年代の規制緩和の政治的潮流のなかで，公取委が「政府規制等と競争政策に関する研究会再販問題検討小委員会」（政府規制研）を設置し，その討議結果を『再販適用除外が認められる著作物の取り扱いについて（中間報告）』(1995)として公表して以降，再販制度の見直し論議が一気に加速することになる。存廃をめぐる論争は，出版業界はもとより，新聞業界，図書館界，消費者などを巻き込んで大きな波紋を呼んだ。

さらに，政府規制研は制度の存廃について，「文化・公共的な観点を踏まえて総合的に十分考慮する必要がある」と公取委に提言し，2001年，公取委は「著作物再販制度の見直しについて」を公表し，再販制度は競争政策の観点からは廃止すべきだが，「当面は存置する」と結論した。

### ●⋯⋯⋯再販存続・撤廃論

制度存続の結論が出たとはいえ，見直し論議に終止符が打たれたわけではないから，今後のためにも，存廃論の論点を整理しておく必要があるだろう。

撤廃論の論点 まず，再販撤廃論者が指摘する三つの論点は，(1)消費者の意識，(2)構造改革論，(3)市場原理の導入，である。

IT時代における消費革命は，消費者の意識，流通機構，市場規模という業界基盤の変化をもとめている。にもかかわらず，業界は再販制度による既得権益をまもろうとして，硬直的な運用をおこない消費者に不利益を及ぼしているから，撤廃すべきというのである。

存続論の論点 一方，存続論者の論点は，およそ次の3点に絞られる。

(1) 出版物の多様性　　(2) 購入の利便性　　(3) 価格の同一性

(1)(2)については，前述の著作物の特質を踏まえれば，書店の特色に適した制度として容易に理解できるだろう。また，(3)も著作物の文化政策的な観点でいえば，全国同一価格は，中央と地方の文化享受の公平性，均等性を保障していることになるので，存続の理由としては納得できるだろう。

それでは，再販制度が廃止されればどうなるのか。

これについては，出版，新聞業界等と文部科学省（旧文部省），文化庁でつくる「活字文化懇談会」(1995年発足)によるシミュレーション（次図）がわかりやすい。

この図でわかるように，再販制度がなくなると，まず，書籍や雑誌の価格が流動

再販制度が廃止されるとどうなるか

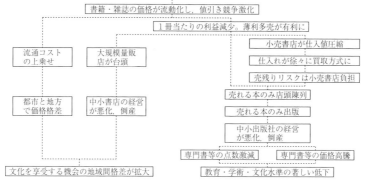

『本と新聞：再販制度を考える』（岩波ブックレット No.384, 1995）

化し，激しい値引き競争がおこなわれる。当然，1 冊当たりの利益は減少するから
流通コストの上乗せや大規模量販店の大量購入による薄利多売の影響がでてくる。

　そうなれば，書店の品揃えは，必然的に売れ筋のよいものやベストセラーなどに
偏り，価格高騰の専門書などは大型書店の店頭陳列が有利となる。大規模量販店の
台頭を許す一方で，中小書店が経営悪化に追い込まれる。

　こうして，大規模書店との競争に敗れた身近な地域の書店は書籍が容易に入手で
きなくなり，ひいては品揃えの多様性をうしない淘汰されてゆくのである。あげく
のはてに，それは主婦や子ども，高齢者らの活字文化の享受性に不利益をもたらす
といえるだろう。

　また，制度が廃止されると，競争原理がはたらくので，大手出版社や大型書店だ
けが生き残る寡占化が促進し，専門書や学術書をとりあつかう中小出版社，中小書
店が衰退するのは必至である。さらには，中央や都市部と地方との地域格差が拡大
し，ますます消費者が不公平感を募らせることになる。

　それだけに，「当面は存置する」とした結論は，業界にとっても消費者にとって
も歓迎すべきものだったといえる。

● ………… 海外の実施状況

　再販制度は，外国においてもいくつかの国が実施している。日本の再販制度を論
議していくためにも，実施各国の状況について触れる必要があるだろう。

　現在，書籍の再販行為を容認している国は，ドイツ（2002年），フランス（1981
年），スペイン（1975年），オランダ，イタリア（2005年）など欧州主要国などの十
数か国である。アメリカ（1975年廃止）やイギリス（1995年廃止），スイス（2007
年廃止），韓国（2008年廃止）などは実施していない。

　欧州主要国のうち，ドイツとフランスは日本とすこし事情が異なる。両国とも時

限再販であり，ドイツは初版後18か月が経過すれば，再販を外すことができるし，フランスでは発行後24か月経過した書籍はオープン価格となる。イタリアは，新刊書については15％以内の値幅再販である。いずれも，日本の価格拘束に比べると，はるかに弾力的運用といえよう。日本は対象著作物の範囲も書籍，雑誌，新聞，レコード，CD，音楽，テープなどの6品目となっているが，実施国では書籍，雑誌以外を対象としているところは少ない。

　消費者の立場からすれば，海外では実施国が少なく，しかも，導入しているドイツやフランスのように時限再販の期間が明記されているということは，今後の日本の再販問題を考えるうえで，ひとつの方向性を示唆しているといえる。


## ●…………課題

　いまや出版産業界は，インターネットやモバイルネットワークの進展にともない，雑誌市場が急速に縮小し，雑誌の収益に依存してきた取次や書店の経営環境が悪化している。それだけに，業界は新古書店（ブックオフ等）の進出やオンデマンド出版，オンライン書店，電子書籍などのデジタル出版市場のインフラ整備を推進しつつ，消費者利益のために，再販制度の「弾力的運用」の取り組みを拡げていく必要がある。

　2001（平成13）年，公正取引委員会は，再販制度を「当面は存置する」と許容したが，そのとき，次のような見解を述べている。少し長いが引用する。

　　　現行制度の下で可能な限り運用の弾力化等の取組みが進められることによって，消費者利益の向上が図られるよう，関係業界に対し，非再販商品の発行・流通の拡大，各種割引制度の導入等による価格設定の多様化等の方策を一層推進することを提案し，その実施を要請する。

流通取引慣行の是正

　これ以降，公取委は，いわゆる「流通・取引慣行の弊害是正6項目」（1998）についての意見交換の場（再販協議会など）を設置し，その実効性の検証に努めている。「是正6項目」とは以下のとおりである。

　　(1)　時限再販・部分再販等再販売制度の運用の弾力化。
　　(2)　各種の割引制度の導入等価格設定の多様化。
　　(3)　再販制度の利用態様についての発行者の自主性の確保。
　　(4)　サービス券の提供等。
　　(5)　通信販売，直販等流通ルートの多様化及び価格設定の多様化。
　　(6)　円滑，合理的な流通を図るための取引関係の明確化・透明化。

　2016年2月，「出版業界からの著作物再販ヒアリング」の場で，業界側からは「期間限定・謝恩価格ネット販売フェア」（2003〜）や，公取委からの「再販の弾力的運用を読者に還元する方策」の指摘に応える「部分再販本読者謝恩バーゲンフェア」の実施が報告されている。消費者（読者）にとって，救われる改善である。

◉図書館の「知的自由」

# 図書館の自由

●⋯⋯⋯**定義と概念規定**

およそ、「自由」ということばほど魅力的なものはないが、きわめて多義的に用いられる。「他からの束縛を受けず、自分の思うままにふるまえること」（『岩波国語辞典』）と定義されるが、重点のおきかたと条件によっては、性格や構造がまったくちがってくる。たとえば、「言論・出版の自由」と「自由行動」の「自由」とでは、おなじ「自由」であっても、あきらかに質的差異がある。前者は他から束縛や強制をうけないことに重点がおかれるのにたいし、後者は他からの強制でなく、みずからの責任においておこなうという意味合いがある。

「図書館の自由」という用語も、そういう意味では誤解や混乱をまねきやすい。よく「図書館・図書館員は好き勝手に本を選んでいる」といわれるが、この偏見などはその典型である。つまり、「図書館の自由」を「他から束縛を受けず、自分の思うままにふるまえること」の「自由」のようにうけとめられている。

だが、「図書館の自由」とは、そうした無条件的な絶対的「自由」ではない。ここではまず、概念上の混乱を避けるために、あらためて確認しておくものとする。

いうまでもなく、「図書館の自由」とは、歴史的に成立している市民的自由としての「言論・出版の自由」とおなじように、「公権力の干渉・束縛を受けない自由」の性格や構造をもつものである。

日本図書館協会の『図書館用語集』四訂版によれば、「図書館の自由」とは、次のように定義されている。

> 市民の知的自由（intellectual freedom）を守るために、図書館または専門職としての図書館員が有しているとされる自由のことで、図書館活動における最も基本的な理念と考えられている。

たしかに、この定義では、「市民の知的自由」を守るという行動的自由をうたってはいるが、その理念は、やや抽象的すぎるので、一般社会においてはいまだ十分根を下ろしているとはいえない。このため、「図書館の自由」が「図書館員の自由」としばしば履き違えられるのである。

「図書館の自由」とは、図書館員の自由ではなく、すべての市民がもとめるあらゆる種類の情報や見解を入手し、提供するための利用者の「知る自由」の保障を意

図書館の自由とは

味している。それを図書館における「知的自由」という。

　図書館界では，すでに「表現の自由」にもとづいた「知る自由」（読む，聞く，見る）という法的用語が定着しているが，現在は，それら概念を含めて「知的自由」と呼ばれている。

　そうした市民の「知的自由」の概念を踏まえて，塩見昇は『知的自由と図書館』（青木書店）のなかで，「図書館の自由」について，次のように述べている。

　　図書館（員）が住民の真実を求める知的要求，自主的な学習要求を，住民の権利としてとらえ，それに積極的にこたえていこうとするとき，その活動を支える理念であり，利用者の要求を満たせる資料を図書館が自由に収集し，提供できること，それに専念する図書館員の身分が守られること，図書館利用における読者のプライヴァシーの擁護などを内容の一部とする。

　この塩見昇の「図書館の自由」の概念形成に大きな影響を与えたのが，米国図書館協会（以下 ALA とする）の「知的自由」の思想的位相である。

### ●………… ALA における「知的自由」の思想的位相

　さしあたって，米国図書館界における「知的自由」とは，どのような歴史的変遷をたどり，その位置を獲得してきたのか，というところからはじめよう。

図書館の権利宣言　この問いの中心課題は，なんといっても，ALA の「図書館の権利宣言」（以下「権利宣言」という）の歴史的成立と変遷を学ぶということにある。それは，図書館と検閲との闘いのなかで，図書館員が言論と行動をもって，憲法修正第 1 条の「表現の自由」の基本原理を尊重してきたことを考察していくことにほかならない。

　さて，一般に米国図書館界の「知的自由」の歴史において，1939年の「図書館の権利宣言」の採択は，そのターニングポイントとなっている。

A. ボストウィック　それ以前の図書館界では，A. ボストウィック（Bostwick, A.E.）の「検閲官としての図書館員」の論文にみられるように，図書館が「検閲」を肯定的に考えていた歴史があり，「知的自由」への関心が比較的乏しい。川崎良孝は，そうした歴史的動向を踏まえて，「権利宣言」成立の背景を，次のようにみている。

　　国際的にはナチスによる言論弾圧，国内的には道徳再武装運動や1938年に成立した下院非米活動委員会の狭量な姿勢を示していよう。同時に，国内の公立図書館のなかにもジョン・スタインベックの『怒りのぶどう』などを，下品な文句，不正確な事実，共産主義的プロパガンダといった理由で，自主的に排除している館もあった。「図書館の権利宣言」は，1920年代中葉から公立図書館界で伸びてきた排除を否定する動きが，国内外の社会状況や図書館状況を梃にして成立したと考えてよい。（『図書館の歴史：アメリカ編』増訂版，日本図書館協会）

まさに，米国図書館界の「検閲」にたいする基本的な考え方が問われはじめた時期である。第一次世界大戦後の時期の社会状況は，新しい道徳観や価値観が現れ，旧体制秩序が失われていく思想の自由化を導くものとなっている。その「梃」にあたるものが，ナチスの焚書であった。世界に衝撃を与えた焚書事件として，日本でも広く知られている。

　こうした時代の変化と雰囲気のなかで，ALA は，「検閲」に反対する基本的理念や態度を表明せざるをえなくなり，1939年，「権利宣言」を採択した。

　その第1条である。

　　第1条：公費で購入する図書およびその他の読書資料は，コミュニティの人びとにとっての価値と関心のために選ばれるべきである。いかなる場合にも，著者の人種，国籍，あるいは政治的，宗教的な見解に影響されて，選択がなされてはならない。

　このはじめての「権利宣言」の核心は，選書の基本的原理を示し，「図書館が何をするところか」の理念と役割や目的を，具体的に位置づけたことにある。これを出発点にして，「権利宣言」は，米国の「知的自由」の概念の発展とともに，現在に至るまで，5回にわたり，改訂，修正を加えるのである。


## ●⋯⋯⋯「権利宣言」の改訂

　ALA は「権利宣言」を採択した翌年には，図書館協会内に知的自由委員会を設置している。このときはまだ，〈Committee on Intellectual Freedom to Safeguard the Rights of Library Users to Freedom of Inquiry〉という「利用者の調査の自由の権利を擁護するため」の知的自由委員会という組織名であったが，1948年には，〈Committee on Intellectual Freedom〉と簡略化されている。最初の改訂は，1944年，L. カーノフスキー（Carnovsky, L.）知的自由委員会委員長のもとで，「権利宣言」第1条に「さらに，事実にてらして正確と信じられる図書は，単に一部分の人が賛成しないとの理由で，図書館から禁止されたり，取り除かれることがあってはならない」という修正が勧告され，改訂をおこなっている。

ALA 知的自由委員会

　1948年の改訂は，日本の「図書館の自由に関する宣言」成立に少なからず影響を与えただけに，海の向こうのこととはいえ，改訂の要因になった社会的状況は無視できない。この時期の米国は，第二次世界大戦終結後の冷戦の時代に突入し，共産主義者の排除や「反アメリカ的性質」の言論・思想への弾圧が目立つようになり，検閲の動きが一段と高まっていた。このため，1948年の年次大会では，あらゆる検閲にたいして闘う姿勢を表明し，自由な図書館サービスを擁護しなければならないと，「権利宣言」の改訂に踏みだしたのである。また，大会直前に，学校図書館において，雑誌 *Nation* のなかの論文が「反カトリック的」ということで禁止される

1948年の改訂

事件が起き，「表現の自由」への脅威として，市民の危機意識も昂揚していた。

憲法修正第1条

　こうしたことから，「権利宣言」は，この ALA の基本方針が公立図書館だけでなく，すべての図書館に適用されることを確認し，検閲の動きについても，合衆国憲法修正第1条に規定する「表現の自由」と結びつけて，拒否の見解を明確にした。

　いってみれば，「権利宣言 1948」は，資料提供活動を憲法修正第1条の「表現の自由」にもとづく「知的自由」の保障であるとしたところに最大の意義がある。

　また，1961年改訂では，ケネディ大統領の「すべてのアメリカ人は平等である」ということばに呼応するかのように，新しい条文第5条「図書館の利用に関する個人の権利は，その人の人種，宗教，出生国，あるいは政治的な見解のゆえに，拒否されたり制限されることがあってはならない」を新設している。さらに，1967年には，その第5条に「年齢」，「社会的見解」が加えられている。いずれの改訂も，この時代の公民権運動と無縁でない。

　このことによって，「権利宣言」における「知的自由」の概念の領域は，すべての利用者にたいし，公平な図書館資料へのフリーアクセスという修正第1条の権利を基本原則にするところまで深化している。

### ●………「権利宣言 1980」

1980年の改訂

情報や思想の広場

　1980年の「権利宣言」の大幅な改訂は，そうした図書館活動を支える包括的概念としての「知的自由」の領域を，より的確に表すために，「すべての図書館が情報や思想の広場」であるとして，その基本方針を掲げている（option M）。その方針は，インターネットの出現によって，公共図書館にもたらされてくる新たな問題にたいしても尊重されている。1996年1月，ALA 評議会は，「権利宣言」新解説文として「デジタル情報，サービス，ネットワークへのアクセス」（option M）を採択し，「憲法の保護下にある言論の表明や受け取りについて，利用者はアクセスを制限されたり拒否されてはならない」としている。

　ALA は，1939年の「権利宣言」において，図書館を「民主的な生き方を教育する機関」として位置づけ，その観点から「知的自由」を擁護し，問題が発生するごとに，社会的論議を重ね，基本的な見解を明らかにしてきた。そこには，憲法修正第1条「連邦議会は，言論および出版の自由を制限し，あるいは人民の平穏に集会する権利，ないし苦痛事の救済に関し政府に請願する権利を制限する法律を制定してはならない」（エマースン『表現の自由』）を最大のよりどころとし，徹底して利用者の権利を守ろうとする勇気ある選択が感じられる。

　それは，日本の「図書館の自由」が憲法第21条「言論・出版その他一切の表現の自由」を最大限に尊重し，図書館で保障するすべてのサービスを基礎づける包括的概念として検証していかなければならないことを示唆している。

## 図書館の権利宣言 〔1939年採択　1980年改訂採択〕

　アメリカ図書館協会は，すべての図書館が情報や思想のひろばであり，以下の基本方針が，すべての図書館のサービスの指針となるべきであるということを確認する。

第1条：図書およびその他の図書館資源は，図書館が奉仕するコミュニティのすべての人びとの関心，情報，啓蒙に役立つように提供されるべきである。資料の創作に寄与した人たちの生まれ，経歴，見解を理由として，資料が排除されてはならない。

第2条：図書館は，今日および歴史上の問題に関して，どのような観点に立つ資料あるいは情報であっても，それらを提供すべきである。党派あるいは主義の上から賛成できないという理由で，資料が締め出されたり取り除かれることがあってはならない。

第3条：図書館は，情報を提供し，啓蒙を行うという図書館の責任を達成するために，検閲を拒否すべきである。

第4条：図書館は，表現の自由や思想へのフリー・アクセスの制限に抵抗することにかかわる，すべての人およびグループと協力すべきである。

第5条：図書館の利用に関する個人の権利は，その人の生まれ，年齢，経歴，見解のゆえに，拒否されたり制限されることがあってはならない。

第6条：展示空間や集会室を，その図書館が奉仕する［コミュニティの］構成員（public）の利用に供している図書館は，それらの施設の利用を求める個人やグループの信条や所属関係にかかわりなく，公平な基準で提供すべきである。

### 『デジタル情報，サービス，ネットワークへのアクセス』
#### 『図書館の権利宣言』解説文より

　表現の自由は人間の絶対的な権利であり，自治の土台である。表現の自由は，言論の自由を含み，その当然の結果として情報を受け取る権利も含んでいる。図書館や図書館員は，情報の創作と普及に用いられる形態や技術にかかわらず，これらの権利を保護し促進する。（略）

　デジタル環境は，あらゆる人に情報社会への参加の機会を拡大する。しかし個人はアクセスについて重大な障壁に直面していたりする。

　図書館が直接的，間接的に提供するデジタル情報，サービス，ネットワークは，すべての図書館利用者が等しく，容易に，そして公平にアクセスできねばならない。

（『図書館の原則』改訂4版，日本図書館協会）

● 図書館の「知的自由」

# 「図書館の自由」と検閲

●⋯⋯⋯⋯ **あなたはどう考えるか**

　日本の図書館界は，この半世紀近く，おおくの市民が「読みたい」と望んでいる「本」を収集・選択し，提供することにおいて，「図書館の自由」を保障する立場から，その切実な要求に応えられるよう心を砕いてきている。しかし，すべての市民の望みがかなえられているわけではない。残念ながら，そうした事例は数えあげればきりがないといえるが，ときおり教科書などでとりあげられる事例としては，ヘレン・バナーマン作『ちびくろさんぼ』絶版事件（1988）や鶴見済著『完全自殺マニュアル』有害図書問題（1993／1997）がある。

　前者は，かつて絵本の古典的名作として世界中に翻訳され，子どもに読みつがれていた『ちびくろさんぼ』が，ひとりの政治家の人種差別発言から，ある日突然，「差別本」とされ，岩波書店をはじめとする20数社が絶版にした事件である。

　事件は政治問題化し，新聞報道などにより，社会的に大きな関心と論議を呼び，図書館も対応を迫られることになった。館内外で論議が重ねられたが，対応をめぐっては，おおよそ，(1)廃棄等処分　(2)提供制限　(3)そのまま排架に分かれた。

　後者の場合は，図書館で借りたベストセラー本の『完全自殺マニュアル』を読んでいた少年が，自殺したことから，図書館での同書の閲覧制限の動きが表面化し，青少年保護育成条例などにより「有害図書」に指定された。出版元が自主規制に応じた事例である。

　自殺方法が詳細に述べられているとはいえ，話題の書であったので，公立図書館はもとより学校図書館でもかなり所蔵していたし，予約やリクエストも当然のことながらうけている。それだけに，出版元の「自主規制」や自治体の「有害図書」指定には，現場はどのように対応したらよいか苦慮したようである。けっきょくこのときも，館によって(1)書庫への移動，(2)利用制限（年齢），(3)除籍などの対応がとられ，子どもや市民の「切実な要求」に十分応えられなかった。

　いずれにしても，子どもや親の「切実な要求」がかなえられないなら，いくら図書館が，市民の「知る自由」や「読書の自由」を保障するといっても，だれも信じてくれないだろう。

　このように，ほとんどの図書館員は，「図書館の自由」を原則支持しながらも，

しばしば，問題のありそうな資料に直面すると，専門職としての主体的判断よりもさきに，安易に職制判断や慣習によりかかってしまう傾向がある。つまり，「図書館の自由」を守るとか，市民の「知る自由」を保障するために闘うとか，かんたんに口にするが，問題はそれほど単純なことではないのである。

　次に掲げる資料は，これまで図書館での取り扱いをめぐって，その対応が分かれたものである。あなたはどう考えるか。

富山県立図書館『図録』事件（1986）：図録『86富山の美術』の非公開措置をめぐる

『タイ買春読本』（1994）：市民団体「カスパル」から廃棄処分をもとめる要望，公開論争

『三島由紀夫〜剣と寒紅』（1998）：手紙の無断掲載を遺族訴え，出版禁止・回収される

船橋市西図書館蔵書破棄事件（2002）：職員が嫌悪する著者の蔵書を除籍・廃棄した

『僕はパパを殺すことに決めた』（2007）：少年の供述調書漏洩による発売禁止

『絶歌　元少年Ａ』（2015）：「表現の自由」と被害者遺族の訴え／収集・提供制限の是非

提供制限事例

## ●…………「表現の自由」と「知る自由」

　ところで，前述の事例にとりあげた資料は，一般に著作物といわれている。著作物とは，人間の思想，感情などを創作的に表現したものであるが，「表現する自由」は，憲法第21条で「言論，出版その他一切の表現の自由はこれを保障する」と規定されている。憲法上の解釈としては，「表現の自由」は，「新聞，雑誌はもちろん，絵画，写真，映画，音楽，レコード，ラジオ，テレビによるものすべて」の表現行為をさしているとされるが，こうした「表現する自由」には，表現の送り手と受け手とのあいだの関係が包含されているから，おのずから「表現を受けとる自由」が想定されているということになる。それはつまり，「表現する自由」を保障するということは，とりもなおさず，その「表現を受けとる自由」をも保障していることを意味しているといえよう。

表現の自由

　この点において，「表現の自由」の保障は，まさに「図書館情報資源概論」にかかわる本質的な問題であるとして，その意味を客観的に考えていく必要がある。

　1969年10月15日，最高裁判所は，マルキ・ド・サドの作品『悪徳の栄え』が猥褻文書にあたると判決を下しているが，このとき，色川幸太郎裁判官が反対意見のなかで，「『表現の自由』が言論・出版の自由のみならず，『知る自由』を含むことについては異論がないであろう」としながら，次のように言及している。

知る自由

　　［表現の自由は］，他者への伝達を前提するのであって，読み，聴きそして見る
　　自由を抜きにした表現の自由は無意味となるからである。情報及び思想を求め，
　　これを入手する自由は，出版，頒布等の自由と表裏一体，相互補完の関係にあ
　　ると考えなければならない。

　現在，図書館界では，「知る自由」については，1979年に批准した「国際人権規約」Ｂ規約［市民的及び政治的権利に関する国際規約］第19条第2項の「この権利には，

口頭，手書き若しくは印刷，芸術の形態又は自ら選択する他の方法により，国境とのかかわりなくあらゆる種類の情報及び考えを求め，受け及び伝える自由を含む」ということによって導かれる「知る権利」とほぼ同義に用いられている。

　だが，「知る自由」,「知る権利」とも憲法には明記されていないし，日本図書館協会の『図書館用語集』（四訂版）にも収録されていない。もっとも，『図書館情報学用語辞典』（第4版）には，「知る権利」については，「情報を受け取る権利と情報を求める権利」として収録されているが，「知る自由」の記載はない。

　ちなみに，「知る自由」と「知る権利」との関係であるが，法律学辞典では，次のような解説がみられる。

「知る権利」2性格　イ自由権的側面：国民は，多数な思想や情報を受け取ることを，公権力によって妨げられない。悪徳の栄え事件の最高裁判所判決（最大判昭和44・10・15刑集23・10・1239）において，色川裁判官反対意見が「知る自由」に言及している。　　　　　　　（『有斐閣法律学小事典　第4版』）

この色川裁判官の反対意見によって，図書館界では，「知る自由」とは，「妨げられずに自由に表現を受けとる自由」として，「読む自由，聴く自由，見る自由」という法的概念をもとに，広く認識されるようになるが，1960年代後半から発展してきた公立図書館の資料提供サービス活動においては，さきにもみたように，かならずしも十分に保障されているとはいえず，くりかえし，市民の不信をまねいてきているといえるだろう。（option N）


●…………**検閲とは**

　名作『失楽園』を著したJ. ミルトン（Milton, J.）は，また，言論の自由を論じた『アレオパジティカ』（1644）を出版した詩人としても知られている。かれは，前年，イギリス議会が定めた出版物検閲令に反対し，言論・出版の自由のために，議会に向けて，およそ，次のような演説をおこなっている。

書物は，子どもが生まれると同じように自由にこの世にいることが認められるべきであり，読書が個人の自由な判断をさしおいて，国家によって規制されるということは，読者にとって，じつに不快であり，侮辱である。また，言論の自由は，それが公共の福祉に反しないかぎり，国家は規制しないほうがよい。

ところで，日本においては，検閲は，憲法第21条第2項に「検閲は，これをしてはならない」という禁止条項を明文をもって規定している。その概念規定については，議論の分かれるところであろうが，とりあえず，日本と米国における「検閲」の概念のとらえ方のちがいに目をむけてみよう。

出版・報道などの表現活動に対して，公権力がその内容をチェックし，特定の内容や表現形式について削除・訂正を指示し，発表の許可・禁止の権限をも

知る権利

J. ミルトン『アレオパジティカ』

検閲の概念

ち，あるいは著者・出版者を処罰するなどの権限を行使すること。一般には，出版・公表に先立ってその内容をチェックすること（事前検閲）を指していう。

（『図書館用語集』四訂版）

何かに反する内容を含むという理由で，著作の製作，頒布，流布，あるいは展示について禁止または反対すること。　　　（『ALA 図書館情報学辞典』丸善）

二つの定義であきらかなように，両国の検閲にたいする考え方には，若干のちがいがみられる。日本が公権力からの干渉を意識しているのにたいし，米国は，「何かに反する内容を含む」ということが前提になっている。そのうえで，検閲の概念を「出版物の一部分の消滅や切除だけを意味せず，資料の禁止，妨害，抑圧，締め出し，除去，ラベリング，それに資料の［利用］制限を含んでいる」とする（『図書館の原則　改訂4版：図書館における知的自由マニュアル（第9版）』）。

*Newsletter on Intellectual Freedom* 元副編集長 H. ライヒマン（Reichman, H.）は，検閲について，「道徳的その他の理由で不愉快とし，イメージ，思想，情報からなる文学的，芸術的，教育的な資料を除去，抑圧，あるいは流通を制限すること」（『学校図書館の検閲と選択』）と述べているが，かれによれば，それは，「だれかが『私が嫌いなので，あなたはこの雑誌や本を読んだり，あのフイルムやヴィデオを見たりしてはならない』と述べる」ことだという。たしかに，検閲の概念を単純化すればこれほど明快な回答はないだろう。

**●⋯⋯⋯⋯選択と検閲**

しかし，米国図書館界の検閲の概念の領域が，ここまで広がってきたのは，それが図書選択とのかかわりにおいてとらえられてきたからである。

たとえば，シカゴ大学の図書館学部長であった L. アシャイム（Asheim, L.）は，「検閲でなく選択を」（小野泰博訳『蔵書の構成』日本図書館協会）と題した論文のなかで，「選択とよぶ拒否」と「検閲という拒否」の区別について，このように述べる。選択者にとって重要なことは，「その図書を保持する理由を見出すこと」であり，一方検閲者は，「その図書を拒否する理由を探し出すこと」であるという。

いいかえると，選択は読者の権利を保護しようとするのにたいし，検閲はおもいこみから読者をまもろうとするが，両者が決定的にちがうのは，選択者は読者の知性を信じているが，検閲者は己の知性だけを信じ，読者を信じていないことである。

また，法学者 W. ゲルホーン（Gellhorn, W.）は，『言論の自由と権力の抑圧』のなかで，いつの時代にも，検閲が「自由を制限するどころか，むしろ促進する」と考える検閲支持者がいるとしながら，検閲には，まったく異なった二つの概念があるとする。

ひとつは，検閲を擁護する立場で，検閲を「個人の徳の堕落，文化水準の低下お

H. ライヒマン

L. アシャイム

W. ゲルホーン

および民主主義の一般的保障の崩壊を阻止する手段」とみている。他方，検閲に反対する立場では，「民主主義の生命を支えるこれらの徳と基準とを育成向上させる自由に対する脅威」であると考える。

　いってみれば，図書館・図書館員は，「表現の自由」の原則に立って，利用者を信頼し，資料提供をおこなっているが，検閲者はみずからの価値観が絶対的基準であるので，利用者の価値観を信頼することができない。

　つまり，検閲者たちは，他者は「悪」を識別することができないから，あらかじめ悪影響が及ばないように，読者に代わって制限しているにすぎないというのである。しかし，読者にとって，これほどの侮辱はない。さきの J. ミルトンが指摘しているように，その尊大な姿勢と態度に怒りを覚えずにはいられないだろう。

　このように検閲者は，ひとつの信念を共有している。しかも，その動機は，所蔵する図書館資料の多様性に対する思想の寛容性をもつことができないのである。ALA の『図書館の原則　新版：図書館における知的自由マニュアル（第 6 版）』では，そうした検閲者の行動の裏には四つの基本的動機があるとする。

検閲の動機

　⑴　家庭の価値：家庭の習慣や家庭に関連する習慣への態度の変化に脅威を感じ，とくに性的な作品は規範から逸脱する明確な原因と考えられている。

　⑵　宗教：検閲者は赤裸々な性的な作品や政治的に正統でない思想を宗教心への攻撃とみなしたり，反宗教的な作品や宗教的信条に有害であると考える。

　⑶　政治的見解：政治構造への変化も脅威となる。検閲者は過激な変革を唱導する作品を破壊的と考えたりする。

　⑷　少数者の権利：保守的検閲者に加えて，自身が属する特別なグループの価値を認識してもらいたいとするグループがある。かれらも検閲者の方策を使う。

検閲者の特徴

　つまり，検閲者は，以下のような特徴をもっていると考えられる。

　⑴　図書館が所蔵資料の主張を支持していると理解している。

　⑵　問題の資料内容をよく読んでいない。

　⑶　自分の意見が絶対正しいという強固な信念をもっている。

　⑷　道徳，思想の守護神と任じている。

　⑸　地域の意見を代表していると考えている。

　こうしてみてくると，検閲の動機が道徳的であれ，思想的であれ，何であれ，「表現の自由」を妨げる公権力，個人および団体が及ぼす行為は，ひとしく検閲とみなされているということである。したがって，図書館員は，検閲の構造的体質を顧みるとともに，外部からの圧力にたいする専門職としての基本的態度をあきらかにしておく必要がある。

● 図書館の「知的自由」

# 図書館の自由に関する宣言

●‥‥‥‥‥戦前の図書館と思想善導

さきにみたように，アメリカ図書館界における「知的自由」の確立は，ALAの「権利宣言」の成立をもって，実質的に出発している。それにならっていえば，日本における「図書館の自由」の歴史は，1954（昭和29）年の第40回全国図書館大会で採択された「図書館の自由に関する宣言」（以下「自由宣言」という）をもってはじまったといえるであろう。

「自由宣言」採択（1954）

いま，「図書館の自由」は，市民の「知る自由」を保障し，それに応えていくための資料提供活動を支える包括的な理念となっているが，「自由宣言」採択以前の日本の図書館界には忌憚ない批評をすれば，「図書館の自由」など存在しなかったといってよいだろう。

とくに，戦前の思想善導の悪夢は，戦後の図書館界にも重くのしかかっている。思想善導とは，国民を国家体制の支持する思想に導くために，言論・出版の統制と弾圧をはかる教育・文化政策のひとつであり，その思想的源流は，1882（明治15）年の文部卿代理九鬼隆一の「示諭事項」にまで遡る。いうまでもなく，「示諭事項」は，わが国初の文部省の公式解説書であり，家族国家観に立つ道徳的制約を内実として，近代日本の文教政策に大きな影響を与えてきた。それゆえ，そこに言及されている「書籍館」における「蔵書の選択」の制約論も，その後の図書館行政のイデオロギー的基盤となって深い影を落としていくのである。

思想善導

示諭事項

夫レ書籍ハ人ノ思想ヲ伝播スル所ノ最大媒介タリ。而シテ其効用ノ無比ナルハ固ヨリ言ヲ待タスト雖モ，然レトモ其伝播スル所ノ効力ハ固ヨリ其思想ノ善悪邪正ニ由テ異ナルニアラサルヲ以テ，善良ノ書籍ハ乃チ善良ノ思想ヲ伝播シ，不良ノ書籍ハ乃チ不良ノ思想ヲ伝播スレハ，則チ其不良ナルモノヲ排棄シ而シテ其善良ナルモノヲ採用スルヲ要スルナリ（option N）

このときの明治前期の支配体制の思想が，近代日本のファシズムの言論統制の原理と化し，連綿として敗戦にまで至るのである。

もとより，言論統制の核心は検閲であり，その対象は，図書館における選書や資

料提供活動にまで及んでいる。しかも，日本の検閲権力の拡大の原則は，「皇室の尊厳を冒瀆する事項」と「共産主義に関する事項」の二つである。

1928（昭和 3 ）年，図書館界が第22回全国図書館大会において，文部大臣の諮問を受けて，館界みずから提出した答申案が，それらの思想を雄弁に物語っている。

　　二，各図書館ニ於テハ思想風教上害アリト認ムル図書ハ極力之ヲ排除スルコト近来ノ出版物ニハ思想風教上有害ト認ムヘキモノ尠カラス仍テ将来其検閲ヲ一層密ニセラレタキコト

さすがにこの答申案をめぐっては，「検閲」の条項を「削除すべし」という反対意見が相次いだ。協議の末，修正案（option N）は可決されたが，館界自身が「検閲」をもとめたことで自殺行為といわれた。良書の選定と検閲を支配体制に委ねてきたそれは，とりかえしのつかない過誤となり，その傷を癒すことは，そう容易なことではなかった。

### ●…………「図書館の自由に関する宣言」採択の背景

1954年，「自由宣言」が成立したのは，そうした戦前の「『思想善導』の機関としての役割を果たすことになった歴史に対する反省」（「自由宣言」1979年改訂解説）が基盤になっている。また，当時の日本の政治的社会的状況は，朝鮮戦争（1950），レッドパージ（1950），破壊活動防止法（1952）の制定など，いわゆる「逆コース」とされる戦後民主主義の後退がはじまっていたときだけに，図書館界は強い危機感に襲われていたのである。

これよりさき，ALA は，冷戦後の政府の反共政策にともなう蔵書への攻撃に対して，「権利宣言」（1948）を改訂し，検閲拒否の姿勢を明らかにしている。それは，日本の図書館界にとって，「自由宣言」の格好のモデルになった。

日本図書館協会は，こうした政治的状況のなかで，「図書館はいかなる姿勢をとるべきか」として，機関誌『図書館雑誌』誌上で，「図書館の中立性」とは何かという特集を組んでいる。だが，寄せられた論考はおしなべて「中立＝抵抗」とみなす「結論ありき」のイデオロギー論争に陥ってしまい，実践的な課題の追求にまで至らなかった。だがしかし，この「中立性論争」がきっかけとなり，「図書館倫理綱領」の提唱や埼玉県公共図書館協議会の「図書館憲章」制定の協会への申し入れがおこなわれ，紆余曲折をへて「自由宣言」の成立をみたことは，館界にとって，大きな歴史的転回点のひとつになった。

図書館の中立性

1954年「自由宣言」の前文と主文

このように「自由宣言」は，先人の図書館員の苦悩と反省から，「国家権力からの自由」を希求して採択された。前文で，基本的人権の一つとして，「知る自由」

をもつ民衆に，資料と施設を提供することは，もっとも重要な任務であると位置づけて，「主文1　図書館は資料収集の自由を有する。主文2　図書館は資料提供の自由を有する。主文3　図書館はすべての不当な検閲に反対する。」と宣言した。

## ●⋯⋯⋯1979（昭和54）年改訂

山口県立図書館図書抜き取り放置事件（1973）

　1973年8月，山口県立図書館において，整備担当課長が開架から反戦・左翼出版物などの蔵書約50冊を抜きとり，段ボール箱に詰めて封印し，書庫の奥に隠匿していた事実が，利用者の告発と新聞報道によって発覚した。いわゆる山口県立図書館図書抜き取り放置事件（option N）と呼ばれるもので，「自由宣言」が採択以来，約20年ぶりに脚光を浴びることになる。

　問題は，担当課長の別置の理由である。「図書館の中立性を欠いたり，公序良俗に反することをモノサシに，私の判断で抜き出した」と述べている。この発言には，基本的人権としての「知る自由」を保障し，資料と施設の提供をもっとも重要な任務とした「自由宣言」の基本理念など，まったく影も形もない。

　いうまでもなく，市民の「知る自由」を侵害した行為は，戦前の思想善導にもとづく言論抑圧の体質とおなじであり，「自由宣言」を蔑ろにするものとして，図書館界は看過できなかった。いちはやく，同年9月，図書館問題研究会が全国大会において，「『図書館の自由』を守る」決議を採択している。以後，大学図書館問題研究会とともに，事件にたいする取り組みについて主導的役割をはたすが，日本図書館協会の反応はいささか鈍く，全国大会で「自由宣言」を再確認するだけであった。

　ただ，翌年には，協会内に「図書館の自由に関する調査委員会」（以下「自由委員会」という）を設置し，「自由宣言」の改訂を視野に委員会を発足させている。

　1954年「自由宣言」は，せっかく基本的人権としての「知る自由」の保障をうたいながら，法的拘束力もなければ救済方法も準備されなかったために，実質的な法的性格をもつまでには至らなかった。それだけに常設委員会の設置は，図書館・図書館員の主体性と自立性を考えるうえで，大きな意味があった。

1979年「自由宣言」の前文と主文

　図書館は，基本的人権のひとつとして知る自由をもつ国民に，資料と施設を提供することを，もっとも重要な任務とする。
　この任務を果たすため，図書館は次のことを確認し実践する。
　　　第1　図書館は資料収集の自由を有する。
　　　第2　図書館は資料提供の自由を有する。
　　　第3　図書館は利用者の秘密を守る。
　　　第4　図書館はすべての検閲に反対する。
　図書館の自由が侵されるとき，われわれは団結して，あくまで自由を守る。

これが改訂された「自由宣言」の主文であるが，特徴のひとつは，前文の「知る自由」の法的根拠を憲法が保障する「表現の自由」においたこと。二つ目は公立図書館の発展につれて，市民の「知る自由」が侵害される事件が頻発したため，主文にプライバシー保護の立場から「利用者の秘密を守る」という理念を掲げたこと。三つ目は宣言を実践していく具体的指針としての副文をも一体として採択したことである。四つ目は，「すべての不当な検閲」から「不当な」を削除したことである。

### ●⋯⋯⋯⋯改訂「自由宣言」の意義と社会的合意の形成

　ここでは，近年，論議されてきた主な論点を紹介し，「自由宣言」の果たす役割をあらためて考えてみたい。

　まず，主文第1の「図書館は資料収集の自由を有する」の副文では，蔵書を構成していくための収集方針に触れて，「すべての図書館は，みずからの責任において，収集方針を作成し，これを公開して，広く市民社会からの批判と協力を得るように努めることを期待している」と述べている。

　この指針にもとづいて作成された『藤沢市総合市民図書館資料収集方針』(1986)は，市民参加型の収集方針として広く知られているところである。なお，同方針は2020年に「藤沢市図書館資料収集方針」と改称されている。

　2011年の図書館法改正では，「運営の状況に関する情報の提供」(法第7条の4)が新設され，「地域住民その他の関係者の理解を深める」とともに，「連携及び協力の推進」に資するため，情報の提供がもとめられている。すべての公立図書館は，その基本的姿勢と理念を市民に公開していく社会的責務があるだろう。

　次の主文第2の「図書館は資料提供の自由を有する」では，副文で「極力限定して適用」することを条件に，三つの「制限項目」が設けられていることから，今日的に「公共の福祉」の概念と緊張関係が生じている。

提供制限項目

　(1)　人権またはプライバシーを侵害するもの。

　(2)　わいせつ出版物であるとの判決が確定したもの。

　(3)　寄贈または寄託資料のうち，寄贈者または寄託者が公開を否とする非公刊資料。

　問題は，(1)の「人権またはプライバシーを侵害するもの」を「だれ」が，「何を基準」に判断するかによって，適用範囲が拡大解釈されていることである。たしかに，現在の公立図書館のおかれている政治的・経済的状況では，原則論だけを主張していてもなかなか理解を得ることはできないが，少なくとも「制限もやむをえない」という論理に安易に妥協すべきではないだろう。

　それは，今後，「自由宣言」を社会的慣習法として成立させていくためには，前文において，「基本的人権のひとつとして知る自由をもつ国民に，資料と施設を提

供する」と決意表明した基本的姿勢と理念に貫かれる「表現の自由」を最大限に尊重していくことが，もっとも不可欠な要件だからである。

　だからこそ，自由委員会は，近年の少年事件報道と「表現の自由」とのかかわりにおいて，原則提供の見解を示しているが，その要件を共通認識としたい。 少年事件報道と原則提供の見解

　⑴　頒布禁止の司法判断があり

　⑵　それが図書館に提示され

　⑶　被害者からの提供制限要求がある場合のみ，一定の提供制限がありうる。

　改訂で新設された主文第3の「図書館は利用者の秘密を守る」は，他の業界に先駆けて「プライバシー保護」を訴え，いちはやく「図書館記録の秘密性」に関する方針を示したことはきわめて画期的であり，意義あるものとして評価できる。

　一般に，図書館記録といえば，「貸出記録」を思い浮かべるだろうが，日本では，戦前戦後を問わず，外部機関からの「貸出・閲覧記録」の調査・照会の依頼があとを絶たない。「貸出・閲覧記録」は，その性質上秘密扱いにすべきものであり，原則として，いかなる機関からの照会にも応じないことになっている。例外として，「憲法第35条にもとづく令状を確認した場合」（主文第3第1項）はその限りでない。

　米国映画『セブン』には，刑事が犯人探しに「貸出記録」を「容疑者リスト」代わりに買う場面がでてくるが，なにも「貸出記録」だけが「図書館記録」ではない。

　『「図書館の自由に関する宣言　1979年改訂」解説』（第2版，日本図書館協会）では，図書館記録としては，次のような利用者に関する記録をあげている（〔　〕は筆者補記）。 図書館記録

　⑴　〔登録記録〕利用者の氏名，住所，勤務先，在学校名，職業，家族構成など

　⑵　〔来館記録〕いつ来館（施設を利用）したかという行動記録，利用頻度

　⑶　〔貸出記録〕何を読んだかという読書事実，リクエスト及びレファレンス記録

　⑷　〔読書記録〕読書傾向

　⑸　〔複写記録〕複写物の入手の事実

　いまさらいうまでもないが，これらの利用者に関する記録すなわち「図書館記録」は，市民にとって，「知られたくない情報」であり，秘密を漏らすことはプライバシーの権利の侵害にあたる。

　だが，デジタルネットワーク社会の進展にともない，個人情報にかかわる「図書館記録の秘密性」が蔑ろにされている傾向がある。とくに，ここ数年，利用者に関する記録である「図書館記録」がデジタルIDカードシステムと結びついて，ビジ 貸出履歴とプライバシー

29.　図書館の自由に関する宣言　151

ネスの対象として，アクセス可能な個人情報データベースとなっている。「貸出履歴を活用した新たなサービス」論議は，その典型であるが，利便性とはまたちがった帰結をもたらすことになりかねないので，いかなる理由にせよ安易な導入は避けるべきである。

　いまや図書館は業務委託や市場原理主義にさらされているだけに，個人識別情報に新たな課題が生じているといえる。一日も早い法的および倫理的基盤の検討と確立がもとめられる。

　主文第4の「図書館はすべての検閲に反対する」においては，1954年とちがって，「不当な」という表現を削除し，「すべての検閲を拒否する」としている。さきにみたように，検閲は「不当な」国家権力だけでなく，「何かに反する内容を含む」という理由で，個人や団体，機関からの干渉や否定も検閲の概念にとりこまれるようになってきているので，「不当な」という文言の削除は当を得たものといえる。

　こうして改訂「自由宣言」をみてくると，その基本的理念の確かさと「図書館の自由」の領域の拡大がはっきりうかがえる。これまで，どちらかといえば，公権力からの「貸出記録」の侵害や「論争的な資料」についての対応ばかりに関心が寄せられていたが，近年では「図書館の自由」が憲法第21条を最大限に尊重し，それを保障することにかかわるすべての図書館業務を支える理念として，また，その決意表明として認識されている。しかも，それは多様な価値観が共存している社会を映す鏡として，事件や状況によって，「公共の福祉」の概念との緊張感をはらみつつ，修正・拡大している。ここにおいて，「自由宣言」の社会的慣習法としての合意形成にむけて，市民の理解と支持を期待してやまない。

## ●──── option N

## 「図書館の自由」をめぐる事件

### 文部卿代理九鬼隆一「示諭事項」

　殊ニ其蔵書ノ選択ハ実ニ要件中ノ最要件ニ係レリ，今此諸要件ニ就キ開示スル所アラントス。夫レ書籍ハ人ノ思想ヲ伝播スル所ノ最大媒介タリ。而シテ其効用ノ無比ナルハ固ヨリ言ヲ待タスト雖モ，然レトモ其伝播スル所ノ効力ハ固ヨリ其思想ノ善悪邪正ニ由テ異ナルニアラサルヲ以テ，善良ノ書籍ハ乃チ善良ノ思想ヲ伝播シ，不良ノ書籍ハ乃チ不良ノ思想ヲ伝播スレハ，則チ其不良ナルモノヲ排棄シ而シテ其善良ナルモノヲ採用スルヲ要スルナリ。其学校生徒庶民等ノ為メニ設ル所ノ書籍館ニ準備スル書籍ニ至テハ殊ニ然リトナスナリ。盡シ善良ノ書ハ読者ノ徳性ヲ涵養シ，

其善良ノ智識ヲ啓発シ，其愛国ノ誠心ヲ誘起シ，親族社会ノ交際ヲシテ寛和敦厚ナ
ラシムルカ如キ，其効益タル最モ著大ナリト謂フヘシ．之ニ反シテ不良ノ書ハ読者
ノ心情ヲ攪擾シ，之レヲシテ邪径ニ誘陥シ，遂ニ小ニシテハ身家ノ滅亡ヲ招致シ，
大ニシテハ邦国ノ安寧ヲ妨害シ風俗紊乱スルカ如キ，其流弊タル実ニ至大ナリト謂
フヘキナリ

　（『図書館雑誌』第21年第1号, 1927），引用には常用漢字の使用と句読点を加えた．

## 第22回図書館大会（1928年）の文部大臣の諮問事項に対する答申案（修正案）

　輓近我カ国ニ於ケル思想ノ趨向ニ鑑ミ図書館ニ於テ留意スヘキ事項多々アリト雖
モ左記事項ヲ以テ特ニ緊要ナルモノト認ム
　　　　　記
　各図書館ハ思想善導上必要ナル良書ヲ選定シ之カ閲読ヲ一層奨励スルコト
　良書閲読ニ就テハ単ニ図書館内ニ於ケル指導ニ止ラス進ンテ目録，館報ノ頒布，
　新聞，雑誌，ラヂオ等ニヨリ若シクハ講演会展覧会ヲ開催シ又学校青年団其他各
　種団体ト提携シ極力之カ普及ニ力ムルコト
　　　　　副申書
　右答申ノ趣旨ヲ貫徹スルタメ文部省ニ於テ権威アル良書委員会ヲ設ケ其選定ニカ
　カル図書ヲ周知セシメラレンコトヲ望ム
　図書館当事者ハ読書ノ指導ニ関シテ不断ニ努力シツツアリト雖モ他方ニ於テ思想
　風教上有害ト認メラルル図書ノ刊行尠カラスト信スルヲ以テ前ノ検閲ニ就キテ今
　後一層御考慮アランコトヲ望ム　右答申候也

　　　　　　　　　　　　　　　　　　　　　（『図書館雑誌』no.110. 1929.1）

## 山口県立図書館図書抜き取り放置事件

　暗い予感が背筋を走りました．念のために開架書棚で見た記憶のある本を何冊か
確かめてみました．『家永三郎教育裁判証言集』『難死の思想』『芸術的抵抗と挫折』
『抵抗と服従の原点』『政治権力と人間の自由』『戦争と教育をめぐって』次々と見
たのですが，ないのです．顔みしりの職員に「変だ」ときいてみましたが，誰も首
をかしげるだけでした．[略]「これはもう，明らかに体制批判の書物がかくされて
いる」と考え，新聞社に調べてもらうことにしました．[以下略]

　　（林健二「暗い時代への予徴」『人間であるために』所収，山口信愛会，1973）


　特定の政党や思想・宗教など，かたよった書籍を一般貸し出しにするのは好まし
くないとかねがね考えていた．移転を機会に，図書館の中立性を欠いたり，公序良
俗に反することを物サシに私の判断でぬきだした．

　　　　　　　　　　　　　　　　　　　　（B課長談・朝日新聞，1973年8月29日）

## 「ピノキオ」検討3原則（名古屋市図書館，1978）

(1) 問題資料の検討は，職制判断で行わず，職員集団全員の検討とする。

(2) 広く市民に参加を呼びかけ，検討を深める。

(3) 問題に関わる当事者の意見を聞いて検討する。

（「『ピノキオ』回収要求と閲覧制限」『図書館の自由に関する事例33選』所収，1997）

## 読ませない高校図書館事件

愛知県の県立高校で学校図書館の本の購入が学校長らのチェックに遭い，購入禁止措置がとられ始めていることが，同県高校教職員組合の調査で浮かび上がった。購入に校長からクレームがついて買えなかった本には『窓際のトットちゃん』のほか，早乙女勝元さんの『東京が燃えた日』，大江健三郎さんの『同時代ゲーム』などがあがっており，チェックされた理由も「芸能人が書いている本だから」「戦争を扱っているから」「著者が偏向しているから」などが目立つ。

（毎日新聞，1982年3月15日）

## 船橋市西図書館蔵書廃棄事件

千葉県船橋市西図書館が，「新しい歴史教科書をつくる会」のメンバーが執筆に加わった扶桑社の教科書採択をめぐる論議が高まっていた昨年8月ごろ，教科書の執筆者で評論家の西部邁氏らの著書を大量に廃棄処分にしていたことが11日，分かった。木村館長は「政治的，思想的意図はなかった」と説明しているが，船橋市教委は図書館の対応について，「故意とみられても仕方がない」として，調査に乗り出す方針だ。

（産経新聞，2002年4月12日）

公立図書館は，住民に対して思想，意見その他の種々の情報を含む図書館資料を提供してその教養を高めること等を目的とする公的な場ということができる。そして，公立図書館の図書館職員は，公立図書館が上記のような役割を果たせるように，独断的な評価や個人的な好みにとらわれることなく，公正に図書館資料を取り扱うべき職務上の義務を負うものというべきであり，閲覧に供されている図書について，独断的な評価や個人的な好みによってこれを廃棄することは，図書館職員としての基本的な職務上の義務に反するものといわなければならない。

（最高裁判所・判決文より　2005年7月14日　第一小法廷判決）

● 図書館の「知的自由」

# 図書館情報資源と著作権

● ………**公立図書館と著作権法**

　情報化社会の進展にともない，公立図書館では，多様化する資料・情報の収集機能において，これまでの図書，雑誌，新聞，視聴覚資料などにくわえて，パッケージ系，オンライン系のデジタル情報の比重が増している。

　もとより，公立図書館は，そうした印刷・非印刷資料を収集・提供し，市民の幅広いニーズに応えるために，日夜サービスの創意工夫に努めているのだが，それを支えている法的根拠のひとつが著作権法である。

　そのため，著作権法の改正に伴う図書館サービスの権利制限規定とのかかわりについては，まったく無関心ではいられない。

　また，そうした動きのなかで，図書館側は著作権者側と同一のテーブルについて話し合いを重ねているが，著作権法は憲法の下に保護された法体系にあり，関係規定間との整合性がもとめられるので，一朝一夕に根幹が変わるものではない。

　とはいえ，情報技術の進展を背景に，現行の権利制限の縮小または拡大の見直しの要望が権利者側をはじめ各方面から寄せられているので，法そのものの改正は絶えず迫られているといってよい。

　2021（令和3）年の著作権法の一部改正では，図書館に関する権利制限規定（第31条）の見直しがあり，インターネット送信による図書館情報資源の利用が一定の範囲で可能となったので，条文を参照すること。

● ………**著作権を守るということ**

　知的財産権もしくは知的所有権と呼ばれる権利がある。これには大きく分けて二つの権利がある。ひとつは工業所有権とよばれるもので，特許権，実用新案権，意匠権，商標権であり，もうひとつが著作権である。

知的所有権

　一般に財産権は憲法で保障されており，たとえば，貴金属や花瓶などが器物破損や盗難にあったりすれば，所有権の侵害として民法によって保護される。それと同じように，だれかが考案したデザインやロゴマークあるいはだれかが創作した小説や漫画，音楽などの知的な財産を，第三者が勝手に利用したり，商品化しないよう守るのが，工業所有権法であり，著作権法なのである。

## ●⋯⋯⋯著作物とは

　著作権法は，文化的な創作物を保護の対象としている。文化的な創作物とは，文芸，学術，美術，音楽などのあらゆるジャンルにおいて，人間の思想，感情などを創作的に表現したものであり，ふつうは著作物といっている。また，それを創作した人が著作者とされる。したがって，著作物はなにも作家の作品のようなものだけでなく，その人の思想や感情が表現されているものであれば，たとえ幼児の絵であろうとも立派な著作物になる。

著作物の種類　　著作物にはどのような種類があるかといえば，おおむね次のようなものが例示されている。（著作権法第10条）

言語の著作物：論文，小説，脚本，詩歌，俳句，講演，日記，書簡，標語など
音楽の著作物：楽曲（クラシック，ジャズ等）および楽曲をともなう歌詞など
舞踊の著作物：日本舞踊，無言劇，バレエ，ダンスなどの振り付けなど
美術の著作物：絵画，版画，彫刻，漫画，書，舞台装置，美術工芸品など
建築の著作物：建造物自体など
地図の著作物：地図と学術的な図面，図表，模型など
映画の著作物：劇場用映画，テレビ映画，ビデオソフトなど
写真の著作物：写真，グラビアなど
プログラムの著作物：コンピュータ・プログラム
二次的著作物：原著作物を翻訳，編曲，変形，翻案（映画化）し作成したもの
編集著作物：百科事典，辞書，新聞，雑誌などの編集物
データベースの著作物：データベース

　要は利用者が読んだり観たり聴いたりするもののほかに，学習したり楽しんだりするようなコンピュータ・プログラムやゲームソフトまでが著作物とよばれるのである。現在の公立図書館で取り扱っている情報資源が，多様な著作物の一部にすぎないことをあらためて認識しておく必要がある。なお，憲法や法令，国や地方公共団体の告示，訓令，通達，裁判所の判決，決定などは著作物であっても著作権はない。

## ●⋯⋯⋯著作者とは

　著作者といえば，だれもすぐ思い浮かべるのが，文芸，音楽，芸術分野といったジャンルに属する作家や詩人，作詞家，作曲家などであろう。だが，著作者が無名の子どもの絵でも著作物になるということだから，だれもが著作者になりうる。著作権をとるために文化庁や特許庁に登録申請する必要もない。著作物が創られたと

きに自動的に権利が発生するので，無方式主義と呼ばれている。

　著作者の権利には，財産的な利益を保護する著作権と著作者の人格的な利益を保護する著作者人格権の二つがある。前者はいわば大きな概念としてさまざまな権利によって構成されているので，たとえば，他人の著作物を複製したり，出版，放送したりするときには，それぞれ著作権者の複製権や公衆送信権の許諾を得ることが必要になる。その保護期間は著作者の死後70年（映画の著作物も同様）までとなっている。

　このため図書館では，著作権者の権利を守るということと利用者の要求に応じて図書館情報資源を提供することの二つの条件を両立させる問題が課せられている。

無方式主義
著作権
著作者人格権

## ●‥‥‥‥‥著作者の権利(1) ── 著作権

　それでは，どのような著作権があるか，もしくはどのように図書館情報資源の利用態様とかかわっているか，主な著作権とその内容についてみることにする。

複製権（第21条）：著作物をそのまま複製することに関する権利である。論文をコピーしたり，音楽や映画などを録音・録画したりすることをはじめ，複製には手写，印刷，写真，ダウンロードなどのさまざまな態様がそれにあたる。 ［複製権］

上演権・演奏権（第22条）：劇の上演や音楽の演奏などに関する権利。 ［上映権］

上映権（第22条の2）：映画フィルムやビデオ等の公開上映に関する権利である。

公衆送信権（第23条）：著作物を公衆に送信し，または公衆送信される著作物を受信装置により公に伝達することに関する権利である。ここでいう公衆送信とは，無線または有線で送信することであり，ラジオ，テレビ，CATV，オンラインデータベース，インターネットなどが含まれる。 ［公衆送信権］

口述権（第24条）：朗読など，公に本を読みあげたりする口述する権利。

展示権（第25条）：絵や彫刻などの美術作品を公に展示する権利。

頒布権（第26条）：映画著作者がその著作物を複製物により頒布する権利。 ［頒布権］

譲渡権（第26条の2）：著作者が著作物（映画の著作物を除く）を他人に譲り渡すことに関する権利。

貸与権（第26条の3）：著作物（映画の著作物を除く）を貸与により公衆に提供する権利。公共図書館の「貸出」は，貸与権創設のときにその公益性が考慮され，あらかじめ除外されている。 ［貸与権］

翻訳権・翻案権：小説などを翻訳したり，漫画のキャラクターをもとに人形をつくるなど，すでにある著作物をもとに新たに創作性を加えて，べつの著作物を創作することに関する権利である。

二次的著作物の利用権：翻訳・翻案された二次的著作物の利用については，原
　著作物の著作者もおなじように権利が保護される。

　このように著作権にはいろいろな種類の権利があり，著作権者に断りなしに，著
作物を利用する行為に及ぶと著作権侵害にあたる。

### ●……………著作者の権利⑵ ── 著作者人格権

　この権利は，著作者だけがもっている権利で，著作者本人のプライバシーや名誉
という人格的な利益を保護するために設けられている。著作者の死によって消滅す
るが，死後も一定の範囲で守られている。具体的には，⑴公表権，⑵氏名表示権，
⑶同一性保持権という三つの権利から成り立っている。

公表権　　　　　　公表権は著作物を公表するかしないかは著作者本人の同意がいるということであ
る。たとえば，福島次郎の『剣と寒紅』事件では，作者が三島由紀夫の手紙を無断
で小説のなかに使用したことにたいして，三島の遺族が訴えて人格権侵害が認めら
れている。著作者本人は亡くなっているが，「著作者が存しなくなった後における
人格的利益の保護」（法第60条）に該当する。

氏名表示権　　　　氏名表示権は著作物に氏名を表示するかしないか，ペンネームを使うかなどにお
いて著作者の同意を必要とするもので，同一性保持権は著作物に勝手に手を加え元
のものを改変してはならないとする権利で，同意を得なければ権利侵害になる。

### ●……………著作者の権利制限（許諾を得ずに利用できる）

　著作権では，他人の著作物を利用するとき，原則として，著作権者の許諾をもと

他人の著作物を利用する際のフロー図

出典：「文化庁HP－著作権」より

めなければならない。

　だが，一方で，著作物の「文化的所産の公正な利用」に留意し，法第30条から第47条の８までの一定の条件のもとでは著作権等を制限し，著作権者等の許諾なしに，自由に利用できるように定められている。

## 〈著作物の利用の手順〉

著作物の利用手順

① 　日本の著作物であれば，保護期間内のものかどうか。著作権の原則的保護期間は，著作者が著作物を創作した時点から，著作者の死後70年までとなっているので，保護期間が過ぎていれば，許諾をもとめる必要はない。

② 　保護期間内であれば，第30条から47条の８までの一定の「例外的」な場合に該当するかどうか。該当すれば，著作物が許諾なしに利用できる。

著作物の正しい利用のしかた

　　手順を図式化すると，左ページの図のようになる。

## 〈自由に利用できるケース（主なもの）〉

「文化庁HP－著作権」より

| 私的使用のための複製（第30条） | 　家庭内で仕事以外の目的のために使用するために，著作物を複製することができる。同様の目的であれば，翻訳，編曲，変形，翻案もできる。<br>　なお，デジタル方式の録音録画機器等を用いて著作物を複製する場合には，著作権者等に対し補償金の支払いが必要となる。<br>　しかし，[1]公衆の使用に供することを目的として設置されている自動複製機器（注１）を用いて複製するときや，[2]技術的保護手段（注２）の回避により可能となった（又は，その結果に障害が生じないようになった）複製を，その事実を知りながら行うとき，[3]著作権等を侵害する自動公衆送信を受信して行うデジタル方式の録音又は録画を，その事実（＝著作権等を侵害する自動公衆送信であること）を知りながら行うときは，この例外規定は適用されない。<br>　また，映画の盗撮の防止に関する法律により，映画館等で有料上映中の映画や無料試写会で上映中の映画の影像・音声を録画・録音することは，私的使用目的であっても，この例外規定は適用されない（注３）。 |
|---|---|
| 図書館等における複製（第31条） | 　[1]国立国会図書館と政令（施行令第１条の３）で認められた図書館に限り，一定の条件（注４）の下に，ア）利用者に提供するための複製，イ）保存のための複製，ウ）他の図書館のへの提供のための複製を行うことができる。<br>　利用者に提供するために複製する場合には，翻訳して提供することもできる。<br>　[2]国立国会図書館においては，所蔵資料の原本の滅失等を避けるため（＝納本後直ちに）電子化（複製）することができる。 |
| 引用（第32条） | 　[1]公正な慣行に合致すること，引用の目的上，正当な範囲内で行われることを条件とし，自分の著作物に他人の著作物を引用して利用することができる。同様の目的であれば，翻訳もできる。（注５）<br>　[2]国等が行政のPRのために発行した資料等は，説明の材料として新聞，雑誌等に転載することができる。ただし，転載を禁ずる旨の表示がされている場合はこの例外規定は適用されない。 |
| 教科用図書等への掲載（第33条） | 　学校教育の目的上必要と認められる限度で教科書に掲載することができる。ただし，著作者への通知と著作権者への一定の補償金の支払いが必要となる。同様の目的であれば，翻訳，編曲，変形，翻案もできる。 |

| | |
|---|---|
| 視覚障害者等のための複製等<br>（第37条） | [1]点字によって複製，あるいは，点字データとしてコンピュータへ蓄積しコンピュータ・ネットワークを通じて送信することができる。同様の目的であれば，翻訳もできる。<br>[2]政令（施行令第2条）で定められた視覚障害者等の福祉に関する事業を行う者に限り，視覚障害者等が必要な方式での複製，その複製物の貸出，譲渡，自動公衆送信を行うことが出来る。同様の目的であれば，翻訳，変形，翻案もできる。<br>ただし，著作権者又はその許諾を受けた者が，その障害者が必要とする方式で著作物を広く提供している場合にはこの例外規定は適用されない。 |
| 営利を目的としない上演等<br>（第38条） | [1]営利を目的とせず，観客から料金をとらない場合は，公表された著作物を上演・演奏・上映・口述することができる。ただし，出演者などに報酬を支払う場合はこの例外規定は適用されない。<br>[2]営利を目的とせず，貸与を受ける者から料金をとらない場合は，CDなど公表された著作物の複製物を貸与することができる。ただし，ビデオなど映画の著作物の貸与については，その主体が政令（施行令第2条の3）で定められた視聴覚ライブラリー等及び政令（施行令第2条の2第1項第2号）で定められた聴覚障害者等の福祉に関する事業を行う者（非営利目的のもの限る）に限られ，さらに，著作権者への補償金の支払いが必要となる。 |
| 時事問題に関する論説の転載等<br>（第39条） | 新聞，雑誌に掲載された時事問題に関する論説は，利用を禁ずる旨の表示がない限り，他の新聞，雑誌に掲載したり，放送したりすることができる。同様の目的であれば，翻訳もできる。 |

(注1) **自動複製機器**　ビデオデッキ等，複製の機能を有し，その機能に関する装置の全部又は主要な部分が自動化されている機器を指しますが，当分の間，文献複写機等，もっぱら文書又は図画の複製のための機器を除くこととなっています（附則第5条の2）。

(注2) **技術的保護手段**　電子的方法，磁気的方法その他の人の知覚によって認識することができない方法により，著作権等を侵害する行為の防止又は抑止をする手段のことで，現在広く用いられている技術的保護手段としては，

[1] 音楽CDなどに用いられている，デジタル方式の複製を一世代のみ可能とする技術（SCMS〔Serial Copy Management System〕）

[2] 映画のDVDなどに用いられる，デジタル方式の複製を「複製禁止」「一世代のみ可能」「複製自由」の三とおりに抑制する技術（CGMS〔Copy Generation Management System〕）

[3] 映画のビデオテープ等に用いられる，複製をしても鑑賞に堪えられないような乱れた画像とするようにする技術（擬似シンクパルス方式（いわゆるマクロビジョン方式））

などがあります。

(注3) **映画の盗撮の防止に関する法律について**　映画の盗撮の防止に関する法律は，映画館で盗撮された映画の複製物が多数流通し，映画産業に多大な被害が発生していることから，その防止目的として議員立法により成立し，平成19年8月30日から施行されました。

この法律により，映画館等で映画の録音・録画を行うことは，私的使用のためであっても，第30条に定められた例外の適用対象外となりました。

したがって，権利者に無断で映画の盗撮をした場合は著作権侵害となり，差止請求，損害賠償請求等の民事的措置や，刑事罰の対象となります。

なお，この特例は，日本国内における最初の有料上映後8月を経過した映画については適用されません。

(注4) **図書館等が複製サービスをする際の注意事項**

(1) 複製行為の主体が図書館等であること。

(2) 複製行為が営利を目的とした事業でないこと。

(3) 図書館等が所蔵している資料を用いて複製すること。

(4) コピーサービスの場合には，利用者の求めに応じ，利用者の調査研究の目的のために，公表された著作物の一部分（発行後相当期間を経過し，通常の販売経路による入手が困難となった定期刊行物に掲載された一つの著作物についてはその全部も可）を一人につき1部提供するための複製であること。

(5) 所蔵資料の保存のための複製の場合には，汚損の激しい資料等の複製に限ること。

(6) 他の図書館への提供のための複製の場合には，絶版等一般に入手することが困難である資料の複製を求められたものであること。

(注5) **引用における注意事項**　　他人の著作物を自分の著作物の中に取り込む場合，すなわち引用を行う場合，一般的には，以下の事項に注意しなければなりません。

(1) 他人の著作物を引用する必然性があること。

(2) かぎ括弧をつけるなど，自分の著作物と引用部分とが区別されていること。

(3) 自分の著作物と引用する著作物との主従関係が明確であること（自分の著作物が主体）。

(4) 出所の明示がなされていること。（第48条）

(参照：最判昭和55年3月28日「パロディー事件」)

なお，著作者が自身の著作物を「自由に利用してもらってよい」と，その意思表示をしたマークがある。「自由利用マーク」という右の三つである。

コピー OK　　障害者 OK　　学校教育 OK

自由利用マーク

## ●‥‥‥‥‥著作権を侵害するということ

著作権侵害は犯罪である。被害者が告訴すれば処罰される（親告罪）。著作権の侵害については，刑事上の制裁措置が，10年以下の懲役または1,000万円以下の罰金となる。ただし，告訴されなければ処罰されないし，あるいは違法行為が権利者にみつからなければ告訴されることはない。

しかし，もしそういう意識にとらわれたとしたら，このように考えてみることである。自分が時間，労力と費用をかけて創作した著作物を，他人が断りもなしに，勝手に出版や上映して利益を得ていたとしたら，不快であり腹が立つであろう。「みつからなければよい」という考えが，いかに身勝手なものであるかおもいしらされるだろう。そう考えれば，著作権の侵害の責任の重さが理解できるにちがいない。

違法行為は刑事上の責任とともに民事上の責任も負うことになる。民事上の責任としては，代表的なものは損害賠償の責任を負うことになる。無断で利用したものの価値が高ければ，それだけ賠償金も高くなる。著作権者の人格を傷つけることになると，慰謝料としての賠償責任が問われる。

最近の法改正では，違法配信からのダウンロードも個人的に楽しむ目的であっても権利侵害となる。違反者への罰則規定はないが，著作権者が権利侵害として民事訴訟を起こすことができるようになったので注意したい。

このように，図書館情報資源には，その種類と利用態様において，いくつかの著作権者の権利と深くかかわっているので，著作権法の精神を正しく理解する必要がある。そのうえで利用者の要求に応じて情報資源を提供することとその著作権の権利を保護することを，どのように両立させていくかを考えることが大切である。

著作権侵害は犯罪である

# UNIT 31 ●蔵書論

# 蔵書の意義

## ●⋯⋯⋯蔵書の概念

　人はつねに，より多くのことを覚えていたいと思う。そして，山のように積もり積もった言葉のなかに，また本のページやコンピュータの画面上に，重要な答えを導いてくれる響きや語句や思考があらわれることを願って，これからもずっと言葉をからめとる網を張りつづけるだろう。

（アルベルト・マンゲル『図書館：愛書家の楽園』白水社）

A.マンゲル

　A.マンゲル（Manguel, A.）は図書館員になるのが夢だった。高校生のとき，『バベルの図書館』を描いたラテンアメリカ文学の巨匠ボルヘスに出会い，視力をうしなっていた作家の傍らで本を朗読する仕事をひきうけている。そこはかれにとって，この世のあらゆる本が内包している「無限の図書館」という名の楽園だった。それはまた桁外れの読書人マンゲルの誕生でもあった。冒頭の文章は，さしずめ，かれの図書館の過去と現在と未来をつなぐ象徴としての蔵書の概念といえよう。

　つまり，蔵書とは，書物であり情報である。市民はその両方をもとめている。

　ところが近年，蔵書ということばには，「メディアの多様化に対応して，図書館が扱う情報資源の対象範囲が広がりをみせている状況では的確な表現とはいえない」として，「蔵書」に代わって，「コレクション」という語が用いられるようになってきている（『コレクションの形成と管理』雄山閣出版）。

　たしかに現在は，書架のあいだを歩きまわって，本の頁をパラパラとめくり，手に触れる実体だけでなく，コンピュータの画面を覗いたりして，実体のない情報源までもが図書館サービスの対象になりうるので，一見合理的のように映るが，本書では，これまでどおり，他のテキストや用語との整合性から蔵書という語を用いることにする。UNITの枠組みが「蔵書論」なので違和感はないだろう。

## ●⋯⋯⋯蔵書の形成・維持・発展

　いうまでもなく，公立図書館の蔵書は，市民の資料（情報）要求に応えるために存在する。だが，それ自体を図書館の目的としてはならない。たとえば，稀覯本を所蔵しているとか，特殊な資料が多いといったことは，公立図書館にとって，なんら自慢することではない。それらを活発に利用する市民がいてこそ，はじめて利用

価値が生まれて，誇りをもつことができるのである。ランガナタンの第1法則「図書は利用するためのものである」ということを決して忘れてはならない。

そこで，蔵書の形成・維持・発展活動にかかわる基本的な考え方について，キーとなる専門用語を解説しながら理解をもとめることにする。

まず，一定の目標をもって，蔵書を計画的につくりあげていく活動を「蔵書構成」（collection development）と呼んでいる。蔵書に資料を加えたり蔵書から資料を取り除いたりする動的な仕事である。

蔵書構成

つぎに，蔵書をつくりあげていくということでは，「蔵書構成」とほぼ同義とされる「蔵書構築」（collection building）という用語がある。時系列的には，蔵書をbuildingするという量的発展を重視する蔵書構築のほうが，蔵書論の基本概念としてはやくに定着している。

蔵書構築

これにたいして，蔵書構成は「蔵書が図書館サービスの目的を実現する構造となるように，資料を選択，収集して，計画的組織的に蔵書を形成，維持，発展させていく意図的なプロセス」（『図書館情報学用語辞典』第4版，丸善）と定義されるが，術語として普及したのは1970年代から80年代である。

蔵書構成には選書の発展した形としての質量的な蔵書の形成という基本概念がうかがえる。「蔵書構成は，その背後に存在する社会や文化の発展に応じて変動しなければならない。この意味で蔵書構成には完成図がなく，収集と廃棄の新陳代謝をしながら，はてしなく発展を続ける，生きた生命体としての collection development でなければならない」（河井弘志『蔵書構成と図書選択』新版，日本図書館協会）。

しかし，この概念の蔵書づくりも，現在の公立図書館をとりまく環境の変化への対応によって，主題的にも質的にも市民の期待と要求に応えられないことが生じてくる。そうした自館の蔵書を分析・評価し，さらに計画的あるいは体系的に管理運営していく必要があるとして，蔵書管理（collection management）という概念が導きだされている。その概念を支えるのが，資源共有の理念（UNIT 41）である。

蔵書管理

## ●⋯⋯⋯蔵書は何のために存在しているか

本書の序章で紹介したS.ランガナタンの『図書館学の五法則』は，図書館の本質を端的に表明した基本的理念として，きわめて刺激的な示唆を与えてくれた。とくに，第1法則の「図書は利用するためのものである」という理念と姿勢は，資料提供サービスの原点を象徴するものであり，蔵書論を展開していくうえにおいても不可欠な視点である。

ランガナタン第一<br>法則<br>図書は利用するた<br>めのものである

なぜなら，過去の世紀において，蔵書は「知識の宝庫」として鎖につながれた時代があり，鎖が解かれた後も長きにわたり，慣習や蔵書を管理する立場から，読者

の権利が寛大に認められることはなかった。いわば、「蔵書は保存するためにある」とか「蔵書は収集するためにある」という蔵書論が支配的であったといえる。

そうした「知」の制度を「保存のためよりも利用のために貢献すべき」としたのがランガナタンの第1法則であった。

日本の図書館界は、"中小レポート"や『市民の図書館』が発表されて以降、公立図書館の本質的機能が資料提供サービスにあるとして、理論的にも実践的にもランガナタンの第1法則を支持してきているが、それを支える蔵書論においては、いまなお、「蔵書は保存するためのものである」と主張する論者が後を絶たない。

そこで、いまいちど、公立図書館の法的根拠である「図書館法」の精神に立ちもどり、「公立図書館は何をするところか」とか「蔵書は何のために存在しているか」ということについて考えてみたい。

図書館の定義　「図書館法」では、図書館の定義を「図書、記録その他必要な資料を収集し、整理し、保存して、一般公衆の利用に供し、その教養、調査研究、レクリエーション等に資することを目的とする施設」（第2条第1項）と規定し、そのうえで、「土地の事情及び一般公衆の希望に沿い、更に学校教育を援助し、及び家庭教育の向上に資する」ため、図書館資料を収集し、一般公衆の利用に供すべきであると明示している。

このことを踏まえれば、地方公共団体の条例で設置された公立図書館が「だれのために何をするところか」あるいは「蔵書はだれのためにあるのか」ということは自明の理である。すなわち、公立図書館の蔵書サービスは、自治体構成員としての「いま現に生きている住民に利用してもらうためにある」（公立図書館の経営調査委員会『こうすれば利用がふえる』日本図書館研究会）といってよい。また、図書館現場に立つ職員は、だれよりもそのことを痛感しているはずである。

●⋯⋯⋯**蔵書とベストセラー**

洋の東西を問わず、図書館蔵書はつねにいろいろ批判されるが、比較的同時代の社会の欲求というものが端的に現れていて、市民感覚からすれば、好むと好まざるにかかわらず、読んでみたくなるものである。ベストセラーのものであれ、教養ものであれ、もともと、読書という行為は、いったん生理的感覚をよび覚ますことによって、新たな欲求を発見していくものである。

蔵書とベストセラー問題を考察するうえで、たいへん示唆に富んだ歴史的文書がある。それは、アメリカ公共図書館史上もっとも有名な文書とされる『ボストン市立図書館理事会報告』（1852年）のなかの「しばしば求められる本（現代の通俗書のうちで立派な本）」と題して書かれている文書である。

しばしば求められる本

なお、この報告書は、その後のアメリカ公共図書館の基本的性格の形成に大きな影響を与えたといわれる。

多くの人がこの種の本を望んでいるなら，同時に同じ著作を読めるほど多数の複本を用意すべきである。そして，人びとが最新の楽しい健全な本を読みたいと願うまさにそのとき，すなわち図書が精気に満ち新鮮なときに，すべての人が利用できるように複本を準備する。したがって，切実な要求が続くかぎり，複本の追加購入を続けねばならない。（川崎良孝解説・訳『ボストン市立図書館は，いかにして生まれたか』京都大学図書館情報学研究会）

　すなわち，公立図書館は市民がいつでも自由に利用できる唯一の公共施設である。したがって，書かれたものと市民との親密度は，印刷されたことばが解読できるかどうかの尺度によって決まってくる。それはかならずしも体系的でなくてもよいのである。ベストセラー批判論議は，そうした読書行為がもたらす，さまざまな蔵書のコントロール機能を見逃していることにおいて一面的であるといえよう。

　「知識の宝庫」としての図書館の保存機能を強調するあまりに，蔵書の中枢を次代にうけつがれるような深度と網羅性をそなえた専門書や学術書によって形成すべきだとする論者が少なくない。だが，自治体の規模や書庫収容能力を顧みずに，公立図書館の保存機能をおしなべて論じるのはいささか見当違いである。

　公立図書館は，出版文化の「砦」として保存機能を優先させる国立国会図書館のような存在でもなければ，古今東西の知的資源を所蔵する大学図書館などとおなじ重点的な保存機能をもつものでもない。また，ほとんどの「町」の図書館は，県立図書館や大規模図書館とは性格が異なり，書庫収容能力に限界がみとめられるので，質量とも市民の要求に応えられるように，実り豊かな蔵書を形成していくことが重要になってくる。

　　　良い蔵書とは，人々の知的好奇心を刺激し，どれもこれも読みたくならせる
　　ような本の集まりである。　　　　　　　　　（前川恒雄『われらの図書館』筑摩書房）

良い蔵書とは

　蔵書は量的な発展ではないし，蔵書数はそれほど重要な要素ではない。むしろ，だいじなのは，市民一般がもとめている新刊書や話題の書を蔵書に加えることができるかどうかである。それが蔵書のバロメーターとなる。日野市立図書館長，滋賀県立図書館長を歴任した前川恒雄が「蔵書を見れば，その図書館のすべてが分かる」といったのは，そのことである。

● ········· **蔵書の特性**

　蔵書はすべての市民に共有されるべきものであり，情報公開し，提供することにおいて平等でなければならない。しかし一方で，蔵書は市民の要求をすべて充たすことはできない。いや不可能といっていいだろう。いくら大都市圏の大規模中央図書館であっても物理的には限界がある。もちろん，国立国会図書館といえども例外でない。たとえ，巨費を投じ，相当な書庫収容能力を設けようとも，単館の蔵書だ

けで市民の要求すべてに応えることはむずかしい。

　この蔵書の特性は，蔵書が選書の発展したかたちであり，量的増加と書庫収容能力の諸要因を考察することにおいて，理論的にも実践的にも容易に理解できるだろう。そのためには，計画的な収集・選択から更新・廃棄にいたるまでの蔵書全体の維持・発展にふさわしい方針を確立する必要がある。

　こうした蔵書の発展と維持にかかわる特性をあきらかにし，蔵書の管理が図書館員の第一の使命であるとした W. ワートマン（Wortman, W.A.）は，『蔵書管理』（勁草書房）のなかで，蔵書の性格についての五つの原則をあげている。

蔵書の性格5原則
（W. ワートマン）

　第1原則「蔵書は利用者の要求に応えるためにある」

　この原則については，くりかえし述べてきたところであり，もはや説明するまでもないだろう。しかし，そうはいっても，市民の要求と関心がどこにあるのか，どのような資料や情報を必要としているのかをあきらかにすることは，市民ひとりひとり違うだけに容易なことではではない。ワートマンがいうには，「図書館員は利用者の求めに応じ，彼らの要求や主題が必要とするものを解釈し，どのような資料がこれらの要求や必要に応えられるかを考えるのである」とし，蔵書はそれにもとづいて形成されるとする。

　第2原則「蔵書は最も広い範囲にわたって考えられねばならない」

　ここでは，蔵書の対象は，印刷資料だけでなく，非印刷資料やコンピュータ・メディアを含み，さらに他館の所蔵資源も共有することによって，「一つの包括的蔵書」を確立しなければならないという。

　第3原則「どの蔵書も首尾一貫した全体である」

　蔵書は「それぞれユニークな性格をもち，それぞれが資料，利用者，歴史，そして希望からなる特別な混合体をなしている」という考察において，ランガナタンの第5法則「図書館は成長する有機体である」理念と符合している。それはとりもなおさず，蔵書が単なるコレクションの塊でなく，首尾一貫した個性の重要さを強調しているということである。

　第4原則「すべての蔵書はダイナミックである」

　蔵書が動的なものであることはだれもが認めるところである。およそ蔵書と利用者の力学からして両者は相関関係にあり，利用者の成長とともに，蔵書も新陳代謝がもとめられるので必然的に定常状態ではありえない。それゆえ，図書館員は「いまある蔵書に変化を与えるよう注意しなければならない」としている。

　第5原則「図書館は人々がわれわれの蔵書と遭遇する競技場である」

　「競技場」という隠喩は，いささか劇的すぎるが，「蔵書が利用されるスペースと場所」という意味では「本の広場」や「情報や思想の広場」につうじる。つまるところ，蔵書とは市民が市民であることを意識する「開かれた場所」なのである。

# UNIT
# 32

◉蔵書論

# 収 集 方 針

●‥‥‥‥‥**収集方針と選択基準**

　それぞれの図書館は，どのような蔵書をどのように構成していくかについての方
針をもっている。その方針のことを蔵書構成方針という。蔵書構成方針のことを日
本では一般に「収集方針」と呼んでいる。

　収集方針と混同されがちな用語として「選択基準」がある。選択基準とは，個々　　　選択基準
の資料を図書館の蔵書として収集すべきかどうかを判断する際に用いる細かい実務
的な基準である。選択基準をもっている図書館では，それは収集方針の一部分とし
て作成されている場合もあるし，収集方針とは別に作成されている場合もある。ど
ちらの場合でも，選択基準の内容は，その図書館の収集方針から導かれるものであ
り，収集方針がないのに，選択基準だけがあるというのは合理的ではない。

　以下では慣習にしたがって蔵書構成方針のことを表すのに「収集方針」という語
を使う。また，収集方針と選択基準ということばは区別して用いる。


●‥‥‥‥‥**収集方針の成文化と住民への公開**

　塩見昇は収集方針のことを「図書館サービスの方針を資料の面で表現したもので，　　収集方針の意義
どのような蔵書（資料群）を構成するかの基本的な考え方を集約したものであり，
日常の資料選択収集業務に対する指針となるとともに，住民の図書館資料への期待
の拠りどころとなるものである」と定義する（『収集方針と図書館の自由』日本図
書館協会，1989）。

　図書館の蔵書は，個々の職員の恣意によって構成されてはならない。また，館長
や担当職員が交代したからといって蔵書の内容が大きく変わってはならない。目標
の蔵書を構成するためには，職員全員による継続的な努力が必要となる。このため
には，収集方針を成文化しておき，蔵書構成についての基本的な考え方を職員全員
の共有のものにしておかなければならない。

　どのような蔵書をどのように構成するかということは，どのような図書館をどの
ように運営をするかということと密接に関連している。住民には当然のこととして，
図書館からどのようなサービスを受けられるのかを知り，それに対して意見を述べ
る権利がある。図書館側も，図書館運営に対する住民の参加と協力を歓迎する。こ

のために収集方針は，住民に公開されていなければならない。

　これをふまえて，2012年に改正された「図書館の設置及び運営上の望ましい基準」では，「市町村立図書館は，利用者及び住民の要望，社会の要請並びに地域の実情に十分留意しつつ，図書館資料の収集に関する方針を定め，公表するよう努めるものとする」と定められている。

　収集方針がこのような意義をもち，塩見のように定義されるものなら，それは成文化され公開されているのが当然である。しかし『公立図書館における蔵書構成・管理に関する実態調査報告書』（全国公共図書館協議会，2019）によると，調査に回答した市町村1,326のうち，収集方針を「明文化」しているのは949（71.6%）であり，そのうち「公開」もしているのは468（49.3%）であった。すなわち「明文化」して「公開」しているのは，全体の35.4% にすぎなかった。

　ただし，収集方針というのは，成文化され公開されていれば，それでよいというものではない。当然のことだが，もっとも大きな問題は，それがすぐれた収集方針かどうかということである。いったいどのような収集方針がすぐれた収集方針なのであろうか。各図書館の収集方針を分析した結果をもとに塩見は，収集方針には「抑制型」と「拡張型」という二つのタイプがあることを主張している（『収集方針と図書館の自由』）。

　抑制型の収集方針とは，それが存在することによって，利用者の要求が抑制されてしまう収集方針のことである。どのようなサービスをするのかを図書館側が一方的に決めてしまい，それをもとに収集する資料の範囲を限定し，そこからはずれる資料要求は切り捨てるタイプの収集方針である。「〇〇〇は……なので収集しない」という表現が多い。

　一方，拡張型の収集方針とは，そこに記述してあることを読むことによって，図書館サービスの広がりが感じられるような収集方針である。図書館がどのような蔵書構成をしようとしているのかを進んで示すことで，利用者の資料要求を積極的に喚起しようとするタイプの収集方針である。

収集方針の成文化の内容

　収集方針が「図書館サービスの方法を資料の面で表現したもの」であり，蔵書構成についての批判や協力を住民に呼びかけるものと考えるなら，いうまでもなく後者の方がすぐれた収集方針である。このような事情をふまえて塩見は，収集方針を成文化する際に盛り込むべき内容として，次の6点を提唱している。

(1)　その図書館の奉仕対象とサービス活動が基本的にめざすところ

　　図書館がだれの，どのような利用に応えようとしているか，サービスの現状に照らしてどのような課題をもっているか（サービスの拡張計画）を明らかにすることが，資料収集の基本を示すうえで欠かせない。

(2) 図書館資料と知的自由との関連

　図書館が備える資料の量とひろがり，蔵書の連環は住民の図書館利用の意欲と関心を決定的に左右する。資料収集が住民の知的自由，知る権利の保障と深くかかわっていることを明示し，「図書館の自由に関する宣言」を支持し，その理念に則ってなされることをうたうことが望ましい。

(3) 収集・選択の機構と決定にあたる責任の所在

　資料収集を館内のどのような組織機構によって行うかの大綱を述べ，最終決定の責任が図書館長にあることを明示する。選択の機構としては，利用者に対する資料提供に直接あたる職員が実質的に責任を負い，専門職員の合議を尊重して館長が最終決定をするというのが最も望ましい形態であろう。

(4) 収集する資料の範囲

　図書館活動の様態に応じて（利用対象，中央館・地域館の別，主題別など諸室をもつ場合はその別等）収集する資料の範囲，選択において特に留意する事項について大綱を述べる。図書以外の各種メディアについてもふれる。

(5) 利用者からの要求（リクエスト）と蔵書に対する批判への対処の方法

リクエスト

　未所蔵資料への住民からのリクエストが，蔵書構成への住民参加であるという認識を基本にもち，リクエスト要求は尊重し，収集に生かすことを明示する。図書館に備え，利用に供している資料に対し，住民等から批判が寄せられることがある。それに対しては，ただちに収集への干渉であるといった受け止め方をするのではなく，図書館サービスのありよう，図書館づくり（蔵書の形成）への住民意志の発動とまずは受け止め，基本的にそうした参加を歓迎するという立場を鮮明にすべきである。アメリカの図書館のカウンターでよく見られる「特定の資料についての再評価請求票」はそういう視点から用意されているものであり，その姿勢に学ぶとともに再評価の手順など参考にしたいものである。先に述べた「抑制型」と「拡張型」の違いが最も端的に現れるところである。

(6) 蔵書からの除去，廃棄についての基本的な考え方

　蔵書をより魅力あるものへと発展させるためには，新たに何かを加えるだけではなく，不要なものを積極的に除去することも重要である。除去も大事な（新たに加えること以上に難しい）選択であり，その基本的なありかたも広い意味で収集方針の一項に加えておくのがよい。

（『収集方針と図書館の自由』p.24-26）

### ●……………収集方針と「図書館の自由」「公立図書館の任務と目標」

「図書館の自由に関する宣言」「公立図書館の任務と目標」「図書館の設置及び運営上の望ましい基準」等には，当然ながら，収集方針（蔵書構成方針）を成文化し，

それを公開しておくことの必要性が強調されている。「図書館の自由に関する宣言1979年改訂」にはさらに，資料の収集にあたって留意すべき点が5点あがっていて，どのような収集方針であろうと，この5点だけは最低限盛り込んでおく必要がある。それらに該当する各条文を，以下に抜き出しておく。

○『図書館の自由に関する宣言　1979年改訂　解説　第2版』
　　第1　図書館は資料収集の自由を有する。
　1　図書館は，国民の知る自由を保障する機関として，国民のあらゆる資料要求にこたえなければならない。
　2　図書館は，自らの責任において作成した収集方針にもとづき資料の選択および収集を行う。
　　　その際，
　⑴　多様な，対立する意見のある問題については，それぞれの観点に立つ資料を幅広く収集する。
　⑵　著者の思想的，宗教的，党派的立場にとらわれて，その著作を排除することはしない。
　⑶　図書館員の個人的な関心や好みによって選択をしない。
　⑷　個人・組織・団体からの圧力や干渉によって収集の自由を放棄したり，紛糾をおそれて自己規制したりはしない。
　⑸　寄贈資料の受入れにあたっても同様である。
　　　図書館の収集した資料がどのような思想や主張をもっていようとも，それを図書館および図書館員が支持することを意味するものではない。
　3　図書館は，成文化された収集方針を公開して，広く社会からの批判と協力を得るようにつとめる。

　　［宣言の解説より］……事前に図書館協議会や図書館運営委員会の意見を求めるとか，教育委員会などの管理機関の了承を取り付けることが適当である。
　　留意すべき点としてあげている⑴から⑸は，収集方針のうち特に重要なものを整理したもので，これですべてがつくされているわけではないが，少なくともこれらは盛り込んでおく必要がある。
　　さらに，図書館の所蔵資料に対する市民や利用者からの意見やクレームを，直ちに圧力や干渉・検閲として受け止めることはせず，収集方針やその運用に対する一つの意見として生かしていくよう，適切な処理手続きを定めておく必要がある。

○『公立図書館の任務と目標　改訂増補版　解説』（市町村立図書館に関する部分）

38　資料は，図書館の責任において選択され，収集される。

図書館は，資料の収集を組織的，系統的に行うため，その拠りどころとなる収集方針及び選択基準を作成する。これらは，資料収集の面から図書館サービスのあり方を規定するものであり，教育委員会の承認を得ておくことが望ましい。

収集方針及び選択基準は，図書館のあり方について住民の理解を求め，資料構成への住民の参加と協力を得るために公開される。（以下略）

○『図書館の設置及び運営上の望ましい基準（平成24年12月19日文部科学省告示第172号）』（市町村立図書館に関する部分）

2　図書館資料

（一）図書館資料の収集等

1　市町村立図書館は，利用者及び住民の要望，社会の要請並びに地域の実情に十分留意しつつ，図書館資料の収集に関する方針を定め，公表するよう努めるものとする。

### ●………成文化された収集方針の実例

現代的で拡張型の収集方針とはどのようなものかを知るには，実例をみるのがわかりやすい。そこで早くから作成され，しかも高い評価を受けている収集方針を二つ紹介する。一つは藤沢市図書館の収集方針であり，もう一つは茨木市立図書館の収集方針である。

「藤沢市図書館資料収集方針（2020年版）」は，1986年制定の「藤沢市総合市民図書館収集方針」の改訂版であり，市民参加型の収集方針であるという特徴がある。『藤沢市総合市民図書館資料収集方針』（1986年刊行の冊子）によれば，「広く市民の批判と協力を得て，市民の資料要求にこたえられる蔵書構成を作ること」が同館の目標である。このために，収集方針は案の段階から市民に公開し，積極的な提言と支持をもとめた。つまり，職員の討議によって案を作成し，その案を市民に公開して意見を聞き，そのうえで正式な方針として確定させたのである。

このような歴史を持つ「藤沢市図書館資料収集方針（2020年版・全105ページ）」は次のような構成になっている。

| | | |
|---|---|---|
| 1　基本方針 | 5　市民文庫 | 9　視聴覚資料 |
| 2　一般書 | 6　特別コレクション | 10　雑誌 |
| 3　参考図書 | 7　児童書 | 11　新聞 |
| 4　地域資料 | 8　ヤング・アダルト資料 | |

藤沢市図書館資料
収集方針
市民参加型の収集
方針

このうちで「1　基本方針」が蔵書構成方針に相当し，「2　一般書」から「11　新聞」までが選択基準に相当するものである。

「1　基本方針」では，図書館の任務を「基本的人権のひとつとして知る自由を持つ市民に資料を提供する」ことにあると規定し，「市民の要求にもとづいて資料を収集する」ことを収集の大原則としている。また「図書館の自由に関する宣言1979年改訂」第1条第2項にある「資料収集における五つの留意点」は，そのまま本文に取り込んでいる。さらに「収集方針は常に市民の議論の対象となるよう市民に公開され，より豊かで実質的な内容あるものとしていく」と結んでいる。

「2　一般書」以降の部分では，細分化された分野ごとに選択のために基準を記述している。そこでは「網羅的に収集する」「体系的に収集する」「幅広く収集する」「～に留意する」など，選択のための実務的な基準を記述している。「～は収集しない」といった抑制型の表現は，ほとんどみられない。

一方，以下に掲載する茨木市立図書館の収集方針（option O）は，「図書館の自由に関する宣言　1979年改訂」の内容や塩見昇の提唱する6項目を忠実に盛り込んであるのが特徴である。また，「公立図書館の任務と目標」の解説にしたがって，教育委員会の承認という形式をとっている。

## ●──option O

## 茨木市立図書館資料収集方針

平成8年7月26日
茨木市教育委員会承認

〔基　本　方　針〕

1．茨木市立図書館は，市民の基本的人権の一つである「知る自由」を社会的に保障する機関の一つである。そのため市民が必要とし市民の知的関心を刺激する多様な資料を図書館の責任において豊富に備える必要がある。

2．図書館法に示された公立図書館の役割，すなわち市民の「教養，調査研究，レクリエーション等に資する」資料を収集する。

3．資料の収集にあたっては，利用者の資料要求と関心，および地域社会の情況を反映させ，組織的，系統的に行う。そのよりどころとして，本収集方針を定め，図書館員共通の理解のもとで運用する。

4．市民の知的関心に応える証として本収集方針を公開し，広く市民の理解と協力

を得て，市民の資料要求に応えられる蔵書を形成する。

〔資料収集の種類〕

5．収集する資料の種類は次のとおりとする。

① 図書

② 逐次刊行物

③ 地域資料

④ 行政資料

⑤ 視聴覚資料

⑥ 障害者用資料

⑦ 複製絵画

⑧ その他

〔資料収集の分担〕

6．中央図書館，分館，分室，移動図書館において，それぞれの役割と機能に応じた蔵書構成に留意するとともに，茨木市立図書館全体の体系的な資料の充実をはかる。

7．分館は，一般教養，実用，趣味および娯楽に資する資料のほか調査研究に資するための基本的，入門的参考図書を収集する。

8．分室，移動図書館は，限られた収容力のなかで資料要求に応えるため，小説，実用書，児童書，絵本を中心に利用頻度の高いと思われる図書資料を収集する。

9．中央図書館は，図書館システム上のセンターとしての役割を担い，分館，分室，移動図書館に対する資料補給および保存の機能をもつ。そのため分館，分室，移動図書館が収集する資料のほか専門的図書，参考図書，地域資料，行政資料その他の資料をも網羅的に収集する。

〔資料収集についての留意点〕

10．資料収集にあたっては，次の点に留意する。

① 多様な対立する意見のある問題については，それぞれの観点にたつ資料を幅広く収集する。

② 著者の思想的・宗教的・党派的立場にとらわれて，その著作を排除しない。

③ 図書館員の個人的な関心や好みによって選択しない。

④ 個人・組織・団体からの圧力や干渉によって，収集の自由を放棄したり紛糾をおそれて自己規制しない。

⑤ 寄贈資料の受入にあたっても同様である。

以上のような基本方針で収集した図書館資料が，どのような思想や主張をもっていようとも，それは図書館および図書館員が支持していることを意味するものではない。

〔資料選択の組織〕

11. 資料の選択については，利用者サービスに従事する図書館員全体があたる。収集する資料の選定調整は，「資料選定会」において合議により行う。

　　「資料選定会」は，成人図書室，児童図書室，参考図書室，分館，分室，移動図書館の担当者から選ばれた者，及び発注担当者で構成する。

　　資料の選択についての最終責任は，中央図書館長にある。

　　収集した資料の利用状況等について，図書館員全体によって検討し，資料選択に生かしていく。

〔蔵書の更新・除籍〕

12. 図書館は，常に新鮮で適切な資料構成を維持し，充実させるために資料の更新および除籍を行う。

　　利用者が直接資料に接する開架書架は，常に利用される図書で構成されていることが大切である。

① 利用頻度の落ちた資料，新たな資料によって代替できる資料，古くなった資料価値の乏しい資料は，臨時書庫に移す。

② 資料全体をみきわめ，将来の利用を予測して資料価値の無くなった資料は除籍する。

③ 分館・分室・移動図書館の資料は，中央図書館との間で調整し効率的な保存をはかる。

④ 長期にわたってよく利用される資料が，破損などのために利用に供せなくなったときは，同一資料の買い替えなどの更新を行う。

〔市民の要望や意見の尊重〕

13. 利用者からリクエストされる資料は，できる限り提供するように努める。その際，図書館未所蔵の資料は，図書館の蔵書構成への意志の反映としてこれを受けとめ，収集するように努める。

14. 市民の利用者からの蔵書についての要望や意見は，図書館の蔵書構成への意志として大いに歓迎するという認識のもとに，十分検討のうえ蔵書に生かすように努める。

# UNIT 33 ● 蔵書論
# 複本と予約

## ●⋯⋯⋯予約制度の意義

　利用者のもとめる資料が図書館になかった場合に，申し込みをしてもらって，後日その資料を利用者に提供するのが予約制度である。ここでいう「図書館になかった場合」というのは，所蔵しているが貸出中という場合だけでなく，所蔵していない場合も含む。

　予約制度は，貸出と直接につながるサービスである。利用者のもとめる資料をかならず提供するという考え方から必然的に生じるサービスだからである。また，利用者の知る自由の保障と直接つながるサービスでもある。予約制度がなければ，何でも提供するといっても画餅にすぎないからである。

　忙しい利用者のなかには，あらかじめ家で記入しておいた予約申込書を提出し，前回申し込んでおいた資料のうち用意できているものを受け取って帰るという人もいる。このような利用方法であれば，もとめる資料が図書館にあるという場合も多い。また近年では，電話やインターネットを使って予約申込みができる図書館が多くなっている。このような利用方法でも，もとめる資料が図書館にあるという場合が多い。このため近年の予約制度は，利用者のもとめる資料を必ず提供するという点だけでなく，「利用者の時間を節約する」という点でも重要な制度となっている。

　このように，予約制度は現代の公立図書館には欠かせないものであり，当然ながら，蔵書構成や図書選択に対しても大きな影響力をもっている。現代的な拡張型の収集方針では，利用者からの予約（リクエスト）を，蔵書構成への要望や批判として積極的に受け入れようとするからである。たとえば，所蔵していない資料への予約があると，図書館は，それを収集し漏らしていたのではないかと反省し，利用が見込まれるならその資料を購入する。また，所蔵している資料への予約についても，同じ本への予約が何度も重なるなら複本を購入する。

　予約制度は量の面でも急速に発展してきている。『日本の図書館』の調査結果をみると，1995年の調査では全国の公共図書館2,363館で9,200千件の予約があった。それが2022年には3,287館・122,187千件へと急速に増加している。2022年の統計で平均すれば1館当たり約3万7千件の予約である。また，年間貸出冊数は全国総数で623,863千冊なので，貸出冊数に対する予約件数の比率は19.6％となる。いくつ

予約制度：利用者のもとめる資料をかならず提供する

かの図書館では，この比率が30％を超えている。そういう図書館では当然ながら，蔵書構成に及ぼす予約の影響力は非常に大きくなっている。

### ●⋯⋯⋯予約制度と蔵書構成

　予約される本を積極的に購入しようとすることに対して「予算が食われてしまう」「ほかの本が買えなくなる」「蔵書が雑書ばかりになる」「蔵書に歪みが生じる」といった批判もある。しかし大抵の図書館では，予約の大部分は返却待ちなので，こうした批判は的はずれである。しかも予約によって購入した本のほとんどは，本来は予約がなくても購入すべきだった本であり，購入後もよく利用される本である。また「予約された本を購入すると蔵書構成に歪みが生じる」などといえるほど完璧な図書選択というのは，実際問題としてありえない。

　蔵書に魅力がない図書館ほど予約が多くなると思われがちだが，そうではない。利用者は現在の蔵書に触発されて予約をするので，蔵書が魅力的であるほど予約は増えてくるからである。また，複本が少ないと予約が多くなると思われがちだが，これもそうではない。複本が少ないとあまりに長く待たされるので，利用者はその本へ予約することをあきらめてしまうからである。逆に複本が多いと，近いうちに読めるという利用者の期待感が増し，予約は増えてくるものである。つまり予約の多い蔵書というのは，利用者の読書意欲を盛んに刺激している魅力的な蔵書であるといえる。

予約と収集方針の
あつれき

　予約制度と収集方針との間には，あつれきが生じることがある。つまり，利用者の予約した資料が，収集方針の規定している範囲を越えることがある。抑制型の収集方針をもつ図書館では，とくにこれが多発する。そういう場合，予約制度に対する理解が十分でない図書館では，予約に応えることを断わることがある。しかし，住民がもとめる資料であるなら，たとえ収集方針の範囲を越える資料であっても，ほかの図書館から借りるなどの手段を用いてそれを提供しようと努力すべきである。またもし，そのような事態があまりに多発するのなら，収集方針の方が誤っているのであり，その場合は，収集方針の内容を改訂しなければならない。

　自由な予約制度が浸透していけば，図書館員の理解力を越えるものや，常識の枠からはみ出るようなものが予約されることもある。予約という形をとって利用者からつきつけられた要求に対して，図書館はどのように応えるのか，どのように蔵書に反映させていくのかについて，図書館員は考えなければならない。予約制度は，図書館に対して緊張と反省と活力をもたらすものなのである。

### ●⋯⋯⋯複本購入の意義

　予約制度が利用者に定着してくると，複本を何冊買うかという問題が必然的に発

生してくる。予約は返却待ちが多いので，おなじ本を待っている人が10人や20人いるという事態はどんな小さな図書館でも頻繁に起こり，そうした資料要求に早く応えようとすると，複本がどうしても必要となるからである。このために，予約者の多さを基準としながら複本を購入している図書館が多い。

たとえば貸出期間が2週間であったとすると，延滞が生じたり予約者に連絡がとれなかったりするために，1冊の複本が1件の予約を処理するのに約3週間が必要となる。かりに，どんなに遅くても3か月（12週間）以上は待たさないことを目標とするなら，1冊当たりの予約件数は4件以下でなければ間に合わない。つまり4件の予約につき1冊の複本が必要ということになる。

同じ買うのであれば，複本は早めに購入しておくほうが効率がよい。1年間（52週間）に1冊の複本は18件の予約を処理できると仮定する。すると，最初から10冊の複本があれば180件の予約を処理できるが，最初に5冊購入して半年後に5冊追加購入するという方法であれば全部で135件しか処理できない。つまり処理効率が25％悪くなり，利用者をそれだけ待たせることになる。このため，どの本について，どのくらいの複本を購入するかを，できるだけ早く見極める力が選択者には必要になる。

複本の購入はできるだけ抑えて，利用者には待たせればよいという意見もある。しかし多くの利用者は，あまりに長期間待たされると，その本を読む気が薄れてしまう。できるだけたくさんの人に，自分のもとめる本を，できるだけたくさん読んでもらうことが，図書館の目標である。今ベストセラーとなっている本が2年後にようやく読めるとしても，そのような予約制度にどれだけの意味があるだろうか。

待てないなら利用者自身が買えばよいという意見もある。しかし，本代として自由に使えるお金をあまり持っていない人や，お金がかかるなら本を読むことは控えるという人は多い。そのような人たちが，複本が少なくて長く待たされることによって，人気のある本を読むことをあきらめることになる。図書館は，だれでも家計のことを気にせず，自分の好きな本を好きなだけ，自由に読めるところでなければならない。

複本は，早く資料要求に応えるためだけでなく，蔵書を魅力的にするためにも必要である。どんなに予約制度が定着しても，書架をながめながら気に入った本を探すという，利用者の一般的な行動様式は変わらない。いつ行っても魅力的な本は貸出中というような書架では，読みたい本を図書館にもとめることを利用者があきらめてしまう。これを防ぐためには，利用が多くて書架に残ることがほとんどないという本についても複本が必要となる。「東野圭吾の本なんかは，図書館にはあまり置かないのですね」といった利用者の声を聞くのは悲しい。

複本の購入

## ●………複本購入に批判的な意見について

複本批判

　複本を大量に購入する際の問題点としてよく指摘されるのは「ブームが去ったあとで書架に残骸をさらす」と「蔵書の多様性が失われる」である。残骸をさらすという点でいえば，利用がすたれて書架に残骸をさらすまでに要する時間は，同時期に購入した他の資料に比べて，それらの複本のほうがとくに短いわけではない。むしろ，ほとんどの場合は圧倒的に長いのがふつうである。また，すたれるまでに利用された回数を数えてみれば，同時期に購入した他の資料よりもはるかに利用されていることがわかる。さらに，もし本当に利用がすたれているのであれば，複本であれ他の資料であれ，書架から除く作業をおこなえばよいことである。

　蔵書の多様性が失われるという点でいえば，複本を積極的に購入している図書館のほうが，利用が多くなるので，貸出中の本が増え，それだけ所蔵タイトル数も多くなってくる。蔵書の多様性を増すという名目で複本のかわりに買った本が，複本を買った場合よりも住民の資料要求を満たすことに本当に貢献したかというとそうでもない。開架スペースは一定なので，利用者が目にするタイトル数は一定である。つまり利用者が目にする多様性は一定である。問題はそこに並んでいる本が魅力的かどうかということである。人気のある本はいつも貸出中で，書架には人気のない古めの本ばかりが並んでいる。そのような状態では，利用者には多様であるとも魅力的であるとも感じられない。

　近年，複本を大量に購入することに対して出版社側から不満の声が聞こえることがある。公立図書館が複本をたくさん購入し貸し出すことによって書店での売上げが阻害されているという意見である。また，この意見に同調しながら，たとえ人気はなくても文化的・学術的に価値の高いものこそ図書館は購入すべきだとの意見も聞こえてくることがある。

　しかし，人気のある本を図書館が大量に購入することが，書店・出版社・著者に対してどの程度の不利益を与えているのかは判然としていない。むしろ図書館としては，それまで本を読まなかった人が人気に惹かれて本を読んでみることによって，その人の読書が習慣化することで，むしろ本の読者層（ひいては購入者層）を広げることに貢献していることを主張する必要がある。

公立図書館貸出実態調査

　なお，ベストセラーの複本の公立図書館における所蔵状況については，『公立図書館貸出実態調査 2003 報告書』が発表されている。日本図書館協会と日本書籍出版協会が協力しておこなった調査であり，この調査によってはじめて，図書館における複本購入の状況が全国規模で明らかになった。それによると，図書館の複本数は意外と少ないこと，複本総数は大規模自治体で多いが人口あたりの複本では中小自治体のほうが多いことなどがわかっている。

# UNIT 34

◉蔵書論

# 蔵書の更新

## ●……蔵書形成のサイクル

　公立図書館の蔵書は住民のニーズと地域社会の状況を反映したものでなければならない。ニーズや状況に敏感な蔵書は，当然ながら定常状態ではありえない。必要なものを常に取り入れ，不要なものを常に排出する。まさに「成長する有機体」としての機能がもとめられる。

　住民のニーズや地域社会の状況は時間とともに変わっていく。その変化に合わせて，新しいニーズや新しい状況に対応する資料を，図書館は次々と収集する。収集した資料はすぐに書架に並べるが，書架スペースには限りがある。そこで今度は，不要な資料を書架から除くことになる。不要な資料を除いたスペースへは，次の新しい資料を並べる。それは除いたものと同じ分野の資料ということもあれば，まったく新しい分野の資料ということもある。

　収集・選択から除架・除籍に至る蔵書形成のサイクルを表したのが図（蔵書形成のサイクル）である。蔵書は，このような動的サイクルによって形成される。

蔵書形成のサイクル

**蔵書形成のサイクル**

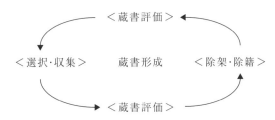

　必要な資料を集めてきて蔵書に加える一連の作業を「収集」という。収集は，住民の資料要求に応えることを目標とし，収集方針にしたがっておこなう。行政の意向や行政の動向にしたがって収集するとか，図書館員の個人的意見にもとづいて収集するようなことがあってはならない。収集の過程で，個別の資料について蔵書に加えるかどうかを決定する作業を「選択」という。選択という語のかわりに，選書や選定という語を用いる図書館もある。

　不要な資料を書架から除くことを英語では普通 weeding という。weeding に対応する日本語として除架・間引き・不要資料選択などが使われるが，どの用語も定着

weeding

していない。ここでは「除架」を用いることにする。書架から除架した資料は，閉架書庫に入れるか，あるいは廃棄する。ほかの自治体の図書館へ移管したり，地域の読書施設や地域住民へ譲渡することもある。

除架した資料のうち，廃棄したものや，ほかの施設へ移管したものは，図書館の蔵書ではなくなるので，蔵書記録からその資料の記録を削除する。この作業を「除籍」という。除架には，開架から閉架へ移すことを目的としておこなう場合と，廃棄・移管・譲渡を目的としておこなう場合がある。後者のときは，除架から所蔵記録の削除にいたる一連の作業全体を指して除籍と呼ぶこともある。

収集をおこなうときにも，除架をおこなうときにも，現在の蔵書がどのような状態にあるのかを評価しておかなければならない。収集方針に照らして，どういうところが優れていて，どういうところが劣っているのかなど，現在の蔵書の状態を把握・評価する作業を「蔵書評価」という。

### ●⋯⋯⋯蔵書更新の意義

このように，所蔵資料の新陳代謝という点からみた蔵書形成のサイクルを蔵書の更新という。蔵書を積極的に更新することによって，次のような効果が生まれる。

(1) 古ぼけた資料が減って新鮮な資料が充実するので，魅力的な蔵書構成が実現し利用が増える。
(2) 内容の古くなった資料が除かれることによって，蔵書全体に対する利用者からの信頼感が増す。
(3) 不要な資料を書架に維持していくための，余分な労力や経費が節約できる。

もし蔵書の更新に消極的であれば，次のような逆の効果が生じる。

(1) 古ぼけた資料が多い蔵書構成となり，蔵書に魅力がなくなって利用が減る。
(2) 内容の古くなった資料が書架に残っているために，蔵書全体に対して利用者が不信感を抱くようになる。
(3) 資料探索，書架整理などで，余分の労力や経費が必要になる。

### ●⋯⋯⋯蔵書更新率

積極的な更新によって，蔵書は魅力的になり利用が増える。しかしながら，資料購入費は有限であり，図書館が収集できる資料の数は限られている。蔵書はいったい，どのくらいの頻度で更新すればよいのであろうか。

図書館の資料は一般的にいって，古くなればなるほど利用が減る。ある資料が書

架に並んだ時点から，利用がほとんどなくなったり，物理的に傷んだりするまでの年数を耐用年数という。耐用年数が決まれば蔵書の更新率が決まることになる。

耐用年数

『市民の図書館』（日本図書館協会，1970）では，蔵書全体についてこの耐用年数を4年と見積もっている。また蔵書回転率を4回転と見積もっている。つまり『市民の図書館』は，毎年，蔵書の4分の1を更新しながら，蔵書の4倍の貸出をおこなうことを提唱している。

「公立図書館の設置及び運営に関する基準」（文部省通知，1992）では，「市町村立図書館は，毎年，開架冊数の5分の1以上の冊数を収集するよう努めるものとする」と規定した。つまり毎年開架冊数の5分の1以上を更新するよう提唱した。

この5分の1以上という数値は，「公立図書館の設置及び運営上の望ましい基準」（文部科学省告示，2001）では採用されなかった。しかし，告示に先立つ「公立図書館の設置及び運営上の望ましい基準について（報告）」（生涯学習審議会社会教育分科審議会計画部会図書館専門委員会，2000）には，数値目標の例が掲載されている。これは，奉仕人口の段階ごとに「人口1人当たり貸出」の多い上位10％の図書館を選び出し，蔵書冊数・開架冊数・開架に占める新規図書比などの数値平均を算出したものである。そこでは，「開架に占める新規図書比」（開架蔵書新鮮度）として，人口段階ごとに9.1％〜10.9％の値を採用している。この値であれば，およそ9〜11年で開架蔵書が更新されることになる。

開架に占める新規図書比

同じ考え方に基づく数値目標が，『公立図書館の設置及び運営上の望ましい基準活用の手引き』（日本図書館協会，2001）や『図書館による町村ルネサンス：Lプラン21』（日本図書館協会，2001）にも収録されている。また『公立図書館の任務と目標　解説』（改訂版，日本図書館協会，2004）には「図書館システム整備のための数値基準」が収録されていて，そこにも同じ考え方に基づく数値基準が掲載されている。同基準には人口段階ごとに11.4％〜13.2％という値が提示されている。この値であれば，7.6〜8.8年で開架蔵書が更新されることになる。（option P）

積極的な蔵書更新が望ましいとしても，そのためには多くの資料購入が必要であることも確かである。たとえば『公立図書館の任務と目標　解説』の数値基準によれば，人口10〜30万人規模の図書館では，開架冊数326,860冊・開架に占める新規図書比13.2％という値が示されている。この値だと，毎年43,146冊の図書を購入することになる。新刊書の平均単価が1,268円（『出版指標年報 2023』）とすれば，単純に計算して毎年およそ5,471万の図書費が必要となる。なお「人口1人当たり貸出」の多い上位10％の図書館の数値平均は『図書館雑誌』5月号に毎年掲載されていたが，2020年からは掲載されなくなった。

## ●⋯⋯⋯除架へのためらい

　蔵書更新を積極的におこなおうとするとき，収集・評価・除架のうちで，図書館
員にとって心理的・労力的にもっとも負担になるのは除架である。書庫を持たない
か，持っていてもスペースに余裕がないために，除架した資料は必ず除籍しなけれ
ばならないような図書館では，とくにそうである。S．　スロート（Slote, Stanley J.）
は，図書館員が除架に消極的になってしまう理由として次の5点を指摘している。

S. スロートの指摘

⑴　蔵書数は多いほどよいと思われている
⑵　作業がたいへんである
⑶　住民が不満に思う
⑷　本を神聖視する気持ちが図書館員にある
⑸　いろいろな基準がぶつかり合う

　　（Slote, Stanley J. *Weeding Library Collections: Library Weeding Methods*, 4th
　　ed. Libraries Unlimited, 1997）

　スロートが指摘するように，蔵書が多ければ多いほどよい図書館だと思っている
人は世の中にたくさんいる。図書館員のなかにもそう思っている人がいる。このた
めに，古ぼけて利用が少なくなった資料でも，できるだけ長く所蔵しておきたいと
考える図書館員は多い。また，除架の作業に費やす労力をあまり評価しない図書館
員もいる。

　しかし，蔵書の多い図書館が必ずしもよい図書館というわけではない。公立図書
館の運営で本当に大切なのは，一定の資源を用いてどれだけ水準の高いサービスを
おこなっているかということである。蔵書数を増やそうとして，不要になった資料
や内容の古くなった資料を書架に詰め込んでおくと，必要な資料が探しにくくなっ
たり，その分野の蔵書全体がみすぼらしく見えたり，蔵書全体に対する不信感を招
くことになる。

　除架とそれに付随する作業は，スロートが指摘するように，たいへんな労力を要
する作業である。除架する資料の選択や，除架した後の目録の整備，除架した資料
の移動や廃棄手続きなど，日常業務に追われている図書館員にとっては負担がたい
へん大きい。このために図書館員は，除架に対してどうしても消極的になってしま
うのである。

　しかし除架は，蔵書の魅力を保つという意味で重要な業務であり，しかも書架ス
ペースを確保するという意味では欠かせない業務でもある。そのために，負担をで
きるだけ少なくて，しかも効果が大きな方法が求められる。また職員全体の取り組
みとし，定期的におこなう業務として位置づける必要もある。

もっとも，除架の意義は普通の人にはわかりにくいものである。そのため，除架した資料の多くを廃棄しているような図書館では，そのことにたいする疑問や批判が住民から寄せられることがある。住民の財産を図書館が安易に捨てているように感じるからである。また，廃棄しなければならないほど資料が余っているなら，資料を新しく購入する必要はないと考える財政担当者もいる。そのような事態に至ることを懸念して，図書館員が除架に消極的になってしまうこともある。

除架の意義

　しかし，古くなって使われなくなった資料を，すべて自館に残しておく必要はない。もし自館に残しておこうとするなら，膨大な量の資料を保管するための書庫が必要となり，それを建設しまた維持していくためのコストが必要となる。そのような方式は，必要が生じた場合は他の図書館から取り寄せるという方式と比較して，かならずしも優れているとはいえない。

　また，本は神聖なものと感じている人も多い。つまり本のことを，「人類の知の記録」とか「文字で書かれた文化遺産」であると感じている人は多いということである。図書館員になるような人は，当然ながら多少なりとも，そういう気持ちをもっているものである。そういう人たちにとって，本を書架から除いたり廃棄したりするのは心地よいことではない。

　しかし，本は使われてこそ価値がある。また市町村立図書館は，使われなくなった本の倉庫ではない。だから，とくに市町村立図書館では，古ぼけて利用の少なくなった資料は，積極的に書架から除かなければならない。もし古い資料を保存する必要があるとするなら，それは基本的に都道府県立図書館の役割である。

　さらに，除架する資料を選ぶときは，収集する資料を選ぶときと同じで，いろいろな基準がぶつかりあうものである。しかも除架を担当する者はたいてい複数なので，何を除架するかに関しての意見は一致しにくい。そのうえ担当者は，たいていが収集の担当者でもある。だから自分たちが収集した資料を，自分たちが除架するという一見矛盾する作業をおこなうことにもなるので，なおさらである。

　しかし，公共図書館にとって除架はどうしても必要な業務であり，図書館が活動している限り，続けなければならないものである。担当者の全員が納得するような除架を実施するためには，客観的でわかりやすい除架基準をあらかじめ設定しておくことが必要となる。除架は，自分たちがおこなった収集を反省するよい機会なのである。（除架の実際については UNIT 40 で述べる）

## 「任務と目標」数値基準データ（2003年）

| 人口 | 1万未満 | 1－3万 | 3－10万 | 10－30万 | 30万以上 |
|---|---|---|---|---|---|
| 該当館数 | 40 | 59 | 46 | 16 | 5 |
| 平均人口 | 6,926 | 18,115 | 46,250 | 152,244 | 379,813 |
| 図書館数 | 1.0 | 1.0 | 2.1 | 5.1 | 5.6 |
| BM台数 | 0.2 | 0.3 | 0.3 | 0.6 | 1.2 |
| 専有延床面積（㎡） | 1,080 | 1,649 | 2,907 | 5,833 | 10,248 |
| 蔵書冊数 | 67,270 | 107,745 | 241,775 | 654,694 | 1,056,549 |
| 開架冊数 | 48,906 | 79,005 | 149,874 | 326,860 | 709,097 |
| 開架に占める新規図書比 | 11.4% | 11.5% | 11.7% | 13.2% | 11.4% |
| 視聴覚資料点数 | 2,378 | 3,857 | 9,885 | 20,962 | 42,399 |
| 年間購入雑誌点数 | 78 | 179 | 254 | 556 | 974 |
| 資料費決算額（千円） | 9,998 | 18,915 | 31,387 | 80,771 | 132,825 |
| 人口1人換算（円） | 1,444 | 1,044 | 679 | 531 | 350 |
| 貸出数 | 118,467 | 273,857 | 559,149 | 1,838,745 | 3,342,519 |
| 人口1人年間貸出点数 | 17.1 | 15.1 | 12.1 | 12.1 | 8.8 |
| 職員数（有資格者数） | 6（3） | 9（5） | 21（11） | 64（35） | 126（65） |

（『公立図書館の任務と目標　解説』改訂版増補，日本図書館協会，2009，p.85）

## （参考）『日本の図書館（2023年）』（CD-ROM）による数値基準データ

| | 1万未満 | 1－3万 | 3－10万 | 10－30万 | 30万以上 |
|---|---|---|---|---|---|
| 当該館数（当該市区町村数） | 21 | 38 | 48 | 20 | 9 |
| 図書館数 | 1.1 | 1.5 | 2.2 | 5.6 | 11.6 |
| BM台数 | 0.5 | 0.2 | 0.2 | 0.2 | 0.2 |
| 開架冊数 | 64,270 | 104,527 | 194,712 | 527,809 | 921,432 |
| 開架に占める新規図書費 | 4.9% | 5.0% | 5.6% | 6.5% | 7.1% |
| 資料決算額（千円） | 5,500 | 10,456 | 22,695 | 81,176 | 148,855 |
| 人口1人年間貸出冊数 | 12.2 | 9.3 | 10.1 | 10.6 | 9.2 |

# UNIT
# 35

## ● 収集と選択

# 選書の意義

## ●⋯⋯⋯選択

　個々の資料について，それを収集するかどうかを図書館が判断することを，資料選択という。資料選択はたんに選択と略されることが多い。また公立図書館の収集する資料には図書が多いので，資料選択のかわりに図書選択や選書という語もよく使われる。

図書選択
選書

　選択は，収集方針や選択基準にもとづいておこなう。ただし，収集方針や選択基準はあくまでも指針であって，それらに照らし合わせさえすれば選択の問題がすべて解決されるというものではない。たとえば，人生論処世法（NDC159）に関する本について，収集方針・選択基準のなかに「利用が多いので，幅広く収集する」と書かれていたとする。ところが，NDC159 の本は1年間に700冊近くも発行されるので，それぞれの本を収集すべきかどうかの判断はかならずしも容易ではない。

　一方，選択した結果が正しかったかどうかは，購入したあとの利用状況を調べることで，比較的容易に判断できる。購入したあと，特別な理由もないのに何年経ってもだれにも読まれない本があったとすれば，それは選択ミスである。また，ひっきりなしに読まれている本があれば，少なくともその本について選択は正しかったといえる。このため，同種テーマや同一著者の本が過去にどのくらい利用されたかについてのデータは，図書選択の際の重要な判断材料となっている。

　なお，図書選択をするときに図書館員が読むのは，それぞれの本の目次・解説・本文の一部などだけである。はじめから終わりまですべてを読み，中身を完全に理解したうえで選択するわけではない。年間におよそ6〜7万点もの本が出版され，そのなかから図書館員は，毎年数千点から数万点もの本を選ばなければならない。かりにすべての出版物を，じっさいに手にとれる環境にあったとしても，それらのすべてを読んでいる時間は図書館員にはない。また読んだとしても，内容のすべてを理解できるとはかぎらない。

　図書館員は，その本が扱っているテーマや著者名を確認し，一部を読むことによって，それがどういう本で，利用者にどのくらいもとめられている本なのかを把握する。もちろん，このときには間違いが生じることがある。この間違いを少なくするためには，できるだけたくさんの本を日常的に読んでおくことと，できるだけ

たくさんの利用者に日常的に接しておくことが必要となる。


● ⋯⋯⋯⋯選択者

　図書館員がもっとも多く選択するのは新刊書である。2022年の統計によると，日本における新刊書の出版点数は66,885点である（『出版指標年報』出版科学研究所，2023）。

　一方，日本の公共図書館数は3,305館であって，これらの図書館全体で年間11,748千冊の図書を購入している（『日本の図書館 2022』日本図書館協会，2023）。単純に計算すると１つの図書館は，およそ６万７千冊の新刊書のなかから，３千５百冊程度の図書を選んで購入していることになる。

　新刊書のなかには，ベストセラー作家の新刊書などのように，中身をまったく読まなくても選択できる本もある。しかしその一方で，いくら熱心に読んだとしても，ある世代の図書館員や，ある種の図書館員には，何をテーマとした本なのか，どのような人が読むのか，理解しにくいという本もある。このため選択には，ひとりではなく複数の職員がかかわる必要がある。

　古い時代の図書館では，選択にかかわるのはごく少数のベテラン職員だけであった。そしてその職員は，資料組織部門の職員であることが多かった。しかし現代の図書館では，若い世代の職員も含め，できるだけ多くの職員が選択にかかわるようになっている。しかも資料組織部門ではなく，カウンターで利用者と接している職員の意見が優先されるようになっている。

　選択にかかわる職員のことを選択者という。選択者には，当然ながら，本と利用者についての知識が求められる。また，住民の知的自由を保障し，人と本との出会いの場をつくるという図書館の役割を理解していることも必要である。

選択者の条件　　この点について前川恒雄は，選択者に必要な条件として次の３点をあげている（前川恒雄『われらの図書館』筑摩書房，1987）。


⑴　本を知っていること。
⑵　利用者の気持ちを知っていること。
⑶　図書館の使命を自覚していること。


　本を知るために，図書館員はたくさんの本を読む。たくさん読めば読むほど，自分の知らない本があることに気づく。またカウンターで利用者に接していると，知らない本がたくさんあることに気づく。そこで図書館員は，どのような本が過去に発行されているのかを調べる。調べた本のなかから，何冊かを読む。読めば読むほど，知らない本があることにまた気づく。こうしたことの繰り返しによって，図書

館員は，本についての知識と，本を知る手段についての知識とを増やしていく。

　利用者の気持ちを知るために，図書館員は利用統計をよく使う。また自分が本を
たくさん読むことによって，本を読もうとする利用者の気持ちを知ることもできる。

　ただし，公立図書館には，さまざまな人が，さまざまな理由で，さまざまな本を
もとめて，やってくる。そうした利用者の気持ちは，統計や推測だけでは十分に知
ることができない。カウンターで利用者とじかに接することによって，はじめて十
分な知識を得ることができる。

　図書館員は，本を知り利用者を知ったうえで，両者の出会いを保障しなければな
らない。図書館員も人間なので，発行されるたくさんの本のなかには，読みたくて
たまらないほど好きな本もあれば，自分の信条とはあいいれない本もある。また，
購入して書架に並べておくとだれかから批判されるかもしれないとの恐怖心から，
自己規制したくなるような本もある。しかし図書館員は，そうした心情をのりこえ
て，本と利用者との出会いを保障するために本を選ばなければならない。それが，
選択業務において図書館員に課せられた責務である。

選択は図書館員の
責務である

　このように考えると，公立図書館における選択は，図書館員にしかできないこと
がわかる。逆にいえば，図書館員でない人は，選択者となりうる条件下にはないこ
とがわかる。ところが，いくつかの図書館では，図書館員でない人に選択をまかせ
ようとする考え方がみられる。

　たとえば，特定分野については，その分野の専門家に図書選択を委ねるという考
え方がある。専門家なら本をよく知っているだろうとの発想である。しかし，利用
者の気持ちを知っているか，図書館の使命を自覚しているかという観点からみれば，
誤った考え方である。もし特定分野についての本の知識が図書館員に不足している
のなら，複数の図書館員が協力しながら，選択のために必要な程度の知識は図書館
員自身が取得すべきである。

　また，図書館が収集する本の一部を，住民が選択してもよいとの考え方もある。
利用者の気持ちは利用者がいちばんよく知っているとの発想であり，住民参加の一
形態であるかのような錯覚もみられる。しかしながら，利用者にはさまざまなタイ
プの人がいるので，ある一部の利用者が，そのほかの利用者の気持ちをよく知って
いるとはいえない。また公立図書館における選択とは，さまざまな利用者のさまざ
まな気持ちを，公平に確実に蔵書に反映させていく作業でもある。この作業の結果
について，図書館員は利用者に対して責任をもたなければならない。もし利用者が
選択するのであれば，利用者が利用者に対して責任をもたなければならないことに
なってしまう。

## ●…………選択と検閲

　選択は，多くの本のなかから，蔵書として収集するかしないかを決める作業である。選択からもれたものは，当然のことながら，収集されない。収集されなかった本は，図書館では利用者の目にとまることがないので，本と読者との出会いという観点からすると，収集される本との差異が極端に大きくなる。書店の少ない地域ではとくにそうなる。

　もし図書館員が，特定の本に対して嫌悪感をもち，その本と読者との出会いを妨げたいと考えたとする。そのときは，選択時に何かの理由をつけてその本を収集しないと決めれば，その図書館員の意図は容易に実現できる。このため，図書選択とは，図書館員による検閲といえないかとの疑問が古くからある。

選択と検閲

　しかし，選択と検閲は違うものである。選択とは，できるだけ多くの本とできるだけ多くの読者が出会うことを目的におこなう。つまり，読者の読む権利を保障するためにおこなう。一方，検閲は，特定の本と読者が出会わないことを目的におこなう。つまり，読者の読む権利を妨げるためにおこなう。

　選択者は検閲者になってはならない。選択者と検閲者の違いを以下に述べておく。選択者は，どの本に対しても何かすぐれた点を見いだそうとし，そのすぐれた点を理由に，蔵書に加えたいと考える。そして，その本と読者の出会いを保障したいと考える。一方，検閲者は，本に対して何か悪い点を見いだそうとし，その悪い点を理由に，蔵書に加えたくないと考える。そして，悪い影響を受けないよう，その本から読者を守ってやりたいと考える。選択者は，こうした違いを認識しながら，自分が無意識のうちに検閲者になってはいないかを，いつも反省しなければならない。

## ◉収集と選択
# 選　書　論

### ●‥‥‥‥‥選択論における価値論と要求論

　収集方針（蔵書構成方針）をもとにしながら，個々の図書についてそれを収集すべきかどうかを判断することを図書選択という。だから，図書選択論は本来，蔵書構成論よりも狭い概念である。ところが古くは，一冊一冊の本を厳密に審査し選択し続けていけば理想的な蔵書が形成されるものと考えられていた。このため「図書選択論（選書論）」は一般的に，蔵書構成論を表す広い意味の語として使われている。以下では，この広い意味の図書選択論について説明する。

　さまざまな図書選択論がこれまで提示されてきたが，それらは二つの考え方にまとめることができる。一つは，図書自体の価値を基準とし価値の高い図書を選択していこうとする考え方である。もう一つは，利用者の要求を基準とし要求の高い図書を選択していこうとする考え方である。カーノフスキー（Carnovsky, Leon）は，前者を価値論（value theory），後者を要求論（demand theory）と呼び，アメリカでは主導権が前者から後者へ移行してきたことを指摘した。1936年のことである。（河井弘志『アメリカにおける図書選択論の学説史的研究』日本図書館協会，1987，p.188）

　フィスクは，価値論と要求論のかわりに，質志向型（quality oriented）と要求志向型（demand oriented）という二極モデルを設定した。このモデルをもとにフィスクは，カリフォルニア州の図書館員を対象とした意識調査をおこなった。この調査結果をみると，要求志向型に近い考えをもつ図書館員が多数派であった。ただし質志向型にしろ，要求志向型にしろ，その型に徹底している図書館員というのはまれであった。（Fiske, Marjorie. *Book Selection and Censorship*. Univ. of California Pr., 1959，p.8-16）

　メリットは，価値論と要求論の考え方をそれぞれ，「読むべき本を提供する（give them what they should have）」と「望みの本を提供する（give them what they want）」と表現した。価値論と要求論のどちらか一方の理論に傾倒して，もう片方の理論を排斥できる図書館員というのは少ない。また，二つの理論のちょうど中間点に位置することも難しい。そのために図書館員たちは，ある種の「ゆるやかな妥協」をしている。これがメリットの認識であった。（Merritt, LeRoy Charles. *Book Selection*

カーノフスキー

フィスク

メリット

*and Intellectual Freedom*. H. W. Wilson Company, 1970, p.11-12）

　20世紀末頃のアメリカの選択論では，どちらかといえば，両者のバランスが必要だとする穏当な意見が多い。たとえばエバンズは，「質の高さ（quality）を重視すべきか，利用されるかどうか（potential use）を重視すべきか」が図書選択における中心的な問題であるとしたうえで，二つの考え方を調和させるためにはどうすればよいのかとの問題を提起している。（Evans, G.Edward. *Developing Library and Information Center Collections* 4th ed. Libraries Unlimited, 2002, 付録 CD-ROM）

エバンズ

　今世紀になると，要求論への推移はさらに進む。サポナーロとエバンズによれば，要求論は20世紀全体を通して優勢となり，現在では，ほとんどの図書館で支配的であるという。また，要求や利用者を優先する「効率的な（just in time）蔵書構成」が，伝統的な「あらゆる場合に対応できる（just in case）蔵書構成」を凌駕するようになっているという。（Saponaro, Margaret Z. & Evans, G.Edward. *Collection Management Basics* 7th ed. Libraries Unlimited, 2019, p.118）

　蔵書構成に対してマーケティング思考を導入する必要があるとの意見も強くなっている。そのような場合には，当然ながら要求論が支持される。たとえばデッシャーは，要求に応えることに敏感でない蔵書は，地域社会から無視されると主張する。そして，「もう論争は終わった。望みの本を提供しよう（Give 'em what they want !）」と叫ぶ蔵書構成担当者がこれから増えていくだろうと結論づけている。（Disher, Wayne. *Crash Course in Collection Development*. second ed. Libraries Unlimited, 2014, p.54）

### ●⋯⋯⋯⋯日本の図書選択論(1)

　価値論と要求論の対立構図という視点は，図書選択論の歴史を考えるときには重要な視点である。また現代日本の図書館員にとっても，現実の問題に即していてわかりやすい視点である。そこで，日本における公共図書館の図書選択論の歴史を，この価値論・要求論という視点から概観することにする。

　戦前の日本の公共図書館は，国民教化の手段として設置され運営されていた。このために，そこでおこなわれていた図書選択は，住民に「健全有益」な図書を読ませることを目的とした選択であり，住民の資料要求に応えようとする選択とは無縁の選択であった。

　たとえば1882（明治15）年，文部卿代理九鬼隆一は，府県の学務課長・学校長を召集して訓示をおこなっている。この訓示をまとめた「示諭事項」によると，図書館の図書選択は「善良」なる図書を選ぶことが必要であるとしている。

　　　　其蔵書ノ選択ハ実ニ要件中ノ最要件ニ係レリ……善良ノ書籍ハ乃チ善良ノ思

想ヲ伝播シ不良ノ書籍ハ乃チ不良ノ思想ヲ伝播スレハ則チ其不良ナルモノヲ排棄シ而シテ其善良ナルモノヲ採用スルヲ要スルナリ……。

1910（明治43）年には，文部大臣小松原英太郎が「図書館施設ニ関スル訓令」を発している。一般に「小松原訓令」と呼ばれるものである。この訓令では「健全有益」な図書を選択することを図書館に強く求めている。

小松原訓令（明治43年）

　　近時各地方ニ於テ設立セラルル通俗図書館又ハ小学校ニ附設スル図書館ノ類ハ施設其ノ宜シキヲ得ルトキハ小学校及家庭ノ教育ヲ裨補スル上ニ於テ其ノ効益尠少ニ非サルヘシ而シテ此ノ類ノ図書館ニ在テハ健全有益ノ図書ヲ選択スルコトヲ最肝要ナリトス……

　この「善良」や「健全有益」といった図書の内実は，時代とともに「思想善導」に必要な図書や「皇国の教化錬成」に必要な図書へと変質していき，やがては「思想戦の武器としての図書」まで唱えられるようになる。このような推移はたしかに国の政策によるものではあったが，それに協力する姿勢が図書館の側にあったこともまた事実である。
　価値論・要求論というタイプ分けで考えるなら，戦前は価値論一辺倒の時代であったといえる。ただし，そこでいう「価値」とは，本のもっている正確さや質といった価値ではなく，国の政策にとってプラスかマイナスかという点からみた価値である。戦前の図書館は，そういう「価値」をもった図書を収集するだけでなく，それらを何とかして住民に読ませようとした。むろん，これとは違った選択論を主張する図書館員はいたが，図書館全体の潮流を変えることはできなかった。
　戦後になり図書館法が新たに制定されてからも，図書選択論の基本は「良書」を選ぶことであり，図書館員の仕事はその「良書」を住民に読ませることであった。戦前とちがっていたのは，「良書」の基準が国の価値観から選択者の価値観へと変わったことだけであった。

●…………日本の図書選択論(2)
　そうした考え方を断ち切る契機となったのは，"中小レポート"の刊行であり，それにつづく日野市立図書館の実践であった。そしてそれらの成果をもとに，図書館が今なにをすべきかを具体的に提示したのが『市民の図書館』（日本図書館協会，1970）であった。

『市民の図書館』

　『市民の図書館』の示した具体的で明快な指針は，1970年代以降の図書館サービスに決定的な影響をあたえることとなった。『市民の図書館』の図書選択を扱った

部分には，住民に「良書」を読ませるようとするのではなく，住民の資料要求に誠実に応えようとする図書選択論が明快に提示されている。

　図書館が，読書とはかくあるべきだという規範をもち，これに合ったものだけを選択するのではない。図書館がいくら良い本だといって購入しても，一度も利用されないのであれば意味がない。図書館の図書選択はあくまで，市民の図書費を図書館があずかり，市民のために図書を選ぶのであることを忘れないようにしよう。市民の読書水準は図書館が考えているほど低くはない。多くの市民は，図書館に行ってもほしい本はないと思ってあきらめている。特に専門的な図書については市立図書館はまだ信頼されていない。図書館はこのような市民の要求を正確に知って，選択しなければならない。

### ●⋯⋯⋯日本の図書選択論(3)

　『市民の図書館』が刊行された1970年代の図書選択論では利用者の要求に応えることが非常に重視されたが，選択される図書の価値や質に関する問題はあまり考慮されなかった。そのために，要求に応える図書選択と蔵書の質を高める図書選択がどのような関係にあるのかが，はっきりしていなかった。1980年代に入ると，このことがしばしば指摘されるようになった。つまり要求に応える図書選択とは，質の低い図書を選択することではないかという批判が現れるようになった。

　前川恒雄は『図書館で何をすべきか』（図書館問題研究会，1981），『図書館評論』（No.25，1984），『われらの図書館』（筑摩書房，1987）などで，こうした批判に答えうるような図書選択論を展開した。すなわち要求論と価値論の統一をめざす選択論である。

前川恒雄「質の高い本」

　前川はまず「慎重に選ばれた質の高い蔵書，知的興味をそそる新鮮な本が並んでいる図書館ではそれに見あった，図書館員が教えられるような要求がでてくる」と主張する。つまり図書館員の選択が，利用者の要求に影響を与えることを指摘する。そして「人間はほとんど本能と言ってもいい知的向上心をもっていて，美しいもの，正しいもの，勇気づけてくれるものに接したいと思っている」と主張する。つまり利用者は質の低いものばかりを要求するという俗論を否定する。このように考えるなら，利用者の要求に応えようとする図書選択というのは，利用者の知的向上心を刺激しようとする図書選択のことであり，それは質の高さを求める図書選択と同じことになる。

　ここで前川が求めている「質の高い本」とは次のような本のことである。

(1)　読者が何かを発見するような本……著者自身の考え・体験・工夫が，読者に

刺激を与え考えさせる本。

⑵　具体的で正確な本……理論をとおして著者の人間性が生きいきと読者に迫っ
　　てくる本。

⑶　美しい本……さわやかな気もちがわいてき，心が洗われるような本。


　このような本を図書館員が選ぶ。選んだ本から刺激を受けた利用者が，それらの
本を借り，ほかの新たな本をリクエストする。図書館員は，それら本の利用状況や，
新たな本へのリクエストを敏感に受けとめ，また質の高い本を選ぶ。このようにして
形成される蔵書が前川の考えるすぐれた蔵書である。それは次のようなものとなる。


　　　人々の知的好奇心を刺激し，どれもこれも読みたくならせるような本の集ま
　　りである。そういう本が並んだ棚は生きいきしている。そこでは，図書館のも
　　っとも重要な働きの一つである人と本との出会いがおこり，人が本を発見する。


　図書館員はあくまでも利用者の要求を予想して本を選ぶ。図書館員が選んだ本は，
利用者の知的好奇心・知的向上心を刺激し，利用者はさらに質の高いものを要求す
る。図書館員はまた，利用者の利用とリクエストを敏感に受けとめ，それを次回の
選択に反映させる。このような，図書館員と利用者による共同作業によって，価値
論と要求論は統一される。そして自由なリクエスト制度とすぐれた図書館員が統合
のための触媒となる。これが前川の図書選択論のあらましである。（前川恒雄『わ
れらの図書館』）


### ●…………日本の図書選択論⑷

　伊藤昭治を中心とした「日本図書館研究会読書調査研究グループ」も，1980年以
降，図書選択論に関する発言を積極的におこなっている。同グループの主要な研究
テーマおよび研究目的は，利用者の資料要求を知り，それを蔵書構成に反映させる
ことである。同グループの研究成果は『本をどう選ぶか』（日本図書館研究会，
1992）として出版されているが，同書には，調査をもとにした実証的で具体的な理
論が展開されている。また現場で生じるさまざまな問題に対して，要求論の立場に
立った明快な主張が貫かれている。

　同グループの研究成果のうち，選択論については二つの点が重要である。一つは，
利用者の資料要求を蔵書に反映させるための手法を提示したことである。同グルー
プが提示したのは，コンピュータを用いて利用状況を分析する方法である。つまり，
現在の蔵書の利用状況をコンピュータを用いて把握し，それを将来の蔵書構成に反
映させるというものである。

日本図書館研究会
読書調査研究グル
ープ

もう一つ重要なのは，同グループが図書選択論において，予約制度を高く評価したことである。予約制度というのは，資料提供という図書館の使命に直接結びついた本質的なサービスであり，当然ながら図書館経営論だけでなく図書選択論においても重要な意味を持つ。前川の選択論でも，自由な予約制度が価値論と要求論を統合させるための触媒とされていた。ところが当時は，図書選択論における予約制度批判が，誤解や憶測にもとづいて存在していた。これに対して同グループは，それらの批判へ実証的な反論を加え，図書選択論のなかに予約制度を正しく位置づけたのである。

### ●⋯⋯⋯日本の図書選択論(5)

2000年代になると，「課題解決型の図書館」を標榜する図書館が現れるようになった。そういう図書館では，蔵書に対しても「役立つ」ことが求められる。すなわち，図書選択論においても，特定のサービスや特定の利用者層に役立つといった抽象的理念を目的とする理論が見られるようになった。まちの教育・文化の発展に役立つことを目的とする選択論までも見られた。価値論・要求論という観点からいえば，これら課題解決型選択論には，「何かに役立つ」という一種の価値が，図書選択の基準となっているという特色がある。

またこの時期には，経済不況の影響が強くなり，人気のある本を図書館が大量に購入し貸出すことによって出版界が経済的損失を受けているとの主張が，一部の出版社・著者・文化人からなされるようになった。利用者に人気のある本ではなく，書店では購入されることの少ない多様な本・文化的価値のある本・永続的価値のある本を購入することこそが図書館の社会的役割であるにもかかわらず，それをないがしろにしているとの主張である。なかには，新刊書や廉価本の貸出を，発表後一定期間は控えることを求める意見さえあった。こうした主張に同調する図書館員もみられ，人気のある本の複本購入を極度に抑制する図書館や，著者の求めに従ってその著者の新刊書を半年間貸出しない図書館さえあった。

これら2000年以降に現れてきた2種類の主張には，図書館界では克服されたはずの古いタイプの価値論への傾斜がみられる。また，書店と図書館の違いを強調する意見には，富める人も貧しい人も，誰でも好きな本が自由に読めるという公立図書館の役割が軽視されているように思える。また，もし出版業界の意向にそって各図書館の図書選択が歪められるようなことがあれば，それは一種の検閲であることにも注意しておきたい。この種の検閲に関しては，「コレクション（蔵書）およびサービスは，いかなる種類の思想的，政治的，あるいは宗教的な検閲にも，また商業的な圧力にも屈してはならない」と，『IFLA-UNESCO 公共図書館宣言2022』に明記されている。

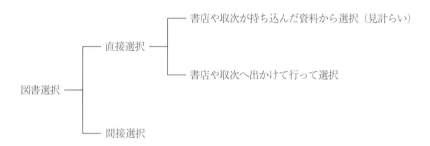

UNIT
37

◉収集と選択

# 選書の方法

●⋯⋯⋯**図書選択（選書）の方法**

　図書選択には，直接選択と間接選択の二つの方法がある。このうちの直接選択とは，実物の資料を手に取りながらおこなう選択である。この直接選択にはまた，書店や取次が図書館内へ持ち込んだ資料のなかから図書館員が選択する場合と，書店や取次へ図書館員が出かけて行って選択する場合との二つの方法がある。

直接選択<br>間接選択

```
                    ┌─ 書店や取次が持ち込んだ資料から選択（見計らい）
          直接選択 ─┤
図書選択 ─┤          └─ 書店や取次へ出かけて行って選択
          │
          └─ 間接選択
```

　直接選択のうちの前者すなわち，書店または取次が図書館に定期的に資料を持ち込み，そのなかから必要なものを図書館が選ぶ方法のことを「見計らい」という。書店や取次が図書館に持ち込む資料の範囲は，契約や取り決めによってあらかじめ定めておく。持ち込む資料は新刊書が主であり，持ち込む頻度は１週に１度という場合が多い。図書館員はできるだけ多くの資料を持ち込んでほしいと考え，取次や書店はできるだけ運送経費などのむだを避けたいと考え，そのバランスのうえに見計らい制度がなりたっている。

見計らい

　書店や取次が図書館の近くにあれば，そこへ図書館員が出かけて行って選択する場合もある。これが直接選択のうちの後者である。書店や取次に行けば，ムック・地図・資格試験問題集など，見計らい用としては持ち込まれることの少ない資料を選択することができる。また，特定分野の資料を補充したいときにも，実物を見ながら選べるという点で有効な方法である。

●⋯⋯⋯**直接選択**

　直接選択の長所は，必要な資料かどうかを，実物を手に取って総合的に判断できることである。書かれている内容は選択の重要な要素ではあるが，装丁や活字，そ

直接選択の長所

の本の持つ雰囲気なども軽視できない要素である。たとえば背のタイトルが読みにくいために書架に埋もれてしまうタイプの本とか，本文のイラストやレイアウトが美しいせいでよく読まれるタイプの本があるが，そういうことは実物の本を見ないとわからない。また，実物がすでに確保できているので，あらためて発注する必要がなく，その本がすぐに納入されることも長所である。短所は，網羅性のないことである。つまり，取次や書店にそのときあった資料や，図書館に持ち込まれた資料だけが選択の対象となってしまうことである。

●⋯⋯⋯**間接選択**

図書選択のもう一つの方法である間接選択とは，出版物リスト・パンフレット・書評など，各種のツールをもとにおこなう選択である。

間接選択の長所 間接選択の長所は，選択用リストに網羅性をもとめることが可能なこと，特定の主題だけに絞った選択が可能なこと，時間や場所の制約が少ないことである。短所は，資料の形態的特徴が把握しにくいこと，選択から納品までの時間が長くなる場合があること，選択した本が品切れなどで納入されない可能性があることである。なお，近年の出版物リストは，表紙のカラー写真や帯情報なども掲載されていて，直接選択に近い雰囲気を得られるものもある。また，出版物リスト上のバーコードをスキャニングするとか，リスト画面のボタンをクリックするだけで，その本の発注が即座にできるシステムを作ることも可能になっている。

直接選択と間接選択は，どちらかだけでなく，両方を組み合わせておこなうことが望ましい。たとえば新刊書の選択では，見計らいとして持ち込まれた図書と，週刊版の出版物全点リストの両方を見ながらおこなうことが多い。また，見計らいとして持ち込まれなかった資料や，持ち込まれたものの選択しなかった資料を，出版物紹介リストなどで補充購入することも必要である。また，見計らいとして持ち込まれる資料が少ない図書館では，リスト類にたよる間接選択だけでなく，ときには書店や取次に出かけて行って直接選択することも必要である。

●⋯⋯⋯**選択会議**

選書会議 選択のためには会議を開く図書館が多い。その会議を選択会議・選書会議・選定会議などという。会議の頻度は1週間に1度という場合が多い。選択会議の持ち方は，図書館の規模によって違っていて，委員会方式の場合もあれば，職員全員が参加する場合もある。

選択会議では，出版物全点リスト，利用者からの購入リクエスト，新聞書評などの情報を持ち寄って，蔵書として収集するかどうかを決めていく。最初の会議で収集しないと決まったからといって，その資料の収集される可能性がなくなるわけで

はない。新聞やテレビでとり上げられるとか，購入リクエストが多数よせられるなどして，選択のための判断材料が変わることは多い。

　選択は，収集方針や選択基準にもとづきおこなうが，それらの基準が万能というわけではない。それらの基準はあくまでも指針であり，個別の資料の選択にあたっては，さまざまな他の要因が考慮されることもある。たとえば物理学の資料について，選択基準には「概略的なものを中心に収集する」と書いてあったとする。しかし，そのとき大きな話題となっているテーマの本であれば，非常に専門的な本であっても収集することになる。

収集方針と選択基準

　会議を円滑に進めるためには，参加者が共通認識をもっておくことも必要である。共通認識とは，収集方針や選択基準についての認識だけではない。このテーマの本の蔵書は多いのか少ないのか，このテーマの本はよく利用されているのかいないのかといった事実についての共通認識も必要である。このため会議では，データをもとにしながら，蔵書の利用分析について検討することもある。

　会議が頻繁に開かれるようになると，選択に時間がかかりがちになる。しかし選択には，早さも要求される。その本が書架に並ぶのを待っている利用者が大勢いるし，遅くなるとその本を読む意欲がなくなる利用者も多いからである。

　このため，会議が終われば，ただちに発注手続きを始める。まず収集することが決まった資料のリストを作成する。次にそのリストの資料の発注について館長による決裁を受ける。それから，リストの資料を書店等へ発注することになる。通常，これらの手続きは，次の会議までに終えておく。

　早く選択し，早く書架に出すために，各図書館ではさまざまな努力をしている。たとえば，見計らいとして図書館に届いた本については，選択から排架までの作業を1週間以内にかならず終了させるようにしている図書館が多い。また予約のある本については，見計らいの本が届いたその日のうちに選択や整理を終え，利用者に提供している図書館もある。

## ●⋯⋯⋯特色ある蔵書

　現代の公立図書館の選択は上記のようになされる。そして，図書選択の方法や，蔵書形成についての考え方が似ている図書館は多い。また，収集するかどうかが会議によって決定されるので，特定の職員や館長の好みが蔵書に反映されるということがない。このため，公立図書館の蔵書について，「どの図書館も同じような蔵書構成をしていて，金太郎飴のようだ」という批判がある。

金太郎飴のような蔵書

　しかし，資料費や蔵書の規模が似ているなら，どの地域の公立図書館であろうと，蔵書構成が似てくるのは当然のことである。日本国内であれば，どの地域の住民も基本的には同じような資料要求をもっているからである。特異な資料要求のあるこ

とがはっきりしている地域とか，大規模な蔵書や資料費をもっている図書館なら話は別だが，そうでないなら，特徴をもたせること自体を蔵書構成の目的とすべきではない。

　金太郎飴のようでない蔵書として「特色ある蔵書構成」がある。それぞれの図書館が特色ある蔵書構成をおこない，相互貸借制度によって資料を相互に利用すれば，少ない資料費の有効活用がはかられるというものである。しかし，読みたい本のタイトルが，あらかじめ決まっている利用者は比率としては少ない。ほとんどの利用者は，書架に並んでいる本の中から気に入った本を選んで借りていく。そこには思わぬ出会いもある。もし，最寄りの公立図書館の蔵書が自分たちの興味とは違う特色をもっていて，読みたい本はタイトルを決めてほかの図書館から取り寄せなければならないとしたら，その近くに住んでいる住民は不幸である。

　蔵書は住民の資料要求に応えるためにある。また蔵書は利用するためのものである。この原則が選択の場で実現されつづけるなら，蔵書の利用は増えてくるのは当然である。つまり，おこなった選択のよしあしは，蔵書の利用の多寡となって表れてくるものである。ところが，利用を増やそうとするなら質の低い本を大量に選択すればよいと考える人もいる。利用者は質の低い本ばかりを読むとのおもい込みから生じる考え方であるが，本が借りられていくようすを利用の多い図書館で実際にみれば，そのおもい込みは誤りであることがわかる。また，「本の質」の高低とは何かという根本的な問題も解決されていない。

**UNIT 38**

● 収集と選択

# 選書のための情報源

●‥‥‥**新刊書を選択するとき**

　図書選択とは，入手可能なすべての本のなかから，図書館に必要な本を選ぶ作業である。入手可能な本のなかには古書や自費出版の本も含まれるが，じっさいに公立図書館で選書の対象となっている本は，ほとんどが一般書店で入手できる本である。そしてその大多数は新刊書である。

　すべての新刊書のなかから必要な本を選ぼうとすれば，新刊書を網羅したリストが必要となる。そのようなリストとして公立図書館がよく使うのは，取次が作成する週刊版の新刊書全点リストである。それぞれの取次はリストに対応する MARC を作成している。たいていの図書館は，インターネットを使ってそれを利用する。MARC データが業務に必要な図書館は，どれか一つのリストを使って本を選び，その本とともに対応する MARC とをセットで購入することになる。はじめからすべての MARC を購入しておき，それを選択用のリストとして使う図書館も多い。

　取次は週刊版の近刊・新刊案内も発行している。それらに紹介されている本の記事も，新刊書を選ぶときの参考になる。近刊案内は取次以外からも発行されている。各出版社の発行する PR 誌・パンフレット類にも，近刊や新刊についての情報が掲載されている。取次・オンライン書店・出版社などは，インターネット上でも新刊案内情報を提供していて，それらの情報も選択のさいの参考になる。

　入手可能なすべての新刊書から選ぶということでいえば，一般書店では扱わない本も含めた新刊書リストが欲しい。たとえば，政府刊行物の新刊紹介や地方・小出版流通センターの新刊リストなどがそれにあたる。それらはインターネットにも掲示されている。そのようなものも含めた網羅的なリストとしては，国立国会図書館がインターネットで提供する「全国書誌提供サービス（新着書誌情報）」があるが，あまりに網羅的すぎて，公立図書館における新刊書の選書のための情報源としてはあまり実用的でない。

　当然ながら，新刊書の情報をいくらたくさんもっていたとしても，利用者がどういうものを，どのくらいもとめているかについての情報がなければ，図書館員は本を選べない。

　新刊書に対する利用者の要求度は，まず類書の利用状況によってある程度把握で

新刊リスト

きる。たとえば，ある小説家の新刊がでたとき，利用者がどのくらいその本をもとめているかを把握しようとおもえば，同じ著者が書いたほかの本について過去の利用回数を調べればよい。絵手紙・ハムスター・漢字検定・家相といった特定のテーマについての新刊書がでたときも，同じテーマの本の過去の利用回数を調べればよい。ただしカウンターで仕事をしている職員にとっては，利用統計の大半は，調べるまでもなく明白なことが多い。

　利用者がどういうものをもとめているかを把握するためには，図書館員は，利用者が新刊書の情報をどのようにして得ているのかについても知っておかなければならない。利用者の情報源としてもっとも一般的なのは，新聞の下段に掲載される出版広告である。これを切り抜いて来館し，所蔵しているかどうかたずねる利用者は多い。だから，この部分を読んでおくことは，新刊書の選択のための情報を得るという点からいっても，利用者の質問にカウンターで要領よく答えるという点からいっても，図書館員には欠かせないことである。

新聞の出版広告

　新刊書についての利用者の情報源としてはテレビもある。たとえば料理番組のレシピが本になるとか，人気ドラマのシナリオが本になるとか，人気のある歌手や俳優のエッセイが出版されるといったことを利用者はよく知っている。だから図書館員も，そうした情報には注意しておく必要がある。テレビをあまり見ない図書館員は多いが，そのことによって利用者の感覚とかけはなれた選択にならないよう気をつけなければならない。


### ●⋯⋯⋯新刊書の収集もれの補充

　図書館がおこなう選択に完璧ということはありえない。新刊書の選択についても，収集もれがかならず発生する。また，最初は需要がほとんどなかった本が，しばらくたつうちにベストセラーとなることもある。そこで図書館は，時期をみて，収集もれになっている新刊書を補充する。

書評紙（誌）

　このときの情報源としては書評紙（誌）をよく使う。『週刊読書人』と『図書新聞』が，図書館員にとっての代表的な書評紙（誌）である。これらの書評紙には，書評だけでなく，出版業界のニュースや統計などの情報も掲載される。

　出版後しばらくたった本について，もっとも一般的に利用者が情報を得ているのは，やはり新聞の書評や紹介記事である。だから図書館員も，各新聞の書評欄を読んでおかなければならない。また利用者は，日常的に読んでいる週刊誌や月刊誌の書評欄からも，多くの情報を得ているので，専門雑誌の書評だけでなく，そうしたポピュラーな雑誌の書評にも目を通しておく必要がある。

　新聞や雑誌の書評で見かけた本を読みたいと利用者から求められたとき，タイトルや著者名のあいまいな場合や，間違って記憶されている場合がある。それらを確

認するために当該書評を探すことがある。書評情報は，新聞・雑誌各社のホームページでも限定的に調べられるが，どの新聞・雑誌に掲載されたのかわからないときもある。そのときは，国立国会図書館ホームページの「リサーチ・ナビ」に掲載されている「書評を探す」が参考になる。

このほかにも利用者は，いろいろなところから情報を得ている。各種のベストセラーリスト，テレビで取り上げられた本，映画化された本，年末に発表されるミステリーのベストテンリスト，各種の文学賞などである。そうした情報についても気をつけて資料を補充しないと，図書館は利用者の信頼を失うことになる。

書店に並んでいる本をみて，それが図書館にあるかどうかをたずねてくる利用者も多い。だから図書館員は，できるかぎり書店に足を運び，どのような新刊書が売れているのか，平積みになっている本は何かといったこともチェックしておく。住民の読書要求に対して書店は敏感なので，書店の品ぞろえは図書館の選書にはたいへん参考になる。そういう努力を怠ると，書店ではベストセラーになっている本なのに，図書館には1冊も所蔵していないという事態が生じることがある。

図書館側の収集もれは，たいてい，利用者からの予約（リクエスト）によって明るみになる。だから，利用者が気軽に予約を申し込める雰囲気をつくっておくことは，適切な選書をするという点からいっても非常に重要なことがらである。利用者は，読みたいと思った本をどんどん予約する。図書館員は，予約が出る前にそうした本を収集しておこうとする。それは利用者と図書館員との一種の競争であり，図書館員が努力すればするほど利用者からの信頼感が増すことになる。

予約（リクエスト）

### ●⋯⋯⋯⋯一般的な補充

図書館が補充するのは新しい本だけではない。貸出や返却などの日常業務のなかで，あるいは利用者からの予約に触発されて，あるいは蔵書評価をすることによって，蔵書の不備が見つかることがある。たとえば，世の中で話題となっている本を所蔵していなかったり，三部作となっている本の一つが欠けていたりする。ある著者の本が少なすぎるとか，あるテーマの本がいつも貸出中であるといったことに気づくこともある。そういうときにも図書館は必要な本を補充する。

補充すべき本が確定しているときは，その本が現在購入可能かどうかを調べる。そのときは，オンライン書店の在庫目録データベースが参考になる。データベースには，出版社名・出版年・ページ数・価格などのほか，著者名検索によって，特定著者の他の著作を図書館に補充するためのリストを作成できる。このほか，インターネット上で在庫検索ができるような取次やオンライン書店の目録データベースも同種の役割を果たす。

雑誌の補充については，『雑誌新聞総かたろぐ』がある。同書には，およそ1万

8千点の逐次刊行物が収録されていて，ここに掲載されている雑誌は，原則として現在入手可能なものである。ただし『雑誌新聞総かたろぐ』は2019年度版をもって休刊になっている。

　特定のテーマについての本を補充するときは，補充に適当なリストがあればそれを使う。特定の分野について現在購入可能な本を集めたリストとして，たとえば，『哲学思想図書総目録』『歴史図書総目録』『日本理学書総目録』といった各種の目録が発行されている。

　書店で現在購入可能かどうかを問わなくてもよいのであれば，『BOOK PAGE 本の年鑑』がある。これは，1年間に発行されたすべての本を分野別に並べ，短い解説をつけた本である。書名と著者名の索引もついている。なお，購入可能かを問わず，過去にどのような本が出版されたかを網羅的に知りたいとき，もっとも一般的に使われているのは，国立国会図書館の蔵書目録のデータベースと，国立情報学研究所の運営する大学図書館総合目録データベースである。

● 蔵書管理

# 蔵書評価法

## ●⋯⋯⋯蔵書評価の意義

　適切な蔵書を形成するためには，蔵書を継続的に評価する作業が必要である。つまり，蔵書を評価することによって現在の蔵書の長所や短所を把握し，それを今後の収集や除架に役立てるのである。また，評価の結果によっては，それまでおこなっていた資料選択の方法を変更したり，蔵書構成方針に修正を加えたりすることもありうる。

　蔵書の評価には時間や経費がかかる。だから蔵書を評価するときは，図書館の状況にあわせ，時間や経費に対する効果ができるだけ大きい方法を採用する必要がある。また時間や経費が無駄にならないよう，具体的で明確な目標を設定しておくことも必要である。それはたとえば，「蔵書のうちのコンピュータに関する部分を評価する。まず，どのような本がよく借りられているのかを把握する。その次に，話題の本なのに所蔵していない本がないかを把握する」といった目標である。

　どの図書館員にもそれぞれ，自館の蔵書に対するおもい入れやおもい込みがある。その結果として，得られたデータを分析する過程で，評価する人の解釈が主観的になってしまう可能性がある。だから蔵書を評価するときは，設定した目標にあわせ，できるだけ客観的な結果が得られる方法を採用することも必要である。

## ●⋯⋯⋯2種類の評価法

　『ALA 蔵書の管理と構成のためのガイドブック』（日本図書館協会，1995）は，蔵書の評価法を2種類に分けて説明を加えている。一つは「利用を中心にした評価法」であり，もう一つは「蔵書を中心にした評価法」である。利用を中心にした評価法とは，蔵書がどの程度利用されているのか，どの部分が利用されているのか，だれに利用されているかなどを明らかにする方法である。これには，貸出調査法，館内利用調査法，利用者意見調査法，書架上での入手可能性調査，シミュレーション利用調査がある。一方，蔵書を中心にした評価法とは，蔵書の全体あるいは一部について，その大きさ，幅，深さなどを明らかにする方法である。これには，チェックリスト法，直接観察法，比較統計分析法，蔵書基準適用法がある。以下では，それぞれの評価法を紹介する。

利用を中心にした
評価法

蔵書を中心にした
評価法

### ●‥‥‥‥‥貸出調査法

　実際の貸出データを分析することによって，利用者が蔵書のどの部分を利用しているのかを明らかにする方法である。蔵書回転率を主題別に測定したり，よく貸し出されている資料や，まったく貸し出されていない資料を，主題別にリストアップしたりする。また，そのようなデータと利用者のデータとを，組み合わせて分析することもできる。

　この方法の利点は，さまざまなタイプのデータを収集することが可能であり，しかもそのデータに客観性のあることである。貸出システムがコンピュータ化されている図書館では，主題別の蔵書回転率・主題別の貸出中資料の割合・刊行年別の年間貸出回数・資料費に対する貸出冊数の比率など，さまざまなデータが容易に収集できる。一方，欠点は，館内でのみ使われた資料の利用実態や，貸出が禁じられている資料の利用実態がわからないことである。また業務がコンピュータ化されていない館では適用しにくいことも欠点である。

### ●‥‥‥‥‥館内利用調査法

　図書館内での利用実態を調査する方法である。つまり，館内で利用されたが貸出はされなかった資料や，館外貸出を禁じている資料の利用実態を明らかにする方法である。利用者にお願いして，館内で利用した資料を書架へ戻さないで所定の場所に残しておいてもらい，その資料を分析するというのが一般的な方法である。

　貸出調査法と組み合わせることによって，資料の利用実態の全容が明らかになることが，この方法の利点である。欠点は，利用者の協力をあてにしなければならないので正確なデータが得にくいことである。

　公立図書館の開架蔵書では，貸出が禁じられている資料は別として，館内でだけ利用される資料というのはごく少ない。また館外への貸出数に比べると，館内利用数は圧倒的に少ない。このために，館内利用調査を実施している公立図書館は非常に少ない。館内利用と館外貸出には相関があるのだろうか。ランカスターによれば，大学図書館での調査では相関があるという結果が多い。つまり館外貸出の多いものは館内利用も多く，館外貸出の少ないものは館内利用も少ないという結果である（ランカスター『図書館サービスの評価』丸善，1991）。

### ●‥‥‥‥‥利用者意見調査法

　現在の蔵書が資料要求をどの程度満たしているかを利用者に直接尋ねる方法である。詳しい質問項目をあらかじめ作成しておき，利用者に文書あるいは口頭で回答してもらう。質問項目を自由に作成できることや，利用者の意見を直接聞けることが，この方法の利点である。欠点は，精密なデータ分析がしにくいことや，調査に

蔵書回転率

ランカスター

時間がかかることである。また，蔵書に対する積極的な意見をもたない利用者は多いし，実際の利用のしかたとはちがった回答をする利用者がいることも問題である。

## ●⋯⋯⋯書架上での入手可能性調査

来館した利用者がもとめる資料を入手できたかどうかを調べる方法である。利用者に直接インタビューしたり，図書館を出るときにアンケート調査をおこなったり，見つからなかった資料を書き込むための用紙を入館時に渡したりする。求める資料を利用者が入手できない原因としては，図書館がその資料を所蔵していない，だれかが借りていて書架にない，蔵書にあるはずなのに紛失しているなどが考えられる。そうした事実をこの調査によって具体的に把握し，蔵書の短所を明らかにするわけである。

この方法の利点は，利用者が入手できなかった資料や入手できなかった理由が，具体的にわかることである。欠点は，すべての利用者が積極的に協力してくれるとはかぎらないことや，調査に時間がかかることである。

## ●⋯⋯⋯シミュレーション利用調査

書架上での入手可能性を，利用者ではなく，図書館員が調査する方法である。利用者がもとめそうな資料を集めたリストをあらかじめ準備しておき，それらの資料が実際に書架上で入手できるかどうかを図書館員が調査する。

この方法の利点は，利用者のもとめる資料を提供できるかどうかに関しての，蔵書の能力を評価できる客観的なデータが得られることである。一方，欠点は，このような調査に適当なリストをみつけるのが難しいことである。

## ●⋯⋯⋯チェックリスト法

リストに収録されている資料を所蔵しているかどうかチェックする方法である。特定の分野あるいは全蔵書を評価するのにふさわしいチェックリストを用意する。そのリストに収録されている資料を図書館が所蔵しているかどうかを調べる。所蔵している率が高いほど，その図書館の蔵書構成が適切であると考える。利点は，作業が比較的容易なことである。またリストをチェックすることによって，図書館員の知識が増えるという利点もある。このために，たとえば，毎月のベストセラーリストや年末に発表されるミステリーの話題本リストをチェックする作業は，たいていの図書館で実施されている。

一方この方法の欠点は，適当なリストがなかなかみつからないことである。蔵書評価にふさわしいリストなどは作成されていない分野が多い。たとえ作成されていたとしても，そのリストは資料選択の段階ですでに使っているということもある。

またリストの多くが，必ずしも利用者の関心を反映していないという問題もある。

## ●⋯⋯⋯直接観察法

　特定の分野について詳しい人が来館して，書架に並んでいる資料を観察する方法である。蔵書の規模・幅・深さ，刊行年の幅や分布・資料の物理的状態などが観察される。観察する人は，ひとりの場合もあれば複数の場合もある。

　この方法の利点は，蔵書を手早く評価できることである。非常に専門的な分野の蔵書とか，小さな分野の蔵書を評価する場合は，とくに効果が大きい。欠点は，適切な観察者を探すのが難しいということである。かりに適切な人がいたとしても，その人に時間がなかったり，費用が高くつくことは多い。また利用が多くて蔵書の4分の1から5分の1が貸出中といった図書館では，主要な資料が書架上にないという問題点もある。

## ●⋯⋯⋯比較統計分析法

　自館の蔵書統計と，ほかの図書館の蔵書統計とを比較分析する方法である。たとえば全蔵書冊数，分野ごとの蔵書冊数，年間資料費，年間増加冊数，年間除籍冊数などがよく比較される。こうした比較に使える全国的な統計書としては，日本図書館協会が毎年発行する『日本の図書館』がある。『日本の図書館』に収録されていない項目を比較分析しようとすると，新たにデータを収集することが必要となる。たとえば紙芝居・文庫本・コミックなどを何冊所蔵しているかとか，複本をどのくらい購入しているかといったデータは，比較分析したい館が，ほかの館のデータを独自に集めなければならない。

　この比較統計分析法の利点は，どの図書館でも同じような統計をとっているために，統計データの比較が容易なことである。また，ほかの図書館との比較が数値で示されるので，説得力もある。だが，数値を比較しただけでは，蔵書のよしあしを正確に評価できないということがある。蔵書は多ければよいというものでもないし，特定の分野に蔵書がたくさんある方がよいというわけでもない。このために，利用統計も蔵書統計とともに比較分析することが必要となる。

## ●⋯⋯⋯蔵書基準適用法

　蔵書構成に関しての説得力ある基準と比較する方法である。そのような基準として日本では，毎年『図書館雑誌』の5月号に掲載される「貸出密度上位の公立図書館整備状況」（日本図書館協会事務局）がある。これは奉仕人口の段階ごとに，「人口1人当たり貸出」の多い順に10％の図書館を選び出し，蔵書冊数・開架冊数・年間購入図書数などの平均を算出したものである。

このほかにも，日本図書館協会が公表している『公立図書館の任務と目標　解説』（改訂版，日本図書館協会，2004）がある。同書では，第36条から第49条までと，第72条から第80条までが，図書館資料についての記述と解説である。また巻末には，「図書館システム整備のための数値基準」が掲載されている（UNIT 34, option P 参照）。この評価法の利点は，基準自体に信頼性があることによって，蔵書評価の結果に説得力が生じることである。一方，この方法の欠点は，基準の記述が一般的・抽象的であることが多く，客観的な蔵書評価には不向きなことである。また，最低基準を一般的基準と誤って使ってしまう場合もあるし，基準値を超えている図書館で資料収集が抑制されてしまう可能性もある。

## ●──── option Q

# 図書館パフォーマンス指標　JIS X0812

　JIS に規定される「図書館パフォーマンス指標」の一覧（附属書Ａ）を掲載する。蔵書評価にかかわる指標について詳細を附属書Ｂで調べ，UNIT 39 の蔵書評価法のうちのどの評価法にあたるか考えてみよう。

**附属書Ａ表1　図書館パフォーマンス指標一覧**
［表A.1- 図書館で通常行われている又は提供されている活動及びサービスのためのパフォーマンス指標一覧。各指標についての記述は附属書Ｂで一覧できる］

| 参照項目 | パフォーマンス指標 | 記述／目的 |
|---|---|---|
| B.1 | 資源・アクセス・基盤 | 図書館の資源及びサービス（例職員，所蔵タイトル，利用者用ワークステーション）の適合度及び利用可能性を測定するパフォーマンス指標 |
| B.1.1 | コレクション | |
| B.1.1.1 | 要求タイトル利用可能性 | 図書館が所蔵又は使用許諾契約し，かつ，利用者によって実際に要求されたタイトルが，要求された時点で，利用可能な程度を測定する。 |
| B.1.1.2 | 要求タイトル所蔵率 | 利用者が要求したタイトルを，図書館が所蔵している程度を測定する。コレクションが利用者の要求に適合しているかどうかを測定する。 |
| B.1.1.3 | 主題目録検索成功率 | 目録を使った利用者による主題探索に図書館が対応している程度を測定する。ある主題に関する情報をどこでどのように見つけられるのかを利用者に知らせるのに図書館が成功している程度を測定する。 |

| B.1.1.4 | 不受理セッションの割合 | それぞれの電子的データベースが利用者の要求に見合う十分な使用許諾契約を得ているかどうか（同時接続可能な利用者数が，利用者の要求に適合しているかどうか）を確認する。 |
|---------|---------|---------|
| B.1.2 | アクセス | |
| B.1.2.1 | 配架の正確性 | 図書館の目録にある資料が正しく書架に収められている程度を測定する。 |
| B.1.2.2 | 閉架書庫からの資料出納所要時間（中央値） | 書庫出納システムが効果的であるかどうかを測定する。 |
| B.1.2.3 | 図書館間貸出の迅速性 | 完了した図書館間貸出又は文献配送処理における，依頼から資料が送付されるまでの時間を測定する。 |
| B.1.2.4 | 図書館間貸出の充足率 | 図書館間貸出及び文献配送の依頼に対する充足度を測定する。 |
| B.2 | 利用 | 図書館資源及びサービス（例　図書館資料貸出，電子的資源のダウンロード，施設利用）の利用量を測定するパフォーマンス指標 |
| B.2.1 | コレクション | |
| B.2.1.1 | 蔵書回転率 | 貸出用コレクションの全体的な利用率を測定する。この指標は，サービス対象者の要求にコレクションが適合しているかどうかを測るために使用できる。 |
| B.2.1.2 | 人口当たり貸出数 | サービス対象者による図書館コレクションの利用率を測定する。コレクションの品質及び図書館コレクションの利用を促進する能力を測るのに使用してもよい。 |
| B.2.1.3 | 利用されない資料の所蔵率 | 一定期間に全く利用されなかった所蔵資料の量を測定する。コレクションがサービス対象者の要求に合っているかを測定するために使用してもよい。 |
| B.2.1.4 | 人口当たりダウンロードされたコンテンツ単位数 | 利用者が，求める情報を，電子的資源の中から得ているかどうかを測定する。 |
| B.2.1.5 | 人口当たり館内利用数 | 図書館内での資料の利用を測定する。 |

# UNIT 40

◉蔵書管理

# 除籍と廃棄

●⋯⋯⋯コアコレクション

　図書館資料の利用状況を分析すると一定のパターンがみられる。少数の資料に
よって利用の大半がまかなわれていて，ほかの大部分の資料はあまり利用されてい
ないというパターンである。このことに関して，ランカスターは，図のようなモデ
ル曲線を示している。曲線によれば，全利用の60％が蔵書の10％でまかなわれ，全
利用の80％が蔵書の20％でまかなわれている（ランカスター『図書館サービスの評
価』丸善，1991）。

ランカスターの<br>「80/20法則」

**ランカスターによる図**

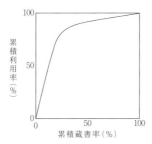

　このような，ごく少数の部分が全体の大部分を支えるという現象は，図書館以外
でも，いろいろな場面で観測される。たとえば，言語コミュニケーションの大部分
はごく少数の単語によって成り立っているとか，機械の故障の大半はごく少数の部
品に起因するとか，特定の主題に関する論文はごく少数の雑誌に集中的に掲載され
ているといった現象である。そうした現象では，図のように，結果全体の約80％が
原因全体の約20％によって支えられていることが多い。そのためにこの現象は一般
に「80/20法則」（eighty-twenty rule）といわれる。

　図書館の蔵書についていえば，よく利用される少数部分のことをコアコレクショ
ンという。どの程度の資料が，どの程度の利用を支えているかということは，図書
館によって異なっている。また，どの程度の資料をコアコレクションというのかも
図書館によって異なっている。

　ここでは，小規模図書館におけるコアコレクションの定義として，スロートの考
え方を紹介しておく。スロートによれば，フィクション蔵書については全利用の
95％を支えている資料，ノンフィクション蔵書については全利用の97％を支えてい

S. スロートのコ<br>アコレクション

る資料，参考図書については全利用の99％を支えている資料がコアコレクションということになる（以下，スロートの説はすべて，Slote, Stanley J. *Weeding Library Collections: Library Weeding Methods*, 4th ed. Libraries Unlimited, 1997 による）。

神戸市立図書館の
コアコレクション

　神戸市立図書館の地域図書館（10館）の開架蔵書（貸出可能な約76万冊）について，貸出回数の実態調査をおこなってみた。2006年度には，この76万冊で約380万冊の貸出があった。そして，この380万冊の貸出のうちの約61％は，蔵書76万冊のうちの約20％の本によってまかなわれたものであった。おなじく貸出のうちの92％は，蔵書の52％によってまかなわれたものであった。下図はこの結果を表にしたものである。

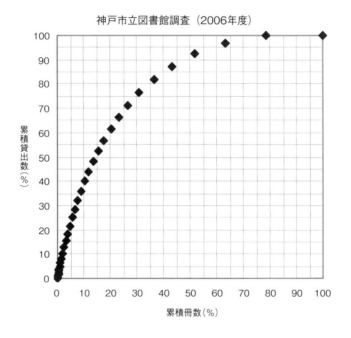

神戸市立図書館調査（2006年度）

　図からは，貸出を大量に産み出している20％とか50％とかに相当する本が，コアコレクションであると解釈できる。なお，蔵書76万冊のうちの約21％は，2006年度中には一度も貸し出されていなかった。

● ……… **除架や除籍の基準**

　ここでいう除架とは，開架図書から不要な資料を除くことをいう。また除籍とは，蔵書から不要な資料を除くことをいう。書庫をもたない図書館であれば，除架と除籍は同じ意味になる。除籍した資料については，図書館の所蔵記録を削除する。

　日本の公立図書館の多くは，除架や除籍に対して慎重である。それは UNIT 34（蔵書の更新）で述べたように「①蔵書数は多いほどよいと思われている。②作業

がたいへんである。③住民が不満に思う。④本を神聖視する気持ちが図書館員にある。⑤いろいろな基準がぶつかり合う」という理由による。これ以外にも，保存図書館や相互貸借システムが日本では未発達なことも理由としてあげられる。つまり一度除籍した資料は，二度と提供できない可能性が高いからである。

こうした背景から，これまで紹介されてきた除籍基準は，非常に限定的な基準が多かった。たとえば「紛失した資料」，「汚損・破損のひどい資料」，「内容が改訂された旧版」，「利用の少なくなった複本」，「回収不能になった資料」などが除籍の対象とされる。除籍基準

しかしながら，毎年次々と増加していく資料を並べるためのスペースを確保するために，増加分の資料を除籍しなければならないという図書館は多い。そういう図書館で，じっさいに除籍している資料の大半は，紛失本や汚破損本などではなく，物理的には使用できるけれども不要であると判断された資料である。そこで本来は，この部分についての適切な基準が必要となる。スロートはこの部分について，次のような除架基準（書庫がなければ除籍基準になる）を提唱している。S. スロートの除架<br>基準

(1) 除架のときの目標はコアコレクションを維持することにある。ここでいうコアコレクションとは，現在の全蔵書で満足させている資料要求のうちの，95％から99％までを満足させている本の集団のことである。

(2) 除架した本は二次書庫や中央書庫に運ぶことも考えておく。

(3) 除架は毎年きちんとおこなう。

(4) 除架するかどうかの判断は，その本が将来利用される可能性がどのくらいあるかということだけにもとづいておこなう。

(5) それぞれの図書館で書架滞在期間を測定すれば，上記の基準を満たすことができる。書架滞在期間を測定するということは，「ある日付以降一度も利用されていない本をすべて除架する」という目標を設定することに似ている。

(6) 形式は多少ちがうかもしれないが，通常の図書以外の資料についても同様な基準が設定できる。

スロートの考え方を簡単に紹介しておく。ある本が書架に返却されたときから次に貸出されるときまでの期間を，その本の書架滞在期間（shelf-time period）という。この書架滞在期間のパターンを，それぞれの図書館で調べる。調べる方法は，本に押した返却期限日印を用いるサンプル調査でもよいし，コンピュータを用いる全数調査でもよい。パターンが把握できれば，書架滞在期間が一定期間より長い本をすべて除架した場合に，全貸出回数がどのくらいダメージを受けるかがわかる。つまり，一定の年月以降一度も借りられていない本をすべて除架した場合に，現在のコ書架滞在期間

アコレクションを維持できるかどうかわかる。現在のコアコレクションを維持できるよう一定の年月日（切断日, cut-off point）を設定し, そのとき以降一度も借りられていない本をすべて除架する。これが除架に対してのスロートの考え方である。

　スロートの考え方を意識しているかどうかは別として, 日本の公共図書館でも, じっさいには同種の除架がおこなわれてきた。ただしそれは, 次のようにもう少し現実的な方法がとられている。つまり, 除架予定冊数をあらかじめ算出しておき, その数に応じて切断日を設定するのである。除架予定冊数は, 購入冊数と同じ程度になるので, 毎年ほぼ一定の数になる。また, 特定の切断日を設定すると何冊の本を除架することになるかは, コンピュータを用いて算出したり, 経験的に把握したりする。なお切断日は, たとえば文学とその他というように分野ごとに変えることも可能である。

### ●………除籍の手順

　ここで, 書庫をもたない図書館における除架（つまり除籍）の一般的手順を紹介しておく。除籍した資料は他の施設へ移管したりせず, そのまま廃棄するものとする。

　コンピュータシステムを導入している館では, 除籍したい冊数分の資料をリストアップするために, コンピュータを用いて切断日を割りだす。次に, 切断日以降一度も借りられていない資料を, コンピュータを用いてリストアップする。リストアップされた資料を, 書架から引き抜く。書架から引き抜いた資料は, 箱詰めにするなど廃棄の準備をする。ただし, 書架から引き抜いた資料でも, 館内利用が確実にある資料とか, 年に一度は確実に必要になるなどの資料は書架に戻す。次に書架から引き抜いた資料と, 蔵書点検で紛失が確認された資料, 汚破損のひどい資料, 回収が不可能な資料, 利用者が紛失した資料などをまとめて, 除籍のための書類手続きをする。書類手続きが済めば, コンピュータ上の除籍処理をする。コンピュータ上での除籍処理が終わると除籍資料はOPACには表示されなくなる。

　コンピュータシステムを導入していない館では, 毎年おこなってきた除籍の実績, あるいはサンプル調査によって切断日を決める。書架に残っているすべての本の返却予定日印を調べて, 切断日以降一度も借りられていない資料を書架から引き抜く。引き抜いた資料は, 箱詰めにするなど廃棄の準備をする。以下は前述のプロセスをへて, 除籍のための書類手続きをする。書類手続きがすめば該当する目録カードを引き抜く。

### ●………資料保存センターとリサイクル

　日本の公立図書館では, 除籍した資料のほとんどが廃棄されている。具体的にい

えば，溶解処分や焼却処分にされている。ただし図書館によっては，除籍した資料を，同じ自治体内の学校・保育所・児童館などへ提供しているところもある。（option R 参照）

このほかに，実例としてはまだ少ないが，他の自治体の図書館へ資料を移管している図書館や，地域住民にリサイクル提供している図書館もある。以下では，県立図書館への移管と，住民へのリサイクルについて紹介する。

リサイクル提供

都道府県立図書館による資料配送システムが整っているなら，市町村立図書館の書庫としての機能を都道府県立図書館が果たすということが考えられる。つまり，市町村立図書館が除籍した資料を都道府県立図書館に移管しておいて，市町村立図書館がそれを共同利用するのである。

この実例としては，たとえば滋賀県立図書館での試みがあげられる。滋賀県内の市町村立図書が除籍する本のなかには，滋賀県立図書館に所蔵していない本がある。それらについては，滋賀県立図書館が蔵書として受け入れる。いったん県立図書館に受け入れられた本は，各市町村立図書館が自由に借り受けられるという制度である。2022年度にはこの制度によって，市町村立図書館の除籍図書1,422冊と除籍雑誌164誌が県立図書館に移管された。このようにして滋賀県立図書館は，「県の資料保存センター」としての役割を果たしているのである。

滋賀県立図書館での試み

書庫スペースをもたない図書館では，購入した冊数分の本を除籍しなければならない。そのために，まだ物理的寿命が残っている本でも除籍しなければならない。そこで，除籍した資料を住民にリサイクル提供することも考えられるようになった。

この実例としては，たとえば名古屋市立図書館がある。名古屋市立図書館ではリサイクル会を毎年実施し，除籍本を無償で市民に提供している。このリサイクル会によって，2019年度（コロナウイルス禍以前）にはおよそ 6 万 2 千冊の本が名古屋市民にリサイクルされている。

---

## ◉——— option R

## 田原市図書館資料除籍基準

（目的）

第 1 条　この基準は，田原市図書館の管理運営に関する規則（平成14年教育委員会規則第10号）第 2 条に規定する事業を十分かつ円滑に運営するため，田原市図書館（以下「図書館」という。）における資料の除籍に関して必要な事項を定める

ことを目的とする。

（基本方針）

第2条　図書館は，常に魅力のある適正な資料構成を維持し，充実を図るために，資料の除籍を行う。

（除籍の対象資料及び基準）

第3条　除籍の対象となる資料及びその基準は，次の各号に掲げるとおりとする。ただし，郷土資料及び館長が必要と認めた資料については，不用資料の選定対象から除外する。

　⑴　亡失資料

　　　ア　資料点検の結果不明が判明し，その後引き続き調査しても3年以上所在不明のもの

　　　イ　貸出資料のうち，督促等の努力にもかかわらず3年以上回収不能なもの

　　　ウ　不可抗力による災害その他の事故により消失したもの

　⑵　不用資料

　　　ア　汚損又は破損がはなはだしく修理不能であるもの

　　　イ　内容上及び利用上からみて資料的価値を失ったもの

　　　ウ　逐次刊行物で定められた保存期限の切れたもの

（除籍資料の決定）

第4条　除籍資料の決定は，次の各号に掲げるとおりとする。

　⑴　図書館に図書館職員で構成する資料選定会議を置き，除籍基準に基づき除籍資料の選定を行うものとする。

　⑵　館長は，前号の選定の結果に基づき，除籍資料を決定するものとする。

　2　逐次刊行物の保存年限については，別途定めるものとする。

（不用資料の取扱い）

第5条　図書館は，除籍を決定した不用資料を，次の各号に掲げるとおり取り扱うものとする。

　⑴　リサイクルブックオフィスへの提供

　⑵　小中学校等公共施設の図書室への提供

　⑶　その他館長が必要と認めるものへの提供

　2　前号の規定にかかわらず，提供先が決まらなかった資料については廃棄する。

（委任）

第6条　この基準に定めるもののほか，資料の除籍に関する必要な事項については，館長が別に定める。

附　　則

この基準は，平成29年1月25日から施行する。

## 除架に対する不安

　除架に対する司書の不安を，ゴールドスミス（Goldsmith, Francisca）は次のように紹介している。読者のみなさんは，これらの不安に対してどのようなアドバイスをしますか。

(1)　その本を取り除くべきか否かについて，私は必考えすぎてしまい，時間とエネルギーを必要以上に費やしてしまう。

(2)　特定の分野において除架を行うとき，そのトピックについての知識が不十分なために，書架に残すか除くかについての判断を私は誤ってしまうのではないかと不安になる。

(3)　新聞や雑誌を除架することに不安を感じる。なぜなら，契約しているデータベース等のサービスは状況が常に変化し，そのようなオンライン情報資源に対して使える予算もまた常に変化するからだ。

(4)　寄贈本を除架することに不安を感じる。寄贈してくれた人が気分を害するかもしれないからだ。

［中略］

(14)　地域住民は，図書館には古い本があるものと期待している。

(15)　シリーズの一部を除架することには不安を感じる。除架してしまうと，だれかが将来イライラすることになるからだ。

(16)　他の職員の方が私よりもよく知っている本を，私が書架から取り除いたとき，その職員が私のことを批判するのではないかと心配だ。

(17)　気がつかないうちに重要な作品を私が書架から取り除いているのではないかと不安に感じる。

(18)　小規模言語の本において除架しすぎることに不安を感じる。除架しすぎると，その言語の本棚が空になってしまうからだ。

（Goldsmith, Francisca. *Crash Course in Weeding Library Collection*. Libraries Unlimited, 2016，p.16）

● 蔵書管理

# 資　源　共　有

●‥‥‥‥資源共有とは

　一般に資源といえば，地球の資源とか人的資源ということばをおもい浮かべるが，ここでいう資源共有の資源とは，図書館資源のことを指している。意味としては，図書館において何らかの目的に利用しうる物品や人材というところであろう。

　日本の図書館界では，1980年代初めまで収集される図書館資料を一括して図書館資源と呼んでいたが，アメリカからコンピュータ技術による協力形態の理念が導入されてくるにつれて，図書館資源は，資料のことだけではなく，目録情報やサービス，予算，労働力，システムを総称する包括的概念として用いられるようになった。

　だが，そうした資源は図書館規模の大小にかかわらず，地下資源とおなじように有限であるので，個々の図書館にとっては，さまざまな方法でそれらを共有し相互に協力し合うことで，ある目的を実現する手段としての共同効果がうまれてくる。その協力構造を支える理念が資源共有である。

リソース・シェア
リング

　『図書館用語集』四訂版では，「リソース・シェアリング」（resource sharing）の標目のもとに，次のように定義している。

　　　2館以上の図書館が，個々の館のサービス改善と経費節約を目的として，図書館ネットワークなどの協力組織を結成して行う相互協力活動の内容。また，その活動を支える理念。

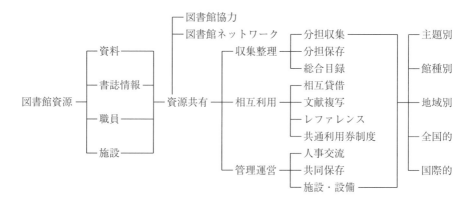

**資源共有の概念図**

資源共有の定義については，図書館協力や図書館ネットワークの概念とほぼ同義に用いられ，混乱していることが多いが，時系列的には，他館との協定による図書館協力から，参加館の共通目的を達成するための組織的な図書館ネットワークの形成があって，資源共有という概念が論じられてきている。それは本来の図書館の在るべき姿でもある。

## ●……… 図書館協力

　1924年，ランガナタンがマドラス大学図書館長に就任し，「図書は利用するためのものである」という図書館機能の基本的原理を宣言したのは，学内における大学図書館の資源共有の必要性に迫られたからであるが，複数の図書館が個々の図書館サービスを改善するために協力するという発想にはまだ至っていない。

　じっさい，P. バトラー（Butler, P.）が『図書館学序説』（日本図書館協会）のなかで，次のように述べていることからも察することができる。「独立したそれぞれの館が組織体を構成する一員となり，全部の本がプールされ，個々の義務がそれぞれ割当てられるようになるのは，今のところでは夢のまた夢である。」

P. バトラーの夢

　だがその夢は，1948年のファーミントンプラン（Farmington Plan）というアメリカの大規模な図書館協力によって実現されてしまう。ファーミントンプランとは，コネチカット州ファーミントン市で分担収集計画を作成したことに由来する名称であるが，今日まで図書館協力の先駆的役割を果たしたと評価されている。

ファーミントンプラン

　この計画は，あらゆる国のあらゆる出版物のなかから，アメリカの研究者にとって，学術書として価値あるすべての新刊書やパンフレットを国内のどこかの図書館が入手し，利用できるようにしようという目的ではじまっている。参加した協力館は，市内の主要大学図書館を中心に60館に及び，主題別や地域別に分担を決め，担当分野の出版物や特定主題の資料については，責任をもって収集し，他館からの利用要求に応じようというものであった。1948年から1972年まで実施されたが，議会図書館が各国で刊行された学術的価値のあるすべての出版物を収集する全米収書目録計画（NPAC：National Program for Acquisitions and Cataloging）を開始したので，それにひきつぐかたちで中止になる。

全米収書目録計画（NPAC）

　どのような大規模図書館といえども，すべての利用者の要求を充たすことはできない。そうであるならば，個々の図書館は複数の図書館が結んだ連合組織に協力して，単独館としての機能の改善を図るべきであると考えたとしても無理からぬところである。当時の図書館活動の包括的概念であったといっていいだろう。

## ●……… 図書館ネットワーク

　そうした歴史的な図書館協力にたいしておなじような組織形態であっても，強力

な中央機関があり，コンピュータネットワークによる利用を条件として，新しい形式の図書館協力が1960年代後半から現れはじめる。

OCLC

　代表的なものとしては，オンライン分担目録システムとして発足したOCLC（1967設立：現Online Computer Library Center, Inc.）がある。OCLCは，当初，オハイオ州内の大学図書館同士が書誌情報の共有化と費用の削減を目的としてオンラインネットワークシステムを開発し，その共同利用機関として出発する。情報資源の共有化は，必然的に資料提供としての相互貸借やレファレンスサービスなどを志向し，その対象業務の拡大をはかりながら，名実ともに世界最大の書誌ユーティリティとして発達する。現在，参加館は世界170か国，72,000機関以上という。

　一方，日本では，1980年代半ばに，学術情報センター（NACSIS）が設立され，大学図書館を中心にコンピュータネットワークが形成され，分担目録，所蔵・所在調査，情報検索，相互貸借，文献複写などの相互協力活動の基盤を築いている。その事業を受け継いだのが国立情報学研究所（NII）である。

NII（国立情報学研究所）

　NIIは，大学共同利用機関法人情報・システム研究機構の一組織として，学術コミュニティ全体の研究・教育に不可欠な「最先端学術情報基盤の構築」を進めるとともに，全国の大学や研究機関などと連携・協力し，「未来価値創成」をめざす。いうまでもないが，わが国唯一の学術総合研究所として，学術情報ネットワーク事業の推進に重要な役割を担っている。

　これにたいし公立図書館は，市民の「知る自由」を保障するため，草の根を分けてでも資料を探しだし提供する姿勢を貫いてきたが，それにより図書館ネットワークの成立をみたかといえば，基本的に相互貸借のための図書館協力組織でしかなかったように感じられる。そこでは，相互協力を根底で支える資源共有という理念の成熟には，いまだ達していなかったといってよい。

　こうしたことから，図書館ネットワークをより広い包括的概念として理解してもらうために，次の二つの目的を達成することを前提として，唱えはじめられたのが

資源共有の理念

「資源共有」の理念であった。

　　(1)　図書館資源の拡大：利用者の資源へのアクセスが自館だけでなく，他館の資源にも拡大される。

　　(2)　経費の節約：資源を共有することにより，経費の重複を抑制できる。

　もっとも，これらの背景には図書館を取り囲む厳しい環境の変化がある。すなわち，情報化社会の高度化にともない，利用者の資源へのアクセスの多様化，細分化が図書館運営の効率化を招くことになり，さらに行政改革による財政の逼迫が，それに拍車をかけている。したがって，資源共有の目的と意義は，現状においては，前者を口実にして後者に重点がおかれているとみていいだろう。

## ●⋯⋯資源共有の課題

　よくいわれることだが，資源共有の構想を実現するうえで忘れてならないことは，だれのための「資源共有」かということである。これまで，どちらかといえば，自館の蔵書構成とのかかわりにおいて，図書館協力が理念的に終わっているところも少なくなく，実効性も乏しいし，あまり期待されているようにはみえない。

　たとえば，2004（平成16）年から3年計画で実施された文部科学省の「学校図書館資源共有ネットワーク推進事業」は，新学習指導要領の，「学校図書館を計画的に利用し，その機能の活用を図り，児童生徒の主体的，意欲的な学習活動や読書活動を充実すること」に応えて，「蔵書のデータベース化」と「ネットワーク化による蔵書の共同利用」を目的としたが，ほんとうに児童生徒に役立っていたのだろうか。

　ALA の『コレクション構築のための図書館協力に関するガイドライン』によれば，アメリカにおいても資源共有にかかわる計画は，必ずしも成功しているとはいいがたい。同書には，財政悪化のもとに資源共有に必要な図書館協力のための共同計画立案要項が目的，利点，問題点，協力体制などにわたってまとめられているが，理念的には，その必要性が認められていても，実績的には相互貸借だけに終わっている。また，IFLA/UNESCO ガイドライン『理想の公共図書館サービスのために』（山本順一訳，日本図書館協会，2003）においては，「図書館が情報，思想，サービスと専門的知識を交流するための環（リンク）を拡大すると，地域社会に対するサービス全体が高められる」として，資源共有について，次のように述べられている。

　個々の図書館の資料コレクションは，程度の差こそあれ独特のものである。どのようなコレクションといえども，その図書館の利用者が求めるすべての資料を取り揃えておくことはできない。したがって，図書館は利用者に対して，他の図書館のコレクションへのアクセスを提供することによって，利用者に対する図書館サービスを格段に充実させることができる。図書館は情報資源をもつ広範囲の機関が設置する図書館を含めて，地元，地域，全国，国際のどのレベルの資源共有計画にも参加できる。

　くりかえすことになるが，「資源共有」の理念で重要なことは，それが目的ではなく，市民のニーズに応える手段であることを肝に銘じるべきである。まず，それぞれの図書館がおこなっているサービスが市民に支持されているかどうかが問われるべきであって，市民のニーズなくして協力活動などありえない。

　F.W. ランカスター（Lancaster, F.W.）は，「資源共有活動は，それが図書館サービスの効果をどの程度増大させたか。あるいは有効なサービスを提供するために要する費用をどの程度減少させたかという点から評価すべきである」と指摘している（『図書館サービスの評価』中村倫子ほか訳，丸善，1991）。

IFLA/UNESCO ガイドライン

ランカスター，F.W.

● 蔵書管理

# 分 担 収 集

●‥‥‥‥‥**図書館相互協力と分担収集**

　図書館資料の所蔵・提供は，すべての利用者の要求を平等に保障することだが，すべての要求は充足できない。資料収集のための財源確保・所蔵するための物理的条件や提供するための人的資源，著作権法等法的裏付けなど多様な課題があるからである。そのためさまざまな図書館相互協力の形態が考えられ実施されている。資料面では資料分担収集や共同購入，分担保存，共同保管，オンラインによる書誌共同作成による総合目録などがおこなわれている。利用者の要求が多様化・拡大し資源形態も変化する中で図書館相互協力の必要性が急速に増大している。ここでは資料分担収集および共同購入について述べる。

　資料分担収集は設置者が同じ図書館組織（システム）内で行う場合と設置者が異なる図書館間で協定を結んで実施する，あるいはコンソーシアムを形成して実施する場合とがある。また，資料入手の段階から重複購入を避けるため，収集分野あるいは資料種別を決めて収集し相互貸借等で利用する場合と，保存段階で分担する場合などがある。どの場合でも収集対象資料分野の分担をどう決めるかと，資料物流システムを構築し資料利活用の十分な提供の保障をどう実施するかが大きな課題となる。

分担収集の概念　　　分担収集の概念はおおよそ以下の三つに分けて考えることができる。

⑴　分担保存が決められた分野別資料や特定資料について収集する。

⑵　資料入手の段階で，分野別主題資料を重点的に収集する。

⑶　重複購入を避け，共同購入等の手段で相互補完的に分担収集する。

　いずれの場合もその目的は，書庫収容能力と資料費や資料維持管理費の軽減を図り，不要な重複購入を避けることにある。デジタル資料利用が増加している図書館では，日経新聞など商業データベースを共同購入し利用することで限られた資料費で効率的な幅広い資料収集計画実施を目的とすることもある。最初から組織的な図書館協定の下での分担収集と，あとから負担軽減のみを考え分担収集していくのでは収集後の資料利活用や保存などの利便や目的意識が異なってくる。

## ●⋯⋯相互補完的分担収集：県立図書館と市区町村図書館

公立図書館の場合，中央図書館（本館）が地域内の保存機能の役割を果たしていることが多い。その収容能力の限界時期以降になってから地域館（分館）に分担収集・保存・提供を求めていくには課題が多い。同一設置者・同一地域内に複数館のある公立図書館ネットワーク内で早い時期から資料の主題や範囲を分担計画をたてて実施していくべきだろう。都道府県立図書館が１館しかない自治体と複数館ある自治体があり，都道府県立図書館と地域内の市区町村立図書館と連絡が密である地域とそうではない地域もある。

たとえば埼玉県立図書館は過去複数館あり統合化がすすんでいる。現在，熊谷図書館と久喜図書館がある。「埼玉県立図書館資料収集方針」で分担収集を「熊谷図書館／総記，哲学，歴史，社会科学，産業，地域資料，海外資料，視聴覚資料（ビデオテープ・コンパクトディスクを除く）　久喜図書館／自然科学，技術，芸術，言語，文学，児童資料・児童書研究資料，障害者用資料」と定めている。資料物流は「協力車」による巡回で担っている。

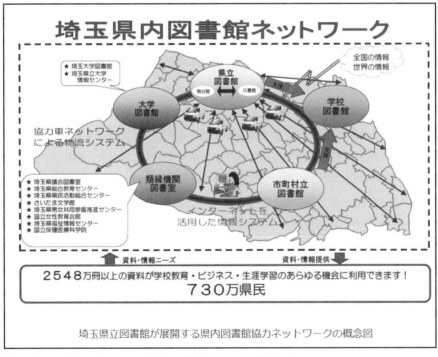

埼玉県内図書館ネットワーク

埼玉県立図書館が展開する県内図書館協力ネットワークの概念図

https://www.lib.pref.saitama.jp/about/index-network.html

地域に密着する市区町村図書館の場合，地域内に十分な数の図書館が設置されていれば細かく分担をきめていくことになる。たとえば，藤沢市図書館（神奈川県）では，『藤沢市図書館資料収集方針2020年版』で「（前略）(2)図書館システム全体と

藤沢市図書館資料
収集方針

して，各分野にわたり，必要な資料を広範囲に収集する。ア　各市民図書館と各市民図書室の資料収集は，本方針に基づき施設の規模，地域性及び役割に応じた蔵書構成と利用状況に留意し，藤沢市図書館全体として体系的な資料収集を行う。イ　総合市民図書館は藤沢市図書館の中心館として市民図書館（分館）が収集する資料のほか専門的図書，参考図書，地域資料その他市民図書館（分館），市民図書室のサービスを補完する資料を収集する。ウ　市民図書館（分館）は市民の教養，調査研究，レクリエーション等に資するための基礎的，入門的，一般的な資料を収集する。エ　各市民図書館（分館）の特色として（ア）南市民図書館はサービスエリアに鵠沼，片瀬地区があるため，「海」に関する資料を収集する。（イ）辻堂市民図書館は市民の環境に対する関心が高いことから，「環境問題」に関する資料を収集する。（ウ）湘南大庭市民図書館は市内でも緑豊かな地区で，緑の保全に関心の高いことから，「植物，園芸，自然保護」に関する資料を収集する。また，「市民文庫」「特別コレクション」に関する資料を収集する。オ　市民図書室は地域性に留意し，市民の教養，くらし，レクリエーション等に資する資料と児童書を中心に収集する。」としている。

小平市図書館　　　　　また，小平市図書館（東京都）では，NDC 分類分野を中心に地域資料や視聴覚資料，さらに新書と文庫本の分担収集・保存・提供をおこなっている。（option T 参照）

## ●…………近隣地域での分担収集・保存

　　公立図書館で異なる複数の自治体設置者間で協定を結び分担収集しているところもある。長野県図書館協会では「雑誌の分担保存に関する規程」を決め，県内で雑誌の分担収集をおこなっている。そこでは「第 2 条　分担保存の対象は，各館の郷土資料として所蔵すべき郷土雑誌，県立長野図書館の所蔵する永年保存の雑誌以外のものであって，各館が継続して収集中の雑誌の中から，県民の原資料による情報へのアクセスが不可欠又は県に深くかかわる主題を持つ普遍的な一般雑誌として定めた別表に掲げるもの（以下「保存誌」という。）とする。なお，長野県に深く関わる主題は，地域づくり，農業，地理的・文化的資源，子どもの読書活動とする。この主題についても定期的に検討を行うこととする。」と決めている。

長野県図書館協会

　　また，福岡公共図書館等協議会でも「福岡県公共図書館等協議会新聞分担保存に関する協定書」を交わしている。ここでも「分担保存館が所蔵する新聞の県内公共図書館等での有効な利用を目的として，相互に協力し，県内全体での永久保存を郷土資料として分担する協定」を締結する。さらに保存する資料種別として「原紙・縮刷版，マイクロフィルム・DVD 等またはデータベースで保存」するとしている。地域資料としての逐次刊行物の分担収集・保存が多く，デジタル化資料が増加する

現在，どのように分担収集・保存するのかを協定書で決めておくべきだろう。

　このように同一地域で図書館間協定を結び利用頻度の低い図書や逐次刊行物といった資料の重複購入や重複保存を防いだり，欠号補充を相互に補完したり，収納スペース確保したり，といったことを目的とするのが分担収集である。それに伴い分担保存や相互利用をおこなう資料提供である。各図書館では分担収集・保存，利用について明文化し運用している。分担保存についてはつぎの UNIT 43 で述べる。

### ●…………課題

　公立図書館のみならず大学図書館や他の館種でも電子新聞記事データベースや電子ジャーナル，電子書籍が増加しているなか，印刷媒体資料と同じく協定を結び共同購入や利用などをおこなっているところもある。公立図書館に比べ大学図書館にその例が多い。大学図書館ではコンソーシアムを形成し電子ジャーナルの共同購入・分担購入をおこなう試みがなされてきたが，十分とはいえない。設置者が異なる場合のデジタル資料の収集・保存・提供について，著作権やその著作権を保有している出版社等との交渉をどうおこなうのかが課題となる。

### 大学図書館間の分担収集の例

外国雑誌センター館資料収集方針（抄）

外国雑誌センター館

（平成13年 7 月 3 日外国雑誌センター館会議決定，最終改正　令和 2 年 1 月16日）

（趣旨）
第 1 条　この申し合わせは，「外国雑誌センター館運営基本方針」（平成13年 7 月 3 日外国雑誌センター館会議決定）（以下「運営基本方針」という。）第 6 条に基づき，外国雑誌センター館（以下「センター館」という。）が共通に適用する資料収集方針を定める。
（収集対象資料）
第 2 条　センター館において収集対象とする資料は，大学等での研究・教育等に必要とされ，かつ各大学等で収集及び提供が困難な外国雑誌，国際会議録，テクニカルレポート等（以下「外国雑誌等」という。）とし，電子的資料を含むものとする。
2 　基本的な収集方針は，次の各号による。
　一　大学等において未収集もしくは希少な外国雑誌等を収集する。
　二　所蔵する大学等のみでは全国への提供が困難な外国雑誌等で，各系の特色に合ったものを収集する。
　三　前各号に掲げるものの収集を優先した上で，学術情報基盤のセーフティネット整備の一環として，外国雑誌等のバックナンバーを収集することができる。
3 　センター館は，国内での研究動向の推移に留意しつつ，国立情報学研究所の協力を得て収集対象資料の点検を実施するなど，収集対象とする資料の日本国内での収集実態並びに利用可能性等を適切に把握して，収集に反映させることとする。

https://www.janul.jp/ncop/docs/shushu.pdf

**外国雑誌センター館で購入中の電子ジャーナルパッケージ**（2023年4月現在）
＊ご利用については、各所蔵館にお問い合わせください。

| No. | 誌　　名 | 購読形態 | 医学・生物学系 | 理工学系 | 農学系 | 人文・社会科学系 |
|---|---|---|---|---|---|---|
| 1 | ASABE Technical Library | EJパッケージ | | | 東大農 | |
| 2 | ASME Digital Library All Current Conference Proceedings | EJパッケージ | | 東工大 | | |
| 3 | Cairn.info Bouquet Général | EJパッケージ | | | | 神戸大 |
| 4 | Emerald Engineering eJournal Collection | EJパッケージ | | 東工大 | | |
| 5 | Emerald Management eJournal Collection | EJパッケージ | | | | 神戸大 |
| 6 | LWW Total Access Journal Collection | EJパッケージ | 大阪大 | | | |
| 7 | Project MUSE | EJパッケージ | | | | 一橋大 |
| 8 | SAGE Journal - PHSS2014 | EJパッケージ | | | | 神戸大 |
| 9 | SPIE Digital Library | EJパッケージ | | 東工大 | | |
| 10 | Springer Protocols | EJパッケージ | 大阪大 | | | |
| 11 | Thieme | EJパッケージ | 大阪大 | | | |
| 12 | Airiti Library（生物農学分野） | EJパッケージ | | | 東大農 | |

　ニュージーランドでは国立図書館が窓口となり，学校図書館にIDとパスワードを配布することで教材としてのデジタル資料の共同収集・保存・利用を図っている。日本ではまだ国立国会図書館（国際子ども図書館）が窓口となって分担収集・保存・利用はおこなっていないが，大学図書館も含めて学習教材や研究資料としての分担収集・保存の窓口になることを検討すべき時期になっている。

　国際的にはオープンリソースやオープンデータという形で情報資料への自由なアクセスがすすみつつあるが，その情報源はやはり分担収集・保存となる。業者が保存提供しているものはオープンといえども有料のものもあり，各図書館で分担収集・分担保存・提供すべき時期になっており，日本の図書館界がどこまで参加して負担するのかはこれからの課題である。

## 相互補完的な分担収集事例：小平市立図書館 A, B

### A. 別表「小平市立図書館収集分担表」
https://library.kodaira.ed.jp/lib/files/libimg1543892899.pdf

| 館類 | 中央図書館 | 仲町図書館 | 花小金井図書館 | 小川西町図書館 | 喜平図書館 | 上宿図書館 | 津田図書館 | 大沼図書館 |
|---|---|---|---|---|---|---|---|---|
| 0 | 図書館 書誌・写本 | 学会・団体機関 | | | | | 出版・読書 | |
| 1 | 哲学・心理学 宗教 | | | | | | | |
| 2 | | 歴史 地理 | 紀行 旅行 | | | | 紀行 | |
| 3 | | 財政・統計 社会 | 政治・法律 経済・経営 | | 教育 | 風俗・習慣 民俗学 | | |
| 4 | | | | 数学・科学 動植物・医学 | | | | |
| 5 | | | | | 土木・建築 機械・電気 | | | |
| 6 | | | 商業 | | | 農業 交通・通信 | | |
| 7 | | | | 工芸 書道 | | | 彫刻 絵画・版画 音楽 | スポーツ 諸芸 演劇・映画 |
| 8 | | | | | | | | 言語 |
| 9 | 古典 和歌・俳句 詩 児童文学論 | 年鑑 雑誌 | 個人全集 | 伝記 SF・推理 | 外国文学 | 評論 論文 時代小説 | 文学史 文芸思潮史 随筆 | 戯曲 日本文学 |
| 地域資料 | 図書資料・行政資料・地図 | | | | | | | |
| 地域資料 | 古文書 広告 チラシ 特別文庫 逐次刊行物 | | | | 郷土写真 | 定点写真 新聞記事切り抜き | ポスター | 市内在住者作者資料 |
| 視聴覚資料 | CD・CT<br>DVD・VT・LD | CD・CT | CD・CT | CD・CT | CD・CT | CD・CT | CD・CT | CD・CT |
| 特別収集資料 | | | | 点字・録音図書 | 教科書 | | | 地方出版物 |

### B. 文庫・新書収集分担表
https://library.kodaira.ed.jp/lib/files/libimg1585644190.pdf

| | 文 庫 名 | 新 書 名 |
|---|---|---|
| 中央図書館 | 岩波文庫，中公文庫 講談社学術文庫 | 岩波新書，中公新書 ブルーバックス，文庫クセジュ |
| 仲町図書館 | 幻冬舎文庫 | |
| 花小金井図書館 | | 有斐閣新書 |
| 小川西町図書館 | 新潮文庫 | 新潮新書，文春新書 |
| 喜平図書館 | 角川文庫，ちくま文庫 | |
| 上宿図書館 | | |
| 津田図書館 | 集英社文庫 | ちくま新書，丸善ライブラリー |
| 大沼図書館 | 講談社文庫，文春文庫 | 集英社新書，講談社現代新書 |

## UNIT 43 ●蔵書管理

# 分担保存

### ●‥‥‥‥分担保存

　UNIT 42 で分担収集について述べたが，分担収集は分担保存前提としている場合が多い。図書館協力の一端として同一地域や同一館種等が図書館間協定を結び，分担保存を決めた資料について責任をもち分担収集する。『図書館用語集　四訂版』では分担保存について以下のように説明している。

　　　複数の図書館が保管・保存すべき資料の範囲を分担する図書館相互協力。収集の段階から分担を取り決める分担収集の方法と，それぞれの図書館が蔵書のうち利用頻度の少ないものの目録や現物を持ち寄って，複本を廃棄の上，分担保存・共同利用する方法とがあり‥‥‥（後略）

　図書館の機能は現在の情報や資料を提供するだけでなく，過去の人々の記憶を文化の記録として次の世代へ伝達していく役割がある。こういった伝統的な図書館の保存機能は"中小レポート"が発表されてから保存と提供が相反する機能ととらえられ，貸出など利用頻度の少ない資料が廃棄される傾向が強まった。

東日本大震災以降　　　しかし，2011年3月11日の東日本大震災以降，人々が図書館に保存されている古文書や古地図を見直すことが増えた。明治や江戸時代以前に起こった地震の発生位置や被害状況などを調べ将来の地震などの災害の備えようというものである。過去を知ることにより未来の被害を最小限におさえる努力に繋がる。震災や津波被害にあった古文書や古記録，写真などを修復し保存し震災関連資料をコレクションとして地域の歴史や文化を次世代に伝えることとなる。利用頻度が減少したという理由だけで廃棄してしまうと記録・記憶が消滅する。図書館には資料を保存し伝達する使命がある。資料の修復・保存については UNIT 50 で述べるが，郷土資料など地域資料（UNIT 20 参照）や雑誌，新聞などを如何に保存していくかは大きな課題である。雑誌や新聞の保存はタイトル数や刊行数量から書庫収容能力の面からも課題であり，1970年代にはすでに分担保存が試みられてきた。単独館で保存維持には限界がある。

　分担保存は複数館が協力し資料の主題や範囲，資料種別を分担収集し保存してい

く場合と利用頻度が減少した資料を共同保存する共同保存書庫（デポジット・ライブラリー）を設置運営していく場合などがある。

保存書庫（デポジット・ライブラリー）

●⋯⋯⋯書庫収容と分担保存

　所蔵資料の数量は各図書館の書庫収容能力の限界に近づくにつれ問題となっていく。対応としては書庫を新設・増設する方法もあるが，さまざまな方策が考えられる。

書庫収容能力

⑴　書庫の設備拡充（書庫収容能力の強化）
⑵　分担保存制度（分担収集から分担保存）
⑶　共同保存書庫（デポジット・ライブラリー）の設置・運営
⑷　不要資料の廃棄（所蔵資料の評価，更新，移管）
⑸　メディア変換（マイクロ化，デジタル化）

　書庫の設備拡充は各図書館での資料管理の一環である。保存書庫新設・増設や集密書架導入などによる収容能力の充実・強化は物理的・財政的にも簡単に条件が整備されるわけではない。資料保存機能を重視する都道府県立図書館では，徳島県立図書館や福井県立図書館など図書館そのものを郊外に移転させる場合もある。不要資料の廃棄やメディア変換は日常業務であり，利用価値が低くなった資料を評価し（UNIT 39 参照），廃棄（UNIT 40 参照）あるいはメディア変換（UNIT 50 参照）する。この場合，あらかじめ資料選択基準や廃棄・保存基準，資料更新基準を作成し資料方針に組み込んだ形で策定しておくことが求められる。それにしても実務的には資料価値判断に悩むこととなる。またメディア変換にしてもデジタル化技術や設備があっても司書自身の知識技術に委ねるか，外注するかを判断しなければならないし，資料そのものの著作権上の判断や資料価値の判断が必要となり中小規模の公共図書館には課題となっている。多くは都道府県立図書館がその業務を担っている。滋賀県立図書館や富山県立図書館のように "共同保存図書館" あるいは "資料保存センター" としての役割を負っている。メディア変換した地域資料については "デジタルアーカイブ"（UNIT 50 参照）としてネット上で公開しているところも増加している。

資料保存センター

　こうした都道府県立図書館の業務だけではなく，複数館が協力して分担収集・保存し，あるいは共同保管書庫（デポジット・ライブラリー）を設置・運営し解決を図ろうとしている。UNIT 42 で述べたように設置者が異なっていても分担収集・分担保存して資料利用を図るというものである。

●⋯⋯⋯⋯公立図書館の地域内分担保存

　同一自治体内での分担収集・保存から複数自治体間の共同保存，さらに県内での分担保存に拡大していく。多い例としては新聞・雑誌といった逐次刊行物の分担保存である。たとえば神奈川県の湘南6市（平塚，鎌倉，藤沢，小田原，茅ケ崎，逗子）の公立図書館が「湘南6市図書館の雑誌相互保存に関する協定書」を1978年に締結し，地域に密接な関係のある文学誌などの分担保存をおこなった。また，県央市町（相模原，大和，綾瀬，座間，海老名，厚木，伊勢原，秦野，愛川）で1980年に「県央地区公共図書館新聞・雑誌保存に関する協定書」を，2004年からは「神奈川県内公共図書館等における雑誌の分担保存に関する申し合わせ」に基づき神奈川県内の公立図書館76館での雑誌について各館が分担して保存する責任を定め，資料の広域利用に道を拓こうというものであり，書庫収容能力の限界を緩和し県内の広域利用を推進しようとするものである。現在では「神奈川県内公共図書館購入継続雑誌・新聞総合目録」を公開しネット上で県内の所在が把握できるようになっている。

保存協定

　ほかにも福岡県では福岡県公共図書館等協議会を結成し，「福岡県公共図書館等協議会雑誌分担保存に関する協定書」（1982年，2020年改訂）を交わし，さらに新聞の分担保存の協定とリストも作成し，分担保存をおこない総合目録を整備して相互利用を図っている。新聞については地域版の保存であり，県内の公立図書館等の分担収集・分担保存を求めている。

　埼玉県図書館協会では「埼玉県公共図書館等における資料保存に関する協定」をさだめ，希少資料の保存を図っている。希少資料とは「地域資料及び雑誌を除いた一般図書及び児童図書のうち，加入館内において1館のみが所蔵し，その所蔵冊数が1冊のみの資料（当分の間 ISBN が付されていない資料は除く）」を指し，希少資料として確認されたら「当該資料を所蔵する図書館で責任を持って保存する」としている。これも分担保存といえる。

●⋯⋯⋯⋯大学図書館の分担保存

　同一地域にある私立大学図書館では資料の分担保存協定を結び，資料の相互利用を図っているところがある。たとえば他大学での授業を受け単位互換を受けられる制度のある京都の大学コンソーシアムに連動する形で，「私立大学図書館協会　西地区部会　京都地区協議会　資料分担保存協定」が結ばれ，新聞と雑誌についての分担保存がおこなわれている。阪神地区の私立大学図書館間でも相互利用協定「逐次刊行物分担保存実施要項」があり分担保存をおこなっている。日本医学図書館協会では事業として資料の分担収集・保存，電子ジャーナルの共同購入を掲げているが，医学図書館のみならず大学図書館では電子ジャーナル等電子書籍が増加し印刷媒体とも単価が上昇している現在，分担収集・保存が大きな課題となっている。海

外の大学図書館等では公立図書館もあわせてコンソーシアムを形成し，分担収集・保存・提供をおこなうため，共同購入・契約をおこない，ライセンス保持者（出版社や取次（ベンダー））と著作権契約をかわして相互利用をすすめている。

### ●‥‥‥‥館種をこえた分担保存

　秋田県立図書館は国際教養大学（私立），秋田大学（国立），秋田県立大学（公立）の図書館と相互協力の協定をかわし，資料分担収集・保存などをさだめた。大学と地域交流が強く求められるようになってくると館種をこえた資料利用が期待される。公立図書館と大学図書館間で相互利用協定を結んでいるところは少しずつ増えているが，資料の分担収集・保存まで協定で明確化しているところはほとんどない。

### ●‥‥‥‥共同保存書庫（デポジット・ライブラリー）

　滋賀県立図書館や富山県立図書館は図書館敷地内に書庫を増設する形で，県内の公立・学校図書館の廃棄された希少価値のある資料を受け入れる保存書庫をもっている。

　共同保存図書館とも呼ばれるが，デポジット・ライブラリーでは図書館の機能である資料活用の行事やレファレンスなどは別の図書館そのものでおこなわれ，ここでは共同保存書庫と称するほうが本来の形になる。本来，共同保存書庫とは複数の図書館が別個に保存書庫をもち共同で保存・管理運営するものである。日本では独立した組織として保存・運用を目的として最初から設計した建物は存在していない。

　神奈川県資料室研究会が神奈川県教育委員会文化遺産課収蔵センター（旧県立野庭高校）をその場所として，県内の図書館等から保管が困難になった学術雑誌等を受入・保存しており，県立川崎図書館との間で宅配便にて資料を運搬している。スペースやスタッフの確保など課題も多いが，県内企業の資料室と公立図書館による共同保管書庫とデポジット・ライブラリーとしての運用をおこなう取り組みである。

　2001年「東京都立図書館あり方検討委員会」により都立図書館の保存機能の再検討を求め，都立図書館が重複所蔵している資料を段階的に廃棄するとしたことを発端として，2008年多摩地区の市民や図書館員等が「NPO法人共同保存図書館・多摩」を発足し活動している。その目的は「広く一般市民を対象として，行政や企業等との協働のもとに，市町村立図書館等が除籍する資料，個人団体などが手放す資料等の収集・整理事業，再活用事業，貸出等による提供事業を行い，広域的な共同保存図書館活動を，普及展開することで，必要な情報を誰もが容易に得ることができるような社会づくりに寄与する」としている。発足以来，講演会や講座の実施，ブックレット等の刊行，ボランティア活動など資料の保存から地域社会活動へと発展している。

デポジット・ライブラリー：共同保存書庫

共同保存図書館・多摩

## ●──── option U

### 福岡県公共図書館等協議会雑誌分担保存に関する協定書

　福岡県公共図書館等協議会は，加盟館が所蔵する雑誌の有効な利用を目的として相互に協力し，保存を分担する協定を締結する。

（分担保存雑誌）

第1条　加盟館の分担保存雑誌は別表［略］に定めるとおりとする。

（保管・収集）

第2条　分担館は，分担保存雑誌については責任を持って保管し，収集に努める。

（保存の方法）

第3条　分担保存雑誌は，原則として現物保存し，保存方法について変更が生じた場合は，福岡県公共図書館等協議会事務局（以下「事務局」という。）に連絡する。

2　前項の連絡を受けた事務局は，その旨を他の加盟館に連絡する。

（県立図書館の協力）

第4条　加盟館の分担保存雑誌で，保管が不可能になったときは，県立図書館がその全部または一部を保管する。

（分担保存の調整）

第5条　加盟館が自館の分担保存雑誌以外の雑誌を廃棄しようとするときは，それが他の加盟館の分担保存雑誌である場合は事務局に連絡し，協力して欠号・破損等の補充の便をはかる。

2　加盟館が分担保存雑誌の購入等を中止しようとするときは，事務局に連絡する。

3　前2項の連絡を受けた事務局は，その旨を他の加盟館に連絡するとともに，適当な調整事務を行う。

4　事務局は，加盟館に対して定期的に永年保存雑誌及び新規収集雑誌の調査を行い，新たな分担保存タイトルや担当館の設定，担当タイトルの変更や廃止の承認について調整を行い，当該年度の委員会に諮り，承認を得る。

5　事務局は，協定書別表について，所蔵館の名称や所蔵事項（巻号名，期間，欠号等）の変更等による修正を，事項発生（判明）時点において，事務局長決裁で行う。

（分担保存雑誌の利用）

第6条　分担保存雑誌の利用については，福岡県公共図書館相互貸借規定の定めるところによる。

（連絡協議）

第7条　この協定の実施に関して必要な事項については，その都度連絡協議をする。

（1982年成立，1990，2005，2008，2012，2020年改正）

（https://www.lib.pref.fukuoka.jp/hp/tosho/renkei/2020/magazine-buntan.pdf）

● 資料の組織化

# 受 入 業 務

**●⋯⋯⋯資料提供のための支援機能**

　すべての図書館に共通している機能といえば，資料の収集，整理，保存，提供である。歴史的にみてもそれらの機能は，種類や目的，規模などによって，多少の違いこそあれ，図書館の四大機能として変わることはない。もちろん，時代の進展や技術的発展にともなって，それらの機能的変化を促し，図書館の目的や性格を特徴づけてきたことは否定できないが，一般的にはいずれの図書館にも共通して備わっているものである。

　そうした図書館機能は，利用者に資料を提供することを主要な目的としている直接サービスと，その目的達成のための手段として考えられる収集，整理，保存などの間接サービスの二大機能に分かれる。すなわち，後者の収集，整理，保存機能は，前者の提供機能の目的を達成するためにある。いずれにしても，図書館にとって，両者の関係は車の両輪でなければならず，どちらの機能も利用者の要求を充たしていくためには絶対不可欠とされる。

　この点については，図書館法第2条で，図書館とは「図書，記録その他必要な資料を収集し，整理し，保存し」て，一般公衆の利用に供することを目的とする施設であると規定されているように，資料の収集とその整理は，ひとしく図書館サービスとして，資料提供サービスのための支援機能として位置づけられている。

　支援機能としての受入・整理部門の業務内容は，図書館の規模やタイプで基本方針が異なるし，業務委託や指定管理者制度の導入によっても大きく変わってくる。

　そこで，UNIT 44〜47の「資料の組織化」では，主として慣習的におこなわれている実務にもとづいて，ごく基本的な事項について説明する。

　ちなみに，日本図書館協会が図書館職員の専門性の確立と強化をめざして検討した「公共図書館の業務分析」(2000)では，受入部門は，「A.資料の選択・収集」と「B.資料の整理」に分けられ，前者には，「①.収集方針の立案，②.収集計画の立案，③.選定ツールの収集，④.選択, 5.発注, 6.寄贈依頼, 7.契約, ⑧.検収」(○は専門職)の業務が入り，後者「B.資料の整理」には，「1.受入登録，②.分類・件名の決定，③.目録作成, 4.装備」となっている。

公共図書館の業務
分析（2000）

## ●⋯⋯⋯⋯受入業務とは

受入業務は受入作業ともいわれ，広義と狭義がある。日本図書館協会編『図書館用語集』四訂版では，受入作業として定義されている。

> 図書館が購入・寄贈・交換等により入手した資料を，自館の蔵書とするために行われる手続作業のこと。単に受入ともいい，収書ということもある。広義には，発注や寄贈依頼，現品の検収，代金支払事務，礼状の発送，登録業務，装備，製本準備等の一連の過程を総称していうが，狭義では〈登録業務〉と同義に用い，たとえば「図書その他の資料を，その館の蔵書として受入れること。図書館に加えられた図書その他の資料を受入順に記録する事務」のように定義される。

すなわち，受入業務とは，狭義の資料の受入と資料の収集・選択から発注，検収，受入記録，登録，装備，製本，会計までの一連の流れ全般（option V）を指す場合があるので，両者は区別して考えたほうがよい。

さきに述べたように，広義の受入業務は，すべての資料が利用者のもとめに応じて，速やかに的確に提供できるようにするためにおこなわれる組織的業務であり，図書館法第3条には，「図書館奉仕」をするための業務として，「図書館資料の分類排列を適切にし，及びその目録を整備すること」などがあげられている。

ランガナタンは，利用者が入館してから退館するまで，それぞれの段階で影響を受ける時間の経済性に目をむけて，こうした日常業務の方法を改善するひとつとして，受入業務の「作業工程（図書の選択，発注，受入，目録作業，除籍に関する一連の記録）」をとりあげ，次のように主張する。

第4法則　利用者の時間を節約せよ

ランガナタンは，受入業務を「職員の時間」としたうえで，第1法則「図書は利用するためのものである」，第2法則「いずれの読者にもすべて，その人の図書を」，第3法則「いずれの図書にもすべて，その読者を」の利用者の要求を充たしていくためには，「図書館利用者の時間を節約」する改善が必要であると説いているが，そこには，「ルーティンワークに費やされる職員の時間は，可能なかぎり最小限にすべきである」という意味が含まれている。

それは，"中小レポート"（日本図書館協会）のなかで，原則として「事務能率の見地から，多くの時間と労力を費やしてまで不必要な帳簿類を数多くそなえる必要はない」と提唱していることに通じる。

受入業務は，あくまでも資料を提供するための作業であって，受入のための受入業務という本末転倒のものであってはならない。受入業務の意義は，受入作業・発注作業の迅速化や合理化を，いかに資料提供サービスの効率的な運営に生かすことができるかということに尽きる。

## ●⋯⋯⋯発注業務

　受入業務のはじめに位置するのが収集・選択であり，そこで決められた資料を何
らかの方法で入手しようとする窓口業務が発注・寄贈・交換である。入手方法とし
ては有償か無償かに大別できるが，ここでは，購入と寄贈・交換に分けて説明する。 発注・寄贈・交換

　さて，ほとんどの図書館は図書館資料の大部分を購入によって入手している。資
料を購入するためには書店などに注文をだすが，それを発注という。注文，購入と
ほぼ同義であるが，いずれも日常的な用語なので『図書館用語集』四訂版には載っ
ていない。ただ，「注文票」という項目があり，資料を注文する際に用いる伝票と
して，「書店への発注のほか，注文控，および整理中の資料ファイルなどに利用す
る」と記述されている。現在では，オンライン処理が一般的であろう。

　発注の方法には，口頭，文書，電話，ファックス，オンラインシステムなどがあ
り，取次会社のバックアップシステムの導入とともに，ますます多様化し，効率化
が進んでいる。とはいえ，発注業務には日常的に発注書を作成したり，重複調査や
書店に注文をだすなど，まだまだ事務的な仕事は多い。

## ●⋯⋯⋯発注の留意点

　発注にあたっては，事前・事後処理が必要になってくるので留意したい。

⑴　購入先の決定：どこで購入するか。取り扱う専門分野や速く確実に納品して
　　くれるかどうかなど，業者の対応能力をみて決定する。

⑵　書誌事項調査：資料識別のため書誌的事項の確認は絶対条件である。とくに
　　リクエストは書名や出版社名が曖昧，不明ということがあるので注意を要する。

⑶　重複調査：発注する資料がすでに所蔵しているか，あるいは発注中かを調査 重複調査
　　し，重複を未然に防ぐこと。利用頻度の高い資料は意図的に重複購入するが，
　　原則的には，資料費の効率的運用を図るため，重複が確認されたら注文はとり
　　やめる。

⑷　予算執行：資料の購入は予算執行状況を把握し，新刊の予定価格や洋書の価
　　格などの不確定要素を考慮に入れ，調整を図りながら発注していくことになる。

⑸　発注作業：発注の事前処理が終われば，館長決裁後，書店などに注文する。
　　決裁方式や発注様式は，自治体の規模や館種などによって違ってくる。

⑹　注文：一般的な注文は定期的におこなうこと。大量注文は業者との綿密な打
　　合せが必要。緊急注文は，あらかじめ書店と緊急度を決めておく。

⑺　督促：何よりもまず，原因を把握すること。一般的には発注から納品までの
　　待ち日数を，和書・洋書ごとにみておき，それらの期日にもとづいて判断する。

⑻　解約：発注・受入状況の定期的な点検により，未着資料を督促し，状況に変
　　化がなければ解約の選択をすべきである。

## ●‥‥‥‥‥それ以外の発注方法：継続注文

見計らい購入

(1) 見計らい購入：あらかじめ主題や範囲を書店に示し，それにもとづいて書店が定期的に図書館に持ち込む資料から選択する方法である。この制度の長所，短所については，すでに UNIT 37（選書の方法）で詳述した。

スタンディング
オーダー

(2) スタンディングオーダー（継続注文）：叢書，全集，講座，年鑑，雑誌などの継続出版物は，はじめに注文した後は，発行の都度注文をしなくても継続して納品されるように契約すること。

ブランケットオー
ダー

(3) ブランケットオーダー（一括注文）：ある特定の主題や出版社を選定し，その枠内の出版物をすべて購入する。原則として見計らい制度のような返品はできない。このため公立図書館より大学図書館，専門図書館等で多く採用されているし，すべての資料を購入できる特典はあるが，契約段階で収集の目的を明確にし，それに応えられる書店を選ぶことが肝心である。

(4) アプルーバルプラン（一括見計らい注文）：あらかじめ図書館から示された主題，レベル，言語などの条件をもとに新刊書を選定し，見計らいで図書館に納入するもの。

現在，おおくの図書館は，発注・受入・目録業務全般をコンピュータ化し，効率化や人件費削減を目的にした合理化をすすめている。さらに，民間事業者等のバックアップシステムを導入し，受入業務全般のアウトソーシング化（委託・派遣）をはかっているので，出版や流通における電子化が急速にすすんでいるだけに，受入業務の在り方は，より一層外部委託に頼らざるをえなくなっている。


## ●‥‥‥‥‥寄贈

寄贈とは，「個人や団体が，自分の蔵書や著作物・発行物などを図書館に無償で提供すること」（『図書館用語集』四訂版）である。

資料の受入は，およそ購入によると述べたが，なかには入手したくても非売品のため，購入できない場合がある。そのときは館長名で寄贈依頼状をだす。だが，ひとくちに寄贈受入といっても，寄贈依頼するものと，直接図書館に寄贈されてくるものの２種類がある。

原則的には，前者は選択購入のときとおなじように収集方針と選択基準にもとづいて寄贈依頼するのであり，収集の目的は明確である。とくに官公庁刊行物は非売品が多く，入手困難なだけに情報公開制度の一翼を担う公立図書館においては寄贈依頼は欠かせない。納本制度を条例で定めているところもある。（→ UNIT 19（政府刊行物），UNIT 20（地域資料））

ところが，ここ数年，自治体の財政難による資料費削減で，おもうように資料が購入できないために，市民から「貸出」や「保存」用のための図書や雑誌の寄贈を

募っている公立図書館が目立つようになっている。だが，こうした寄贈依頼は，収集方針にもとづいた蔵書形成を考えると，ジレンマに陥ることになる。

　もうひとつ問題は，後者の直接図書館に寄贈されてくる個人・団体の献本や個人の蔵書などである。とくに個人から送られてくる刊行物のなかには，売名的なものや宣伝的なものがあるので，収集方針にもとづかない資料を無条件に受け入れることは禁物である。

　また，遺贈や篤志家による蔵書の寄贈の申し出があるときは，コレクションとしてまとまっているだけに，貴重な資料ではあるが，あくまでも自館の収集方針に見合ったかたちの受入であってほしい。そのためには寄贈による受入基準の明文化が望まれる。

### ●………寄託図書

　寄託図書は，個人や団体の蔵書を利用者に供することを条件にして，図書館に期限付きあるいは無期限で，管理運用を委託すること。寄贈とちがうのは，期限つきであり，受託した図書館の蔵書にはならない。つまり，所有権をもたない寄贈図書と考えてよいだろう。

　したがって，受託するには，図書館の目的にかない，かつ資料的価値も認めたうえで，利用者にとって有益かどうかを判断する必要がある。ことに公立図書館では，よほどの受託条件が整わないかぎり，多大の労力を費やすことになり，リスクが大きい。もし，受託が決定したならば，受託条件を明記した契約書を交わし，寄託図書に寄託者名を付した文庫名と目録を作成しなければならない。

　寄託図書館としては国連寄託図書館が知られている。日本では，京都国連寄託図書館ほか13機関がある。

寄託図書館

### ●………国内交換・国際交換

　寄贈とおなじように資料費購入によらない入手方法として交換がある。交換とは図書館が自館の刊行物や重複資料あるいは類縁機関の刊行物などをもとに，他の図書館や類縁機関の発行物と相互に交換し，資料を入手する方法である。交換には，国内交換と国際交換に分けることができるが，近年は図書館や類縁機関の刊行物の電子化が進展し，インターネットを通じ公開されているので，交換による入手は減少傾向にある。

## 受入業務の流れ

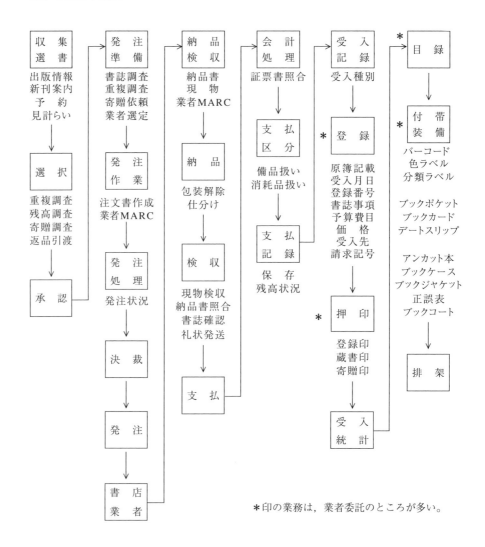

＊印の業務は，業者委託のところが多い。

# UNIT 45

**● 資料の組織化**

# 登 録 業 務

**●⋯⋯⋯⋯資料の受入**

　ここでいう受入とは，狭義の資料の受入を意味しているが，図書館は購入，寄贈，その他の方法によって資料を入手し，その取得した資料を物品管理法または地方公共団体などの物品会計規則にもとづいて，財産として台帳や帳簿に登録しなければならない。その会計上の業務を受入登録といい，資料の会計上の帰属をあきらかにすることにある。

　また，図書館資料は，会計上一般の備品とおなじように備品扱いと消耗品扱いに分けて取り扱われる。その区分は，原則的には図書，製本雑誌，視聴覚資料の一部など長期的保存価値のあるものは備品扱い，雑誌や新聞，加除式資料，児童書の一部にみられるような破損や消耗の激しいものは消耗品扱いとされる。近年では一定の金額以下のものは消耗品扱いとし，受入業務の合理化を図っているところが多い。

*備品扱い*
*消耗品扱い*

　このように資料の受入は，資料管理，整理のためだけに存在しているのではなく，会計上重要な位置を占めることによって，資料提供サービスを支える受入業務全体の責務を引き受けている。くりかえすことになるが，受入業務の意義は，ひとつは，あらゆる図書館資料の提供を支援するための手段としての役割であり，もうひとつは，経営管理の一端を担う会計上の行為としての責務である。

　そのなかで，雑誌・新聞の受入は，形態や刊行が他の資料とやや異なっているため，受入業務の option V の流れ図とは少々違っている。

*雑誌の受入*

　雑誌は，書店が納品する以外に，郵送により受け入れるものがある。書店からの納品のときは，現物と何らかの形式の納品書が添付されているので，それにより，現物検収をおこなえばよいが，郵送などで直送されてくるものについては，まず，宛先がまちがっていないかどうかを確認することが重要である。とくに，外国雑誌の受入の場合，それはチェックポイントのひとつになる。

　次はチェックインともいわれる受入記録である。誌名，巻号，刊行状況の把握，欠号の発見，督促などの確認をおこない，所定の事項を記録または入力する。仮表紙の受入雑誌は消耗品扱いなので，仮受入印（日付と所蔵）の押印だけでよい。

　受入記録の方法には冊子式，カード式，コンピュータ方式あるが，いずれにしても，記録すべき内容は変わらない。項目としては，基本的事項である誌名（新旧），

発行所，創刊年，刊行頻度などの書誌的事項と管理的事項（受入種別，受入先，価格など）がある。受入記録は巻号，年月，受入日を記入する。

その他雑誌は，長期的に利用していくために合冊製本して保存する。製本された雑誌は，はじめて財産として備品登録される。


### ●‥‥‥‥‥納品と検収

さきにも触れたように，もはや，ほとんどの図書館は，発注から装備までの業務処理をコンピュータ化している。このため，資料が図書館に納品されても，以前のような煩瑣な受入処理をおこなわなくてもよい。とりわけ，民間事業者などによる図書館バックアップシステムを導入している図書館では，一段と合理化が進んでいるだけに，検収や受入登録などについては，これまでのテキストのような詳細な解説は不要とおもわれるが，ひととおりの説明だけはしておきたい。

さて，発注した資料は，それぞれ書店経由，直送，郵送など何らかの物流経路をへて納品されるが，それを図書館資料として受け入れる窓口業務に検収という作業がある。

検収とは　　　　検収とは，発注に応じておさめられた資料が，注文したさいの品質や形状と合っているかどうかを確認することである。それは，ネットショッピングやテレビ通販で商品を購入したときに，だれもが注文品かどうか点検したうえで，代金を支払っているのとおなじである。つまり，公立図書館の受入業務における検収も，注文どおりの資料であることをたしかめたうえで，はじめて公費による代金の支払いがお
会計上の確認行為　こなわれるので，いってみれば，会計執行上の確認行為といえる。

具体的には，まず納品された現物の梱包，包装を解いて，備品扱い，消耗品扱いなどのグループに仕分けることからはじまる。このとき，資料の形状を損なわないように取り扱い，また，会計上必要な証票書類（納品書など）が紛れ込まないようにとりまとめ，点検のための準備をする。

資料の形状　　　点検のポイントは二つある。ひとつは資料の形状にかかわる点検である。

たとえば，(1)落丁，乱丁，破損，汚損などの異常がないか，(2)付属資料や添付資料など複合媒体資料はそろっているか，(3)版表示のまちがいはないか，(4)重複していないか，(5)部数が多すぎないか（少なくないか），などである。

なお，この時点で欠陥本がみつかれば，すぐ返品し代替品を要求する。

証票書類の照合　もうひとつのポイントは，現品授受のさいの証票書類との照合である。納品書，請求書，見積書などの証票書類の記載事項に誤りがないかどうかたしかめることである。書誌的事項はもとより，部数，金額なども正確に記入されているかどうかもあらためる。業者MARCを利用している図書館では，OCRやバーコード等による点検が可能になっている。

ただ，大量に受け入れた資料の発注事項や納品価格を，それぞれ1点ずつ照合確認していくことは，時間の浪費であり，非生産的でもあるので，ある程度，高額図書を中心に点検していくこともやむをえない。検収は，ややともすれば，形式的になりがちだが，検収後，欠陥本や部数不足などの事態を招くおそれもあるので，なおざりにはできない。

　そのほか，製本雑誌の納品のさいには，雑誌の和・洋の区別から表紙の色，背文字の誌名に巻数・号数，年号の位置，仕上げ冊数など，いずれも製本仕様書どおりかどうかをたしかめる必要があるし，マイクロ資料などは原資料との照合やフィルムの仕上がり，損傷の有無などに目を配りたい。

　限られた公費で購入することになるので，注文に応じて納められた現品は，気を入れて検収しておくとよいだろう。


## ●⋯⋯⋯受入登録

　受入登録は，単に登録ともいう。その業務とは，「購入・寄贈など，有償・無償で取得した資料を，物品管理法や物品会計規則などに基づき，図書館の財産として台帳・原簿に登録する会計上・管理上の業務のこと」（『図書館用語集』四訂版）をいう。

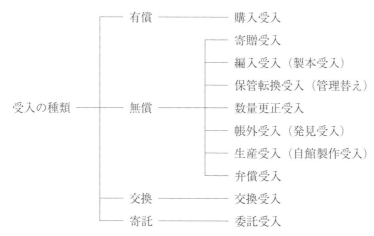

受入種別

　ただ，受入登録といっても，図書館資料の受入には，購入，寄贈などのほかに，さまざまな入手経路がある。大別すると，次のような種類と方法がある。これらの方法による受入は，日常的にあるわけではないので，用語としてのわかりやすさに欠けているが，それぞれ少し具体的に説明しておこう。

　⑴　編入受入：仮受入した雑誌や新聞などの消耗品扱いした資料のうち，長期保存の必要から合冊製本して，あらためて備品扱いとして，蔵書に組み入れることを指す。そのため組み替え受入ともいう。

　⑵　保管転換受入：同一会計を主体とする組織体における利用上の便宜や管理面

での取り扱いを考慮し，保管の責任を移管した資料の受入をいう。

⑶　数量更正受入：すでに受入した資料を利用上あるいは管理上の理由から，1部を2冊に分冊したり，逆に3冊を1冊に合冊したりすることによって，蔵書冊数の数量が変動するため，あらためて受け入れるものである。

⑷　帳外受入：紛失や盗難などの理由で，すでに除籍していた資料が後日発見されたとき，あらためて受け入れること。この場合元の受入記録は抹消する。

⑸　生産受入：自館で製作した複製物や新聞の切り抜き資料などを製本して受け入れること。自館製作受入ともいう。

⑹　弁償受入：利用者が何らかの理由で資料を紛失，破損，汚損し，それと同じ資料によって弁償されたときに，その代替品を受け入れること。元の資料は，除籍し，新規登録をおこなう。

受入登録としては，はじめに蔵書印の押印である。蔵書印は，受入資料の帰属を明らかにするもっともわかりやすい徴としてむかしからよく用いられている。これには盗難防止の役割もある。押印の場所は標題紙裏と決められていたが，現在では標題紙上にも押印されている。また，OCRやバーコードラベルを蔵書印のかわりにしているところもある。

次に，登録番号の付与である。登録番号は単なる受入番号というだけでなく，資料に与えられた唯一固有の記号として存在する。日常的な貸出・返却業務や蔵書点検作業において，検索の手がかりとして少なからず機能している。登録番号は，年度的要素，資料の種別，受入序数で構成されているところが多い。

登録原簿　　　登録原簿は資料提供サービスのためというよりも，どちらかといえば会計法規上もとめられる帳簿の一つであるだろう。それは図書館の財産上の位置を示すものとして維持管理しなければならない。したがって登録原簿には，いま，どのような資料がどれくらいの価格で受け入れられ，どこに所蔵しているかを示す状態が記録されていることになる。そのため蔵書目録が刊行されれば，いずれは不要になるにちがいないが，資料が納品され，書誌情報の検索が可能になるまでの間は，その様式はともかくとして，必要不可欠なのである。

受入記録　　　受入記録は，書誌情報のほかに納品記録などが考えられるが，普通は，登録番号順に記載され，著者，書名，出版者，出版年，受入種別，取得価格，受入先，請求記号などが記録される。こうした受入記録は，できることなら，必要最低限の事項に限るとして，今日では，収集のための決裁文書の添付資料である明細書に購入年月日，受入番号を記入して代用する図書館が増えている。まして，業者MARCを導入しているところでは，伝統的な登録原簿にこだわる時代ではないだろう。

なお，登録原簿は，法的手続きにもとづく資産内容を明示するものだけに永久保存がもとめられる。

# UNIT 46

## ● 資料の組織化

# 資料の装備

## ●⋯⋯⋯装備の意義

公立図書館や大学図書館などでは，ときおり，本の背のブックラベルの位置について，利用者から苦情が持ち込まれることがある。本の背に貼ってあるブックラベルで「書名がみえにくい」，「著者名が隠れてしまう」というのである。

ブックラベルとは，請求記号を記したラベルで書架上の位置を決定するとともに，蔵書のなかからもとめる資料を探しだすための標識として，「利用者と資料を結びつける」うえに欠かせない装備のひとつである。ところが，このブックラベルの位置がおおむね本の背の下端から1〜2cmあけたところに貼付されているため，ちょうど本の背に表示されている書名，著者名の一部や巻数などの書誌的情報を覆ってしまうことが多い。したがって，著者を手がかりに本を探している利用者から，ブックラベルの位置をずらしてほしいという苦情が寄せられることになる。

図書館は，これまで利用者と資料を結びつける目印として，ブックラベルの位置にはこころをくだいてきたが，前述のような苦情がときたまある。もっとも，ラベルの位置を変える図書館は少ないとおもうが，利用者にとっては，装備の仕上がりの美しさは，資料を選ぶさいの動機にもなるので，こころしてあたりたい。

## ●⋯⋯⋯資料の装備とは

資料の装備とは，「図書館資料を利用に供する前に，その館の所蔵物であることを示し，配置場所などを表示し，破損・汚損に耐えるように保護・強化するなどして，貸出可能にするために行う一連の作業」（『図書館用語集』四訂版）をいう。

その定義によれば，装備の目的は管理，運用面における貸出準備作業として，おおよそ，次の四つの段階に分けることができる。

装備の目的

(1) 所蔵表示：図書館資料を財産として管理する所有者を示す表示で，蔵書印，登録印などの押印，バーコードやICタグの貼付。

(2) 排架表示：排架位置を示す表示で，ブックラベル（請求記号，禁帯出，大型本など）の貼付。

(3) 貸出記録：資料の館外貸出に必要な装備で，以前はブックカードやブックポケット，返却期限票などを貼付。現在は，バーコードやICタグの貼付。

(4) 資料保護：運用上必要な資料の保護や補強をおこなうもの。付録の正誤表，地図，図表などの貼付，開きぐせ，アンカット本の処理など。粘着透明フィルムは，もともと傷んだ資料の修復や補強につかわれていたが，近年は本の外観を意識したフィルム・コーティングが主流となっている。ただし，取り外しができないので，資料形態によっては慎重でありたい。

　これらのステップは，収集した図書館資料を受入，分類，目録のなどの整理が完了した段階で，いつでも利用できるような状態にしておくことが目標であり，どの措置も資料の排架のまえに最良の対策として細工が施されていなければならない。しかし，現在では，こうした装備は単純作業として非正規職員にゆだねているところが少なくないので，何のために装備するのか的確な指示が必要である。

　近年，公立図書館は管理運営の活性化から受入業務全般を外部委託するところが目立つ。とくに，資料装備については，選書発注を条件に引き受ける業者が増えているので，新刊書の装備の仕上がりには目を配りたい。いうまでもないが業者契約のときは，かならず「図書付帯装備」についての仕様書を交わし，それに拠って，装備を施し納品するよう指示することを忘れてはならない。

委託装備仕様書

　たとえば，一般的に「図書付帯装備仕様書」には，以下のような項目について，具体的な手順と指示を簡潔に記入すべきである。

(1) 図書原簿：登録番号，著者，書名，出版社，価格，購入先などの記載。

(2) 蔵書シール：登録番号を付した所蔵館（蔵書）シールの文字，色，大きさとバーコードラベルの貼付位置（表紙または裏表紙の左下）などを示す。

(3) 分類ラベル：分類は図書館が指定し，その基準，表示などは別に指示する。背ラベルの位置，文字の印字など。

(4) ブックポケット等：ブックカード，返却期限票ともに使用する場合は，図書館専用のものを指定する。それぞれの貼付位置を示す。

ブックコート

(5) ブックコート：フィルム・コーティング，ジャケット付図書の補強の仕方，帯の取り扱いなどを明示する。

(6) ナンバーリング：図書原簿など必要に応じて位置を指示。

(7) その他：ブックケース付図書はケースを外さないで納品するよう指示する。装備された資料は，図書原簿，目録（MARC あるいは目録カード）とともに納品するとし，流通外図書にも適用する。

　いずれにしても，新刊書などの大部分の資料の装備は，基本的には業者提供のパッケージに組み込まれているとしても，既刊書などの受入・装備などがまったくなくなるわけではないので，一応，ステップごとのおもな装備について，少し具体的に説明してみる。

## ●‥‥‥‥押印

(1) 蔵書印：登録したすべての図書館資料には，所有権者を明示するために蔵書 蔵書印
印を押印する。印材は一般に正方形のツゲ材が多く使われている。押印には朱
肉を用いるが，スタンプインキを採用している館もある。押印の場所は，だい
たい標題紙か巻頭であるが，軸物（巻頭），絵図，地図などの一枚物（右下），
貴重書などの資料については，直接押印して美観を損なうようなことであれば，
押印を避けてもよい。

　　現在，OCRやバーコードシステムを導入している館では，館名入りのラベ
ル貼付によって，蔵書印を省略していることが多い。また，標題紙の美観上，
受入登録印で兼用することもある。

(2) 登録印：受入印，受入登録印ともいう。館名，受入年月日，登録番号を組み
合わせた印で，いつ，蔵書として受け入れられたかを示す資料管理のための重
要な情報源である。

(3) 隠し印：小型の館名印。あらかじめ定められた頁ののど元近くに押印する。 隠し印
行方不明になって発見されたときの確認の目印とされるが，事務処理的に煩瑣
なので，いまはあまり押されていない。省略してよい。

(4) 浮出印：金属製の凹凸両面の型をもつプレス機により，凸型側から強圧を加
えて浮きださせる印。蔵書印や登録印の代用として用いられることがあるが，
扱いが面倒なのが欠点である。

(5) 小口印：蔵書の外見的識別のために，小口に押印する縦長の所蔵印である。
盗難防止に役立つとされるが，省略しているところもある。

(6) 寄贈者印：寄贈者の厚意を表すために，寄贈者印を押印し氏名を書き入れる。
押印の位置は館によってさまざまである。

## ●‥‥‥‥ブックラベル

　ブックラベルの意義については，すでに述べたが書架上における排列の位置が明
示されているだけに，閲覧，貸出，返却，点検などの運用面で当該資料を容易に識
別できる機能をもっている。その他，ブックラベルには貴重書，参考図書，禁帯出
図書，指定図書などを識別するために，用途別に色や形が工夫された色ラベルがあ
る。そのラベルの位置も本の下端から1.5cmの高さに貼るとされるが，書名が隠れ
たりするときは，ラベルの位置を変えることがある。それだけにブックラベルの位 ラベルの位置
置は，美観上の問題として議論が発展しやすい。

　たとえば，ランガナタンは五法則のなかでラベルの位置については次のように言
及している。

　　本が書架上に直立しているときラベルがすべて一直線上に並ぶように，ラベ

ルを添付することによって書架の魅力が著しく増してくると言ってよいだろう。だらしない外見は別としても，ラベルが見境なくいろいろな高さになっているならば，利用者の目を疲れさせるであろう。経験によれば，ラベルの最も適切で標準的な位置は，本の底から1インチ［2.54cm］のところである。

## ●⋯⋯⋯貸出記録

貸出業務をおこなうためには，いつ，だれが，何を，いつまで，借りているかという貸出記録の管理が必要である。そのための装備を施さなければならない。記録方式には，マニュアル方式とコンピュータ方式があるが，それぞれの図書館の貸出方式によっても，その処置のしかたがちがってくる。前者はブックカード，ブックポケットや返却期限票を貼付する作業をともなうが，後者ではバーコードラベルやOCRラベルの貼付がそれにかわる。

BDS（貸出手続確認装置）

また，ここ数年，大規模公共図書館や大学図書館を中心にBDS（Book Detection System：貸出手続確認装置）が導入されることが多いが，この場合，磁気テープの装着は欠かせない。これからはICタグが用いられるようになるのではないか。

## ●⋯⋯⋯資料保護

アンカット本

(1) アンカット本：三方の小口を化粧裁断しないで，そのまま装丁してある本をアンカット本という。事前にペーパーナイフなどで切り開いておくのが望ましい。切り離した後も切り口がそろわないのでアンカット（uncut）と呼ぶ。

(2) 開きぐせ：分厚い本や背の硬い頑丈な本は，排架するまえにあらかじめ開きぐせをつけておかないと背が割れるおそれがあり，利用者の読書欲をそぐことになる。

(3) 正誤表：多かれ少なかれ，どのような本にも必ずといってよいほど誤植や校正ミスがある。だが，正誤表がついている本は意外に少ない。もし，正誤表があれば，目次の後に貼付し，利用者のために訂正しておく。

(4) 挟み込み資料：資料本体に挟み込まれている図表，地図，月報，付録などは，散逸を防ぐため，裏表紙の内側に糊づけし，それができないならば，ポケットをつくって収納する。

(5) ブックケース：本の外箱をブックケース，表紙を包むカバーをジャケットという。ブックケースは，一部の豪華本を除いてほとんど捨てられている。ジャケットは，すべて取り外す図書館もみられるが，表紙や本体を保護する実利的な目的のほかに，著者の肖像，略歴や書評などが紹介されていることもあるので，外さずにそのままつけておくほうがよい。近年の装丁は，カラフルで意匠がすばらしく，利用者にとっても魅力的な情報源になっている。

# UNIT 47

● 資料の組織化

# 予算の管理

●⋯⋯⋯⋯**図書館予算**

　近年の地方自治体の財政運営は，きわめて厳しい状況にある。そのなかで，多く
の公立図書館が資料費をはじめとする予算の削減，減少に直面している。もともと，
公立図書館は，地方自治体の条例によって設立・運営されているため，予算管理に
ついては，公会計（官庁会計）の枠のなかで，予算の獲得と執行がおこなわれる。
いわゆる単年度決算（毎年4月1日から翌年3月31日まで）と，現金主義会計（現
金の収受，支払いを基にした会計）の制約のもとで，決められた予算を決まった費
目にたいして支出するというシステムである。

　ところで，地方自治体の収入には地方税などの自主財源と国や都道府県の関与を
受ける地方交付税，地方債などの依存財源がある。公立図書館の主要な財源として
は，その地方税のうちの住民税，固定資産税などの普通税と依存財源のうちの地方
交付税などの一般財源から充当されているが，それらの財源の配分は，使途が特定
されているわけではなく，自治体の裁量にゆだねられているので，どれだけの経費
が図書館にあてられるかは，首長の図書館に対する見識の度合いによる。

公立図書館の財源

　したがって，公立図書館の予算は，その財源のほとんどを地方自治体の予算割り
当てに頼らざるをえないし，地方自治体のそのときどきの財政状況や首長の政策優
先順位などによって大きく左右されるということである。

> 　公共図書館の建物への入場およびサービスは原則として無料とし，地方および
> 国の行政機関が責任を持つものとする。それは国際的な協約や合意に基づいた，
> 特定の，最新の法令によって維持され，国および地方自治体により経費が調達
> されなければならない。（「ユネスコ公共図書館宣言2022」長倉美恵子ほか訳）

●⋯⋯⋯⋯**一般会計予算の1%以上**

　『公立図書館の任務と目標』（改訂版増補）では，「公立図書館の予算は，その果
たすべき任務に比して，一般にあまりにも過少である」とし，「市町村における一
般会計予算の1%以上を図書館費（人件費を含む）として組むこと」があたりまえ
になるべきだとしている。

しかしながら，すべての自治体が「図書館は何をするところか」ということにおいて，必ずしも政策的レベルでの認識をもちあわせているわけではないので，１％以上の恒常的な予算を組んでいる市町村は，まだまだかぎられている。

　つまり，自治体には図書館行政における理念を実現していくための十分な財源がなく，中長期的な計画のもとに安定した図書館予算を組むことができないのが実状である。

　かつて，JLA事務局長の松岡要は，一般会計の予算額の１％を図書館経費（人件費含む）にあてることにたいして，「住民の生涯学習を保障するために，この程度の支出を許容，捻出すべきだ」とし，じっさいに人口段階別に優れた図書館活動をしている市町村を対象に試算したところ，「おおむねこれは妥当であることを確かめることができる。それらの図書館では，司書の比率が高いこと，資料費は図書館経費の２割を占めることが定式化できるようである」（塩見昇，山口源治郎編著『新図書館法と現代の図書館』日本図書館協会）と述べている。

　いうなれば，より充実した図書館予算が獲得できるかどうかは，地方自治体の財政状況よりも，首長が市民のためにどのような政策を選択するかという問題であるといえよう。地域の図書館行政に責任をもつ教育委員会に財政権がなく，財源の保障が首長の裁量にゆだねられている現状では，将来的にも図書館サービスを支えるための合理的で妥当な水準の予算は，あまり多く期待できない。

　とはいえ一方では，ここ数年，図書館サービスの水準を飛躍的に伸ばしている自治体が増えているのも事実である。それは自治体が首長の図書館行政における理念を実施していくために，図書館運営に必要な予算と執行に関する財政的援助を保障していることを意味する。そのなによりも大きな要因は，図書館現場が図書館予算をただ単に割り当てられ，与えられたものとしてではなく，サービスの質的向上などを条件に政治的に獲得していることである。

　だが残念なことに現実は表に掲げるとおり厳しい。

公共図書館資料費の推移　　　　　『図書館年鑑2023』より作成

| 年度 | 図書館数（館） | 奉仕対象人口（万人） | 資料費決算額（億円） | １館当たり資料費（万円） | １人当たり資料費（円） | １人当たり資料費前年度増加率（％） |
|---|---|---|---|---|---|---|
| 2016 | 3,203 | 12,474 | 257.84 | 805 | 207 | 1.4 |
| 2017 | 3,215 | 12,473 | 256.62 | 798 | 206 | −0.5 |
| 2018 | 3,219 | 12,466 | 258.15 | 802 | 207 | 0.7 |
| 2019 | 3,229 | 12,452 | 258.37 | 787 | 207 | 0.2 |
| 2020 | 3,233 | 12,488 | 254.08 | 786 | 203 | −1.6 |
| 2021 | 3,239 | 12,424 | 252.38 | 779 | 203 | −0.5 |
| 2022 | 3,228 | 12,378 | 256.75 | 795 | 207 | 2.1 |

注　図書館数，人口は当該年度，資料費決算額は前々年度

## ●‥‥‥‥予算の編成

　前述したように，地方自治体の会計年度は，４月１日から翌年の３月31日までの単年度決算である。予算は自治法と同法施行規則に定められた一般会計歳出予算に計上される。歳入予算は住民税・固定資産税などの性質別に区分されるのに対して，歳出予算は，議会費，民生費，教育費などの目的別に「款」，「項」に分けて，さらに内訳を「目」，「節」によって細分されている。それゆえ，図書館予算は歳出予算の歳出の（款）教育費，（項）社会教育費に計上される。その社会教育費の「目」に図書館費は計上されるが，他の社会教育費も含まれたものになっているので，図書館分の経費は見えにくい。しかも，「款，項」は議会の議決の対象となり，議決科目と呼ばれるが，「目，節」はその執行科目にすぎない。つまり，図書館費は社会教育費の執行科目として位置づけられ，「款，項」の基礎をなすものである。

（款）（項）（目）

　それだけに図書館予算は，自治体における図書館の役割を位置づけ，どこにサービスの重点を置いているかを示す「行政の設計書」でなければならないといわれる。

行政の設計書

　その図書館予算は，大きく，人件費，物件費，資料費に分けることができる。

　そのなかでは，資料費がもっとも重要であることはいうまでもない。せっかくすばらしい理念を掲げていても，資料費が水準以下では，とても市民の多様な要求に応えていくことはできない。

　『任務と目標』において，資料購入費が臨界点を超えている館とそうでない館とでは，サービスの格差が拡大するばかりであると指摘されている。

資料購入費の臨界点

　臨界点とは，ある状態から別の状態に変化する境目のことであるが，ここでは，利用が増えるか増えないかの境目としての資料購入費の獲得・維持を指している。

## ●‥‥‥‥予算の決め方

　一般的に予算の決め方は，自治体の規模や図書館政策のちがいにもよるが，基本的には，前年度予算を基礎に計上される。とくに資料費は，住民１人当たりの図書費が，その自治体の図書館政策やサービス指標の一つになっているため，館の運営方針や収集方針に裏づけられたサービス計画を，館長の指示のもとに，全職員が十分理解していることが重要である。

　資料費は，図書，雑誌を問わず，物価上昇，印刷費等の値上がりなどによって，前年度実績のままでは，予定の冊数を購入することは難しい。少なくとも，前年度と同じ水準で資料費を維持するためには，予算書策定段階における図書購入単価の見積りやデータの分析を欠かしてはならない。購入単価は，単行書，雑誌の資料種別とは別に，一般書，児童書，参考図書，視聴覚資料，電子資料等の区分によって設定しているが，自治体によっては，それらのうち，一定額以下を消耗品扱いしているところもある。

　予算作成は，これらを踏まえて，まず，各担当が新年度の資料購入計画の策定と資料種別ごとの購入予定価格を算定し，さらに，それぞれの単価と次年度の上昇率を見込んで予算案を編成する。このとき重要なのが，予算案のための基礎資料作成である。いわば，算定基礎となる住民1人当たりの図書費，購入冊数，貸出冊数，蔵書回転率，新刊書の点数と平均単価などの経年変化と比較分析である。

　策定された予算案は，館長や担当職員が自治体の経理担当からヒヤリングを受け，内示を待つ。その後，重点予算のしぼり込みや復活要求方針を策定し，復活折衝に臨むことになる。とくに重要な予算案は，首長との復活折衝によって，執行計画を立てなければならないが，公立図書館の予算案は，おおむね3月の定例議会で審議され，承認確定されることになっている。

## ●⋯⋯⋯予算の執行

　いずれにしても，公立図書館行政にかかわる文部科学省・財務省はもちろん，地方行政に携わる首長，教育長等は，図書館予算の策定に権限をもつ立場にある。残念ながら，かれらの図書館観は机上の空論に終わることが多々あり，図書館予算にたいしても先入観（たとえば「無料貸本屋」など）が強すぎる。

　したがって，予算執行の権限が予算編成と同じ自治体の首長に属しながら，資料の購入にあたっては，図書館長に委任しているところが多い。

　　図書館費のなかで人件費や光熱費などは，図書館員の努力だけでどうしようもない部分である。しかし，資料費は別である。資料費は図書館員に使い方をまかされた予算である。だからこそ資料費の使い方と，その効果には特別の注意をはらう必要がある。（公立図書館の経営調査委員会『こうすれば利用がふえる』日本図書館研究会）

　このため，どのような資料を選択するかということにおいて，首長から権限を委任されたものとして，館長以下職員は資料費の効率的運用をはかるうえで，つねに執行状況を把握している必要がある。法的手続きにもとづく受入登録および会計処理が大切なのはそのためである。まして，財政難にあえぐ地方自治体においては，図書館経費の厳正な管理運用がもとめられるのは当然であろう。

　それだけに，コスト・パフォーマンスが問われている。その手法のひとつに

PDCAマネジメントサイクルの視点がある。このサイクルは計画（Plan），実行（Do），評価（Check），改善（Act）からなる。すなわち，年度初めの事業計画にもとづいて，予算を執行し，どれだけの費用対効果があったか，課題は何かというプロセスを踏むことで，次年度の予算の獲得の道を切り開いていく方法である。

　結論的にはいえば，予算管理は，単に執行状況の把握や，支払い準備のための会計処理をするだけでない，きわめて重要な図書館活動であると認識すべきである。

● 書庫管理

# 書庫管理の意義

● ⋯⋯⋯⋯**書庫管理とは**

　広い意味の書庫管理（collection management）とは，適切な蔵書を作り，それを維持し，更新していくことにかかわる図書館活動すべてを指す。そこには，資料の選択・受入・排架・評価・補修・除架など，蔵書構成にかかわるあらゆる活動が含まれる。しかしこの UNIT においては，資料を書架にどのように排架し，それをどのように維持していくかという点に絞った狭い意味の言葉として用いる。

　書庫管理の目的は，資料の排列を整えたり書架の整備をしたりすることで，蔵書を利用者にとって使いやすい状態にすることにある。つまり書庫管理とは，書庫に収容してある資料を，利用者に使ってもらうことをめざしておこなうものである。このような意味では，書庫管理には貸出の促進と共通する点が多い。　　　　　　　　　書庫管理の目的

　たとえば，背幅の薄い本が手前に背を向けてぎっしり詰めこまれた書架は，利用者に嫌われる。これと逆に，表紙を手前に向けて本を並べると，一般的にいって，その本はよく借りられるようになる。本の排列が乱れている書架や，どこに何があるのかわかりにくい書架も利用者に嫌われる。また返却された資料をカウンター内に長時間ため込むと，利用者に借りられる機会がそれだけ減ることになる。

　書庫管理の仕事は大まかにいって四つに分かれる（ワートマン『蔵書管理』勁草書房，1994）。それは，資料を書架に排架すること，書架上の資料を整頓すること，書庫から資料を出納すること，書架の状態を監視すること，である。このうちで，排架と整頓は開架部分での主要な仕事であり，出納は閉架部分での主要な仕事である。監視はどちらの書庫でも重要な仕事である。

● ⋯⋯⋯⋯**開架部分の書庫管理**

　資料をできるだけ利用してもらうためには，まず資料を排架する場所に気をつける。資料は普通 NDC 順にしたがって書架に排列していくが，NDC に忠実に排列すると利用者の日常感覚に合わなくなることがある。たとえばパソコン（007）とワープロ（336）とインターネット（547），植物（47＊）と園芸（62＊），旅行案内（29＊）とホテルガイド（689）などは別々の遠い位置に並んでしまい，どちらか片方にしか気づかない利用者がいる。これを防ぐために，分類に手を加えたり排列の順　　資料の排架場所

を変えたりして，利用者の日常的な感覚に近い資料排列になるよう工夫している図書館は多い。

　資料の排架場所を示すサインにも気をつける。NDC を理解している利用者は非常に少ない。たいていの利用者は，書架を眺めて歩くことによって資料の排架場所を把握している。そうした人を援助するためには，NDC の番号や語句をそのまま掲示するだけでは足りない。NDC で使っている語句には抽象的なものがあり，自分の興味と関係する分野なのかどうかわからない人が多いからである。その点で，「易占」よりも「赤ちゃんの名前のつけかた」といった具体的な語句を用いたサインのほうが効果がある。

　資料を排架する書架にも気をつける。利用者が資料を手にとる機会を増やすためには，できるだけ収容能力の高い書架を使えばよいかというと，必ずしもそうではない。背の高い書架を多用すれば収容冊数は増えるが，背表紙の書名が小さくて遠くからでは読みにくいとか，踏み台に乗らないと手が届かないという不便が生じる。

　また，本の背を手前に向けて並べるような絵本架も，子どもには本の出し入れがしにくいうえに，せっかくの魅力的な表紙が隠れてしまうことになる。だから絵本を排架するときは，収容冊数が少なくなることは承知のうえで，できるだけ表紙をみせられるような書架を用いる。新着本コーナー用の書架や，展示本コーナー用の書架や，新着雑誌用の書架でも，表紙のみせられる書架を使うのが一般的である。

　利用される可能性を少しでも増やすためにはまた，早く排架しなければならない。整理済みの新着資料は，「新着図書コーナー」の書架や，最新号用の雑誌架へただちに排架する。利用者から返却された資料も「今日返ってきた本コーナー」の書架へただちに排架する。

　開架書架に並べた資料は，放っておくと排列がしだいに乱れてくる。排列の乱れた書架は目的の資料が見つけにくいので利用者に嫌われる。また，本来とは異なる位置に誤って並んでいる資料は，利用されずに埋もれてしまうことが多い。だから図書館員は書架に並んだ資料を頻繁に整頓しなければならない。この作業のことを一般に，書架整頓とか書架整理などと呼んでいる。

書架整理

　図書館員は，書架が満杯にならないよう，いつも監視しておく。書架に本が詰まってくると，利用者は本の出し入れがしにくくなる。また棚のなかで本が自由に動かせないので，図書館員も排架や整頓がしにくくなる。本がもっと詰まってきて，返却された本が棚に入らない状態になると，運搬用のブックトラックを書架の代わりにしたり，低書架の天板の上に本を並べたりすることになる。棚板と本との間に本を寝かして突っ込んだりすることさえある。

　図書館員はこうした事態に陥らないよう，蔵書のどの部分が増加しているのか，どの部分が近々満杯になるのかを把握しておき，あらかじめ資料の移動や除架につ

いて計画を立てておかなければならない。書架にどのくらい本が詰まっている状態を満杯というのかについては，ハバード（Willam J. Hubbard）が「書架が，およそ75〜85％の詰まり具合になると，排架の効率は悪くなる。このことから，最大限86％の収容率を勧める」と主張している（ハバード『書庫の管理』勁草書房，1987）。

### ●…………閉架部分の書庫管理

閉架書庫をもっている公立図書館では，開架部分に利用の多い資料を置き，利用の少なくなった資料から閉架部分の書庫へしまっていくという方式を採るのが普通である。だから，閉架部分における書庫管理の主要な仕事は，資料の出納ということになる。

資料の出納

閉架書庫にある資料を出納するのは利用者でなく図書館員である。また閉架部分に入れた資料は基本的に利用の少ない資料なので，出納が非常に頻繁にあるというわけでもない。このために閉架部分の書庫では，資料を手にとるときの便利さよりも，資料をたくさん収容するための工夫をする。

たとえば，書架と書架との間隔は狭くするし，背の高い書架も多用している。積層書架や集密書架を使っている図書館も多い。閉架書庫の資料の出納は職員がするわけだから，資料の排列が乱れることも少ない。このために，書架整頓をおこなう回数もそれだけ少なくなる。ところが書架整頓の回数が少なくなると，排架をまちがえた資料が出納できなくなる可能性はそれだけ高くなる。だから返却された資料を所定の書架へもどすときは慎重におこなわなければならない。

閉架書庫もすぐに満杯になる。閉架書庫でも図書館員は，開架部分と同じように，それぞれの書架が満杯にならないよう監視しておかなければならない。満杯状態になってから対策を考えると，わずかなスペースに書架をむりに増設したり，新たな書庫スペースができるまでの仮置きと称して資料を箱詰めにして積み重ねたりすることになる。そういう非計画的な対策をとると，出納に非常に時間がかかったり，出納自体が不可能になったりして，利用者に迷惑がかかることになる。

閉架書庫

閉架書庫に入れた資料はたいてい，将来にわたって保存することを予定している資料でもある。だから資料の保存を目的とした書庫内では，湿度・温度・換気・防災など，保存のための環境が整っていなければならない。図書館員は，そうした条件が書庫内で整っているかどうかも監視しておく。

閉架書庫に入れた資料は，利用者の目にふれる機会がなくなるので，さらに利用が減ることになる。これを防ぐために，収容数を重視した閉架タイプの書庫を利用者に開放（開架）している図書館もある。

# UNIT 49

●書庫管理

# 蔵 書 点 検

## ●⋯⋯⋯蔵書点検の意義

　図書館員による除架によって，蔵書は計画的に更新される。ところがその一方で，図書館の蔵書のなかには紛失する資料がいくらかある。紛失は，図書館資料の非計画的な除籍となる。

資料の紛失　　　　資料が紛失することによって，目録上の蔵書とじっさいの蔵書との間に差異が生じる。つまり目録上では所蔵しているが，じっさいには紛失していて所蔵していないという資料が生じる。この差異を放置しておくとさまざまな問題が生じる。

　まず利用者に迷惑がかかることがある。目録で所蔵を確認した利用者が，じっさいには所蔵していない資料をもとめて書架に行くことがあるからである。目的の資料がみつからなくても職員にたずねない利用者は多い。職員にはたずねにくい資料を探している利用者もいる。そういった利用者は来館するたびに，実際には所蔵していない資料をもとめて書架を探すことになる。

　職員も被害にあうことがある。利用者からたずねられたときや予約を受けたときに，じっさいには所蔵していない資料をもとめて書架まで行くのは，労力のむだである。また紛失した資料に気づかなければ，それを補充することもないので，本当に必要なときになってはじめて，その資料のないことに気づくことになる。

蔵書点検とは　　　　これらを防ぐために図書館は蔵書点検をおこなう。蔵書点検とは，目録では所蔵していることになっている資料が，本当にあるのかどうかを確認する作業である。蔵書点検の結果，紛失していることが判明した資料は除籍する。つまり目録から削除する。除籍した資料のうちで必要なものは補充する。

　蔵書点検に対して否定的な意見もある。もっとも多いのは，点検のために図書館を閉館すること自体がサービスの低下であるとの意見である。また，作業に要する労力を考えると，蔵書と目録との不一致を修正するだけでは，サービス向上の効果が薄いとの意見もある。そのような理由から，蔵書点検をおこなっていない図書館もある。

## ●⋯⋯⋯蔵書点検の手順

　蔵書点検をおこなう頻度は１年に１回という館が多い。一度の点検で全蔵書を点

検できる館もあれば，一度の点検では蔵書の一部しか点検できない館もある。点検期間中はたいていの図書館が休館する。蔵書点検のための休館期間は1週間から2週間というところが多い。

　蔵書点検作業は，次のようにおこなう。書架に並んでいるすべての本のバーコード番号をスキャナーで読みとる。読みとった番号に対応する本の目録データに，コンピュータ上で確認マークをつける。貸出中の本の目録データについても，コンピュータ上で確認マークをつける。コンピュータ上で確認マークのついていない本が，その時点での行方不明本である。行方不明本の一覧はコンピュータを用いてプリントアウトする。

点検作業

　1回目の点検で行方不明だったからといって，その資料をすぐに除籍するわけではない。1回目の点検では行方不明であっても，2回目の点検では所蔵していることが確認されるという資料がある。そこでたいていの図書館は，連続して2回，あるいは3回行方不明であった資料にかぎって，紛失したものとみなして除籍するようにしている。

　近年，蔵書にICタグを貼付する図書館がみられるようになった。このような図書館の蔵書点検では，個々のバーコードをスキャナーで読み取る必要はなく，スキャナーを書架の前でかざすだけでよい。このため，点検に要する時間は格段に少なくなる。このほか，点検作業を外注して短時間で終了させている図書館もある。

ICタグ

### ●⋯⋯⋯紛失率

　蔵書の大部分を閉架書架にしまっていた昔の図書館では，紛失する資料はごく少なかった。しかし現代の公立図書館では，ほとんどの資料を開架書架に並べているので，紛失する資料も多くなっている。紛失資料の数は，利用の多い図書館ほど多い傾向にある。開放的で使いやすく，蔵書が魅力的な図書館ほど紛失が多くなってしまうからである。

　公立図書館で毎年どのくらいの資料が紛失しているかについての報告は少ない。蔵書点検によって各図書館での実数は把握されているものの，その値が公表されることはまれである。公表することによって開架制に何らかの制限が加わることを，図書館がおそれるからである。

　伊藤・山本らによる1986年の調査によると，市立図書館42館の「年間紛失冊数／蔵書冊数」の平均は1.50％であった。ただし，年間貸出冊数が30万冊を超える図書館18館にかぎると，その平均は2.20％であった。また，市立図書館43館の「年間紛失冊数／年間貸出冊数」の平均は0.75％であった。

紛失冊数

　また『浦安の図書館と共に』（竹内紀吉，未来社，1989）では，浦安市の近隣にある図書館7館における「不明率」の表が掲載されていて，1.7％～3.6％という数

値が紹介されている。

　「年間紛失冊数／年間貸出冊数」についていえば，書店における万引きの実態調査も参考になる。ただし，万引きの実態調査についても，結果が公表されているものは少ない。日本出版インフラセンターIC タグ研究委員会書店部会が2008年に実施した調査（1,161店舗）によると，総売上額の1.41％にあたる金額が万引きによって失われていた。（同部会「書店万引き調査等結果概要」http://www.jpo.or.jp/topics/data/20080326-jpoinfo.pdf　アクセス日2012年7月1日）

　なお，『中小都市における公共図書館の運営』（通称「中小レポート」，日本図書館協会，1963）では「貸出業務における5 ％前後の亡失は当然である」と述べている。また『図書館学の五法則』（日本図書館協会，1981）では「貸出10,000冊につき17冊」の紛失があるとの見積もりが紹介されている。

　多くの資料が開架になっていて，自由に手にとれるということは，現代の図書館では欠かせない事柄である。ところが紛失しそうな本，紛失しそうな雑誌，値段の高い本，地域行政資料などを閉架に置くことで紛失を防ごうとしている図書館もある。閉架にしないまでも，カウンター内に取り込んでいる図書館もある。もし，あまりに紛失が多くて開架制が十分に維持できないなら，そういう方法ではなくBDS（ブックディテクションシステム：貸出手続確認装置）を導入することが必要である。

BDS の導入

　BDS には，以下のような問題点もある。利用者に心理的な圧迫感を与える。誤作動がある。磁気テープ代などの必要経費がかさむ。ペースメーカーへ悪影響を及ぼすことがある。図書館職員の体へ悪影響を及ぼす可能性がある。しかしながら，開架制を維持しながら紛失を少なくする方法は，今のところ BDS しかない。

# UNIT
## 50

●書庫管理

# 保存とメディア変換

●‥‥‥‥**資料保存の原則と計画**

　図書館資料は多様化の一途であり，印刷資料や非印刷資料，電子資料など多岐に
わたる。どの資料形態であっても最新情報を入手して貸出や閲覧等利用評価後にす
べて更新してしまうわけではない。地域の人々の記憶を記録として保存し将来にむ
けて伝達していく役割を図書館は負っている。だが，すべての資料を保存すること
もできない。保存か廃棄か。保存であれば原形保存かメディア変換し情報内容を保
存するのか。単独館で評価・判断するには困難であり，財政的にも物理的にも限界
がある。分担収集（UNIT 42 参照）や分担保存（UNIT 43 参照）でおこなわれるよ
うに広範囲の地域で館種をこえ資料保存の原則と計画を立てていく必要がある。『資
料保存の調査と計画』（日本図書館協会，2009）や『やってみよう資料保存』（日本
図書館協会資料保存委員会，2021）などが参考になる。

　資料保存は資料収集方針の一部として，廃棄の可否とともに保存選択可否の基準　　保存選択可否の基
や方針を定め計画化しておく（UNIT 40 参照）。その際，資料種別と内容について　　準
評価するだけでなく保存の目的も明確化しておく。"利用するための保存"という
枠組みのなかで議論されるべきである。計画策定および実施は以下のような条件を
考えて行う。

　(1)　資料を種別ごとにその実態を評価する。
　(2)　劣化要因を分析する。
　(3)　対策を検討する。
　(4)　原形保存か，メディア変換なのか，などを判断する。
　(5)　資料保存を講じる。
　(6)　環境を整備する。

●‥‥‥‥**多様な資料種別と劣化状況の評価**

　多様な形態の資料を適正な環境で保存した場合の資料寿命はおおよそ以下のよう
になっている。紙やマイクロ資料は長く持つが登場してから歴史の浅い電子資料は
再生機器の急激な変化とともに長期間保存するには適さない。紙媒体では酸性紙問　　酸性紙問題

題が著名であるが，非印刷媒体では酢酸臭（ビネガーシンドローム）を発して劣化したり黴が生えたりといった問題がある。電子資料の場合には劣化よりも情報再生のための機器等の急激な変化にともなうメディア変換に注意しなければならない。同じように視聴覚資料で再生機器を必要とするものには注意が必要である。またVHSテープなどは劣化しやすいのだが，DVDにメディア変換するには著作権の許諾が必要であったり，またメディア変換のための技術が求められたり，と必要となる財政的・人的裏付けが求められるが単独館では困難である。評価基準として製作年月日や状況などの記録を残しておく。

| 種　　　　　類 | | 寿　　　命 |
| --- | --- | --- |
| 紙（中性紙） | | 250〜700年 |
| 紙（酸性紙） | | 中性紙の 1/4 程度 |
| マイクロフィルム | PET ベース | 約500年 |
| | TAC ベース | 約100年 |
| LP レコード | | 約100年 |
| 磁気テープ | ビデオテープ（VHS 等），カセットテープ | 30年以上 |
| フロッピーディスク | | 20年以上 |
| 光ディスク（CD，DVD など） | | 10〜30年 |

●‥‥‥‥**資料劣化と破損の要因**

　図書館資料は時間の経過や利用状況によって劣化あるいは破損する。内的要因と外的要因によって劣化あるいは破損の度合いや状況が異なる。内的要因とは資料の物理的・化学的耐久性にかかわる要因であり，外的要因とは頻繁な利用や劣悪な環境，地震や津波，台風などの自然災害および排水管破損といった事故や火災などの人的災害等である。

| | 劣化あるいは破損等の要因 | 例 |
| --- | --- | --- |
| 内的要因 | 素材 | 酸性紙，TAC フィルム（セルロースエステル），PET フィルム（ポリエステル）等 |
| 外的要因 | 利用 | 消耗，破損，汚損等 |
| | 環境 | 温度・湿度，磁気，塵埃，黴，虫害，光度等 |
| | 災害 | 自然（水害や書架からの落下等），人的（事故等） |

　劣化には資料種別と資料保存あるいは利用環境によっても症状が異なる。紙媒体が多い図書館では酸性紙問題がある。視聴覚資料の多い図書館では人的要因により破損や劣悪な保管状況から酢酸臭が発生し劣化する問題等が顕著である。図書館はすでに劣化した資料を修復あるいはメディア変換等を図るだけでなく，資料全体の

劣化防止計画を検討し，その要因をできるだけ除去する対策を講じていく。

### ●…………資料劣化とその対策

(1)　素材

　酸性紙はpH検査で弱酸性を示す紙である。現在では簡易検査が可能となっているので評価しやすい。酸性紙を用いて作成された本は変月日がたつと黄ばんで脆くなり触れただけでぼろぼろに崩壊する。酸性紙で作成された資料を保存するための脱酸処理技術は進化しているが，費用問題を含め容易ではない。中性紙を用いて本の作成をする出版社もあるが多くない。図書館側としては長期保存を目指して中性紙を利用して出版されることを強く期待している。

　マイクロ資料や映画フィルムなどの場合，フィルムがどの素材を使って作成されたかにより保管方法や保存方法が異なってくる。適切な方法をとれば長期保存は可能である。

(2)　利用

　頻繁な利用により劣化していくのは想定内だが利用のための保存を考えて対策を講じるべきである。ソフトカバーにあえてあらかじめ補強しておくなり複本を用意しておくなり多様な対策が考えられる。また年々利用者のモラル低下による破損・汚損の被害が拡大しているが，それを恐れて利用制限をおこなうのは本末転倒といえる。図書館員の修復技術の高度化をはかるとともに，利用者の意識改革を図る試みも必要である。

(3)　環境

　紙媒体資料を保存するためには温度・湿度を一定に保つのが理想とされている。『IFLA図書館資料の予防的保存対策の原則』では「紙媒体を長期にわたり保持するには，常に低温低湿（温度10℃以下，相対湿度30〜40％）のもとに保管するのが望ましい」としている。また国立国会図書館では「「書庫内で人が作業できる温度」「65％以下の湿度」を目指し，1年間を通じて，また1日の中でも，温湿度を急激に変動させないことを目指して」いる。また光による劣化を防ぐため書庫内は暗く，害虫から防ぐため防虫対策や火災から資料をまもるため防火扉を設置するなどの対策を講じている。公立図書館や大学図書館でも同じ対策を講じる。さらに中性紙で製作した帙といった容器にいれ保存しておく。図書館によっては桐で囲まれた貴重書書庫を図書館書庫内に設置し保存に努めている。開架の公開利用エリアでも資料の日焼けを防ぐため書架の配置や窓の開口部の工夫，空調設備などの配慮が必要である。

紙媒体の保存条件

(4)　災害

　人的災害と自然災害が資料劣化・破損等の原因となる。地震による書架からの落

下による破損を防ぐため書架に滑り止めのテープを貼る，落下防止の金具をつける，などの工夫が必要である。最近では揺れを感知して棚が自動的に上部に動き落下を防ぐものも作られ販売されている。火災に備えスプリンクラー，できれば窒素（あるいはハロゲンなど）で消火する設備を備えておく。

　資料劣化でもっとも注意しなければならないのは水による被害である。天井内部にある配管を確認し地震等で破壊されて資料に水が被らない位置に書架を配置する。水を被った資料は冷凍保存したのち現状復帰する方法もあるが，日本ではその設備がほとんどなく，すでに水による被害を受けた資料は補修・修繕はかなり難しい。

### ●……… 資料保存計画

IFLA の「資料保存の原則」
　劣化や破損，汚損した資料，あるいはそのおそれが高い資料を原形保存するのか，メディア変換するのかをどの時点で評価し判断するのかは重要である。『IFLA図書館資料の予防的保存対策の原則』（国立国会図書館訳，ⓒ1998，2003）ではできるだけ原形保存をおこない，図書館が地域文化の記憶・記録保存をめざす検討を求めている。

　原形保存を決めた場合，除去や補修，修復，復元等の技術と方法が求められる。博物館での修復技術とともに問題箇所を除去し補修していく。紙媒体であれば化学的評価を実施し脱酸処理をおこなう，あるいは表具師がもつ技術も活用して修復をおこなうことも考えられる。国立国会図書館等が実施する資料保存の研修棟に参加し方策についての知識や技術方法を学ぶ。原形ではなく情報内容が伝達可能であればメディア変換も考えられる。

メディア変換の方法
　メディア変換には　(1)マイクロ化　(2)デジタル化　が一般的である。マイクロ化についてはUNIT 10，デジタル化についてはUNT 15を参照してほしいが，それぞれ一長一短がある。マイクロ資料は都道府県立図書館や大規模図書館，大学図書館等で，雑誌や新聞等の逐次刊行物の所蔵が多いが，スキャニングしてデジタル化することも多い。デジタル化については『デジタルアーカイブのための長期保存ガイドライン（2020年版）』や国立国会図書館で公表している『国立国会図書館デジタル資料長期保存基本計画2021-2025』が参考になる。ただデジタル化には将来性に不確実な要因があり，マイクロ資料として保存を維持するのか，デジタル化して利用を促すのか，などを検討する必要がある。

マイクロ化とデジタル化の比較

| メディア変換 | 保存寿命 | 検索 | 利用 | 劣化 | 再生機器 |
|---|---|---|---|---|---|
| マイクロ化 | 100年以上 | 不便 | やや不便 | 安定 | 安定 |
| デジタル化 | 不明 | 便利 | 便利 | 不明 | 急激に変化 |

# 参 考 文 献

注：欧文，インターネット上の情報源，雑誌論文，事典（辞典），便覧などは除外。

＜著者名の五十音順＞

アドコック，エドワード・P. 編集『IFLA 図書館資料の予防的保存対策の原則』国立国会図書館訳，日本図書館協会，2003

アメリカ図書館協会知的自由部編『図書館の原則　改訂5版：図書館における知的自由マニュアル（第10版）』川崎良孝ほか訳，日本図書館協会，2022

アメリカ図書館協会図書館蔵書・整理業務部会編『ALA 蔵書の管理と構成のためのガイドブック』小川徹，河井弘志編・監訳，日本図書館協会，1995

アライ＝ヒロユキ『検閲という空気：自由を奪う NG 社会』社会評論社，2018

アンダーソン，A.S.『図書館の自由と検閲：あなたはどう考えるか』藤野幸雄監訳，日本図書館協会，1980

アンニョリ，A.『知の広場：図書館と自由』萱野有美訳，みすず書房，2011

伊藤昭治，山本昭和編著『公立図書館の役割を考える』日本図書館研究会，2000

伊藤昭治，山本昭和編著『本をどう選ぶか』日本図書館研究会，1992

稲垣行子『公立図書館の無料原則と公貸権制度』日本評論社，2016

ウェイン・A・ウィーガンド編『「図書館の権利宣言」を論じる』川崎良孝ほか訳，京都大学図書館情報学研究会，2000

植村八潮ほか編『電子図書館・電子書籍貸出サービス調査報告2017』電子出版制作・流通協議会，2017

植村八潮ほか著『ポストデジタル時代の公共図書館』勉誠出版，2017

ウルフ，M.『プルーストとイカ：読書は脳をどのように変えるのか？』小松淳子訳，インターシフト（発売：合同出版），2008

エーコ,U. & カリエール,J-C.［対話］『もうすぐ絶滅するという紙の書物について』工藤妙子訳，阪急コミュニケーションズ，2010

エスカルピ，R.『出版革命』清水英夫訳，日本エディタースクール出版部，1979

エプスタイン，S.『出版，わが天職』堀江洪訳，新曜社，2001

奥泉和久編著『近代日本公共図書館年表：1867～2005』日本図書館協会，2009

奥平康弘『表現の自由Ⅰ，Ⅱ，Ⅲ』岩波書店，1983/1984

オング，W-J.『声の文化と文字の文化』桜井直文ほか訳，藤原書店，1991

カーター，M. & ボンク，W.T.『蔵書の構成』小野泰博訳，日本図書館協会，1964

河井弘志編『蔵書構成と図書選択』新版，日本図書館協会，1992（図書館員選書；4）

河井弘志『図書選択論の視界』日本図書館協会，2009

川崎良孝ほか著『図書館員と知的自由』京都図書館情報学研究会，2011

川崎良孝編著『図書館と知的自由：管轄領域，方針，事件，歴史』京都図書館情報
　　学研究会，2013

川崎良孝解説・訳『ボストン市立図書館は，いかにして生まれたか』京都大学図書
　　館情報学研究会，1999

黒沢節男『Q&Aで学ぶ図書館の著作権基礎知識』第4版，太田出版，2017

グロリエ，B.『書物の歴史』改訂新版，大塚幸男訳，白水社，1992（文庫クセジュ）

ゲラー，E.『アメリカ公立図書館で禁じられた図書　－1876～1939，文化変容の研
　　究』川崎良孝，吉田右子訳，京都大学図書館情報学研究会，2003

ゲルホーン，W.『言論の自由と権力の抑圧』猪俣幸一ほか訳，岩波書店，1959

光斎重治編著『逐次刊行物』改訂第2版，日本図書館協会，2000（図書館員選書；5）

公立図書館の経営調査委員会『こうすれば利用がふえる』日本図書館研究会，1997

国際図書館連盟公共図書館分科会ワーキング・グループ編『理想の公共図書館サー
　　ビス：IFLA/UNESCOガイドライン』山本順一訳，日本図書館協会，2003

酒井邦嘉『脳を創る読書』実業之日本社，2011

サンダース，B.『本が死ぬところ暴力が生まれる：電子メディア時代における人間
　　性の崩壊』杉本卓訳，新曜社，1998

塩見昇，川崎良孝編著『知る自由の保障と図書館』京都大学図書館情報学研究会，
　　2006

塩見昇，山口源治郎編著『新図書館法と現代の図書館』日本図書館協会，2009

『市民の図書館』増補版，日本図書館協会編・刊，1976

シャルチエ，R.『読書の文化史：テクスト・書物・読解』福井憲彦訳，新曜社，
　　1992

シャルチエ，R.ほか『書物から読書へ』水林章ほか訳，みすず書房，1992

『出版再販・流通白書　2022年』出版流通改善協議会編・刊，2022

『情報メディア白書2022』ダイヤモンド社，2022

眞野節雄『図書館資料の保存と修理　その基本的な考え方と手法：眞野節雄講義
　　録』日本図書館協会，2023（JLA Booklet；13）

園田直子『紙と本の保存科学』岩田書院，2010

竹内悊解説『図書館の歩む道：ランガナタン博士の五法則に学ぶ』日本図書館協会，
　　2010（JLA図書館実践シリーズ；15）

竹内悊編訳『図書館のめざすもの』新版，日本図書館協会，2014

『中小都市における公共図書館の運営』日本図書館協会，1963

中村克明『知る権利と図書館』関東学院大学出版会，2006

永嶺重敏『雑誌と読者の近代』日本エディタースクール出版部, 1997

日本図書館学会研究委員会編『現代の図書選択理論』日外アソシエーツ, 1989

日本図書館協会資料保存委員会編『資料保存のための代替』日本図書館協会, 2010

日本図書館協会著作権委員会編『図書館サービスと著作権』改訂第3版, 日本図書館協会, 2007（図書館員選書；10）

日本図書館協会著作権委員会編『図書館等公衆送信サービスを始めるために：新著作権制度と実務』日本図書館協会, 2023（JLA Booklet；14）

日本図書館協会図書館の自由委員会編『図書館の自由に関する事例集』日本図書館協会, 2008

日本図書館協会図書館の自由委員会編『「図書館の自由に関する宣言　1979年改訂」解説』第3版, 日本図書館協会, 2022

日本図書館協会図書館の自由に関する調査委員会編『収集方針と図書館の自由』日本図書館協会, 1989（図書館と自由；第10集）

日本図書館協会図書館の自由に関する調査委員会編『図書館の自由に関する事例33選』日本図書館協会, 1997（図書館と自由；第14集）

日本図書館情報学会研究委員会編『情報の評価とコレクション形成』勉誠出版, 2015（わかる図書館情報学シリーズ第2巻）

根本彰『情報リテラシーのための図書館』みすず書房, 2017

根本彰ほか著『地域資料入門』日本図書館協会, 1999（図書館員選書；14）

バーカーツ, S.『グーテンベルクへの挽歌』船木裕訳, 青土社, 1995

バーク, P.『知識の社会史』井山弘幸ほか訳, 新曜社, 2004

バーゾール, W.『電子図書館の神話』根本彰ほか訳, 勁草書房, 1996

馬場俊明『「読書の自由」を奪うのは誰か』青弓社, 2023

平川千宏『市民活動　資料の保存と公開：草の根の資料を活用するために』日外アソシエーツ, 2020

廣瀬誠『図書館と郷土資料』桂書房, 1990

フィッシュマン, デイヴィット・E.『ナチスから図書館を守った人たち』羽田詩津子訳, 原書房, 2019

福井佑介『図書館の倫理的価値と「知る自由」の歴史的展開』松籟社, 2015

ブラッドベリ, R.『華氏451度』宇野利泰訳, 早川書房, 1975（ハヤカワ文庫）

プリアー, J.L.『図書館倫理』川崎良孝ほか訳, 京都図書館情報学研究会, 2011

ヘントフ, N.『誰だ ハックにいちゃもんつけるのは』（集英社文庫）, 1986

保坂睦『はじめての電子ジャーナル管理』改訂版, 日本図書館協会, 2023（JLA図書館実践シリーズ；35）

ボルチモア郡立図書館ブルーリボン委員会『望みのものを提供する：住民のための

図書館経営』山本昭和ほか訳，日本図書館協会，1999

ポールフリー，ジョン『ネット時代の図書館戦略』雪野あき訳，原書房，2016

本間一夫『指と耳で読む：日本点字図書館と私』（岩波新書），1980

前川恒雄『移動図書館ひまわり号』筑摩書房，1988（復刊　夏葉社，2016）

前川恒雄・石井敦『図書館の発見』日本放送出版協会，1979

前川恒雄先生古稀記念論集刊行会編『いま，市民の図書館は何をすべきか』出版
　　ニュース社，2001

マクニーリー，I.F. ほか『知はいかにして「再発明」されたか：アレクサンドリア
　　図書館からインターネットまで』富永星訳，日経 BP 社，2010

松井茂記『図書館と表現の自由』岩波書店，2013

松本剛『略奪した文化：戦争と図書』岩波書店，1993

松本恭幸編『メディアとアーカイブ：地域でつくる・地域をつくる』大月書店，
　　2022

マングェル，A.『図書館：愛書家の楽園』野中邦子訳，白水社，2008

三浦逸雄，根本彰『コレクションの形成と管理』雄山閣，1993（講座図書館の理論
　　と実際；2）

美智子皇后『橋をかける：子供時代の読書の思い出』文藝春秋，2009（文春文庫）

箕輪成男『紙と羊皮紙・写本の社会史』出版ニュース社，2004

箕輪成男『パピルスが伝えた文明』出版ニュース社，2002

明定義人『「本の世界」の見せ方：明定流コレクション形成論』日本図書館協会，
　　2017（JLA 図書館実践シリーズ；34）

安井一徳『図書館は本をどう選ぶか』勁草書房，2006

安江明夫ほか編著『図書館と資料保存』雄松堂，1995

山梨あや『近代日本における読書と社会教育：図書館を中心とした教育活動の成立
　　と展開』法政大学出版局，2011

鑓水三千男『図書館と法』改訂版増補，日本図書館協会，2021（JLA 図書館実践シ
　　リーズ；12）

ライヒマン，H.『学校図書館の検閲と選択』川崎良孝訳，青木書店，1993

ランガナタン，S.『図書館学の五法則』森耕一監訳，日本図書館協会，1981

ロス，C.S. ほか『読書と読者』川崎佳代子ほか訳，京都大学図書館情報学研究会，
　　2009

ロビンズ，S.『検閲とアメリカの図書館』川崎良孝訳，日本図書館研究会，1998

渡辺重夫『図書館の自由を考える』青弓社，1996

ワートマン，W.A.『蔵書管理』松戸保子ほか訳，勁草書房，1994

# 事　項　索　引

## 凡例

　この索引は，UNIT 本文と option の標題を対象に主要な事項名，人名，図書館名，団体・機関名，資料名などを見出し語とした和文索引と欧文索引に分けて，以下の原則にしたがって排列している。

1) 和文索引は，見出し語の読みのかな表記による五十音順排列とする。（濁音，半濁音は清音とみなし，拗音，促音は直音とする）
2) 欧文索引は，見出し語の語順による ABC 順排列とする。（頭字語は 1 語とし，大小文字の区別，句読記号などは無視する。）
3) 外国人名は，原綴の見出しからカタカナ見出しへ参照指示とする。
4) 主要な和訳名の資料名，基準名，機関名などは，原綴の見出しから和訳名の見出しへ参照指示とする。
5) 省略語は，原則として完全形あるいは和訳名称へ参照指示とする。
6) 参照の指示は，→（を見よ）および →：（をも見よ）の記号をもちいる。
7) 書名，誌名は，和文については『　』に入れ，欧文ではイタリック体で表示する。また，図表の見出しには，（図），（表）と付記する。

# 執 筆 者 紹 介

（UNIT 執筆順）

**馬場　俊明**（ばんば　としあき）

　所　　属：元甲南大学

　関心領域：図書館の自由，市民の図書館

　主要著作：『「自由宣言」と図書館活動』（青弓社，1993）

　　　　　　『図書館資料論』（編著，JLA 図書館情報学テキストシリーズ I，II 期：7，日本図書館協会，1998/2008）

　　　　　　『図書館情報資源概論』（編著，JLA 図書館情報学テキストシリーズ III 期：8，日本図書館協会，2012/2018）

　　　　　　『「読書の自由」を奪うのは誰か』（青弓社，2023）

　　　　　　「市民にとって図書館とは」（『出版ニュース』2011年4月下旬）

　担当 UNIT：0〜8，18，21，23〜31，41，44〜47

**井上　靖代**（いのうえ　やすよ）

　所　　属：獨協大学

　関心領域：児童・ヤングアダルトサービス，図書館史

　主要著作：『図書館資料論』（分担執筆，JLA 図書館情報学テキストシリーズ I，II 期：7，日本図書館協会，1998/2008）

　　　　　　『図書館情報資源概論』（分担執筆，JLA 図書館情報学テキストシリーズ III 期：8，日本図書館協会，2012/2018）

　　　　　　「米国での電子書籍貸出をめぐる議論」（カレントアウェアネス，2020(344)CA 1978　p.16-20）

　　　　　　「米国における少年院図書館　その基準とサービスの史的変遷」（「同志社図書館情報学」2020(30)　p.59-73）

　担当 UNIT：9〜14，17，19，20，42，43，50

**山本　昭和**（やまもと　あきかず）

　所　　属：椙山女学園大学

　関心領域：蔵書構成，予約サービス

　主要著作：『図書館資料論』（分担執筆，JLA 図書館情報学テキストシリーズ I，II 期：7，日本図書館協会，1998/2008）

　　　　　　『本をどう選ぶか』（共著，日本図書館研究会，1992）

　　　　　　『新図書館法と現代の図書館』（分担執筆，日本図書館協会，2009）

　　　　　　『図書館情報資源概論』（分担執筆，JLA 図書館情報学テキストシリーズ III 期：8，日本図書館協会，2012/2018）

　　　　　　『図書館ハンドブック　第6版補訂2版』（分担執筆，日本図書館協会，2016）

　　　　　　『図書館・図書館学の発展−2010年代を中心に』（分担執筆，日本図書館研究会，2020）

　担当 UNIT：15，16，22，32〜40，48，49

（所属は2023年11月現在）

## 図書館情報資源概論　三訂版
### JLA 図書館情報学テキストシリーズⅢ　8

• • • • • • • • • • • • • • • • • • • • • • • • • • • • • • • • • • • • • • • • • • • • • • •

1998年 5 月29日　［シリーズ第 1 期］初版第 1 刷発行
2004年 3 月 6 日　　　　　　　　　　新訂版第 1 刷発行
2008年11月17日　［シリーズ第 2 期］初版第 1 刷発行
2012年12月20日　［シリーズ第 3 期］初版第 1 刷発行
2018年11月20日　　　　　　　　　　新訂版第 1 刷発行
2024年 1 月26日　　　　　　　　　　三訂版第 1 刷発行 ©

定価：本体 1,900円（税別）


編著者……………………馬場俊明
シリーズ編集……………塩見昇・柴田正美・小田光宏・大谷康晴

発行………………………公益社団法人 日本図書館協会
　　　　　　　　　　　　〒104-0033　東京都中央区新川 1 丁目11－14
　　　　　　　　　　　　TEL 03-3523-0811（代）
　　　　　　　　　　　　〈販売〉TEL 03-3523-0812　FAX 03-3523-0842
　　　　　　　　　　　　〈編集〉TEL 03-3523-0817　FAX 03-3523-0841
印刷………………………船舶印刷株式会社
ブックデザイン…………笠井亞子


JLA202314
ISBN978-4-8204-2309-6　　　　　本文用紙は中性紙を使用しています。Printed in Japan.

# JLA 図書館情報学テキストシリーズ III

●シリーズ編集● 塩見 昇・柴田正美・小田光宏・大谷康晴　　B5 判　並製

本シリーズは，2008 年の図書館法改正に沿って「図書館に関する科目」が 2012 年度より適用されることを機に製作・刊行されました。授業回数に合わせて 2 単位科目を 50 ユニット，1 単位科目を 25 ユニットで構成し，スタンダードな内容を解説しています。

1 巻　**図書館概論　五訂版**　　　　　　塩見昇編著　　1,900 円　（税別）

2 巻　**図書館制度・経営論**　　　　　　永田治樹編著　　1,900 円　（税別）

3 巻　**図書館情報技術論**　　　　　　　大谷康晴編著

4 巻　**図書館サービス概論**

　　　　　　　　　　　　　　　　小田光宏・庭井史絵編著　　1,900 円　（税別）

5 巻　**情報サービス論**　　　　　　　　小田光宏編著　　1,800 円　（税別）

6 巻　**児童サービス論　新訂版**　　　　堀川照代編著　　1,900 円　（税別）

7 巻　**情報サービス演習　新訂版**

　　　　　　　　　　　　　　大谷康晴・齋藤泰則共編著　　1,900 円　（税別）

8 巻　**図書館情報資源概論　三訂版**

　　　　　　　　　　　　　　　　　　馬場俊明編著　　1,900 円　（税別）

9 巻　**情報資源組織論　三訂版**

　　　　　　　　　　　　　　柴田正美・高畑悦子著　　1,900 円　（税別）

10 巻　**情報資源組織演習　三訂版**

　　　　　　　　　　　和中幹雄・横谷弘美共著　　1,900 円　（税別）

11 巻　**図書・図書館史**　　　　　　　小黒浩司編著　　1,300 円　（税別）

12 巻　**図書館施設論**　中井孝幸・川島宏・柳瀬寛夫共著　　1,300 円　（税別）

別巻　　図書館員のための**生涯学習概論**

　　　　　　　　　　　　　　　　　朝比奈大作著　　1,900 円　（税別）

1 ～ 10 巻，別巻は 50 ユニット，約 260 ページ　11，12 巻は 25 ユニット，約 160 ページ